Lǚyou
Xinlixue

"十四五"职业教育国家规划教材

国家文化产业资金支持媒体融合重大项目

21世纪新概念教材：
"换代型"系列·高等职业教育旅游管理类教材新系

第8版

旅游心理学

孙喜林 杨金桥 编著

东北财经大学出版社
Dongbei University of Finance & Economics Press

大连

图书在版编目（CIP）数据

旅游心理学 / 孙喜林，杨金桥编著．—8版．—大连：东北财经大学出版社，2022.8（2024.6重印）

（高等职业教育旅游管理类专业教材新系）

ISBN 978-7-5654-4584-2

Ⅰ.旅…　Ⅱ.①孙…②杨…　Ⅲ.旅游心理学–高等职业教育–教材　Ⅳ.F590

中国版本图书馆 CIP 数据核字（2022）第 129328 号

东北财经大学出版社出版

（大连市黑石礁尖山街217号　邮政编码　116025）

网　　　址：http://www.dufep.cn

读者信箱：dufep@dufe.edu.cn

大连图腾彩色印刷有限公司印刷　　东北财经大学出版社发行

幅面尺寸：185mm×260mm　　　字数：334千字　　　印张：15.5

2022年8月第8版　　　　　　　　　　2024年6月第8次印刷

责任编辑：许景行　韩敌非　　　　　　　责任校对：李丽娟

封面设计：冀贵收　　　　　　　　　　　版式设计：原　皓

定价：45.00元

总序："换代型系列"中的"新系"教材建设

"21世纪新概念教材：换代型系列"中的"高等职业教育旅游管理类专业教材新系"，是反映当代世界职业教育改革发展趋势，通过"博采众长"而"避其所短"产生的一种新型职业教育教材建设模式。该系列从初创至今，经历了砥砺奋进的不断优化过程。

一、中国旅游管理教育历史回眸

在我国，旅游管理教育已经走过了二十多年的历程。二十多年，对于人生而言，可说已经走近成熟了。然而，对于一个学科的发展来说，这么短的时间恐怕只能够孕育学科的胚芽。万幸的是，这二十多年不同于历史进程中的一般二十多年。由于我们坚持了改革开放的政策，我们的视野由此而得到扩展，我们的信心由此而得到强化，我们的步伐也由此而得以加快。所以，虽然只有二十多年，但在中国的教育园地和学科家族中，旅游管理经过有效的分化与发展，已经形成了学科体系的基本雏形。如今，旅游管理专业把中等职业教育作为起点，并设有高职高专、普通本科和研究生教育（包括硕士和博士研究生教育）。这样完整的教育层次系统，展示了旅游管理教育发展的历程和成果，同时也提出了学科建设中的一些迫切需要解决和面对的问题，其中最重要的一点，就是如何在不同的教育层次和不同的教育类型上对教育目标和教学模式进行准确定位。当旅游管理高等教育领域中开始出现职业教育这种新的教育类型时，这一点就尤其显得突出了。

我国改革开放后得以重建的高等教育体系向来注重的是学科教育，一直没有给高等职业教育以足够的重视。困扰教育家们的问题似乎不是学科教育和职业教育的关系问题，而是在学科教育体系中如何区别普通专科教育与本科、研究生教育的层次和定位问题。二十多年的教育实践证明，人们在这三个层次上所做出的定位努力没有得到应有的效果。相反，在几乎所有的专业领域，都或多或少地存在着一种倾向，即专科教育仅仅是本科教育的简单压缩，而研究生教育仅仅是本科教育的有限延伸。这种状况导致了人才培养的低效率，也由于人才规格的错位而造成了人才使用上的浪费，甚至引起社会用人单位与教育机构之间在这个问题上的矛盾。

正是由于存在着这种带有普遍性的问题以及解决这种问题的动力，我国高等教育近年来的改革在这方面才有了比较大的突破：高等普通专科教育向高等职业教育转轨。这种转轨使高等职业教育在一定程度上提高了层次，引起了社会的重视，从而使高等职业教育成为高等教育体系中的重要类型。高等职业教育的登堂入室，创造了一种有效的社会氛围，也反过来促使普通专科教育不得不重新审视自己所一贯坚持的教育思想和教学模式，正视自己所面临的问题，并抓住历史的机遇。换言之，普通专科改弦更张的内力和外力都已经具备了。这种转型，是一种全方位的转换，而不是局部的调整。它涉及培养目标的重新定位、教学模式的重新选择和教学条件的有效变更。从培养目标上看，高等职业教育将更加突出人才规格的专业技能性和岗位指向性；从教学模式上看，要着力体现专业设置的职业性、教学内容的实用性和教学过程的养成性；而从教学条件上看，则必须实现教学主体的双元化（即产业部门和教育部门的有效合作）、教师队伍的"双师身份"，并拥有完备的实训手段。只有在以上几个层面实现全面转型，高等职业教育才能培养出合格的人才。在这方面，德国的双元制教学模式、加拿大的以能力培养为中心的CBE教学模式、澳大利亚的TAFE职业教育模式以及国际劳工组织的MES（职业技能模块组合）教学模式，都有值得我们借鉴的东西。

然而，比较发达国家的高等职业教育实践，我国的高等职业教育近年来并没有完全摆脱传统的学科教育模式的束缚；有的专业领域的高等职业教育与原来的普通专科教育相比，可谓换汤不换药。目前的旅游管理类专业高等职业教育在很大程度上就是这样一种情况。中国在旅游管理类专业实行高等职业教育是在全国职业教育工作会议召开后，与其他一些专业同时步入职业教育领域的。由于中国旅游管理类专业的普通高等教育二十多年来所追寻的教育模式也一直是学科教育的模式，由于人们对旅游管理类高等职业教育的性质认识不清，由于整个社会还不能建立起对旅游高等职业教育的有效支持机制，由于转型后的普通专科院校在实施职业教育时缺乏相应的软件和硬件条件，甚至由于一部分高等职业教育机构的办学动机错位等原因，脱胎于这种背景的职业教育，就自然难以脱离学科教育的定式，难免出现教育的低效率状况。其结果是导致这样一种局面：当前的旅游管理类专业的高等职业教育不过是由一些"新生的"或"转型的"教育机构承办的传统的学科教育的翻版。这种翻版在教师的知识背景、教学设计的结构安排、教材的选择和使用以及实验室建设等方面都有所体现。这种教育模式的后果，不仅仅是教育资源的浪费和学生受教育机会的丧失，而且也是旅游产业发展机会的丧失。

解决这个问题，实际上是一个系统性的工程，非一朝一夕之功所能奏效。高等职业教育思想的改变，教师的培养，尤其是全社会的职业教育体制和机制的构建和完善，都需要一个过程。但是，这里也有可以马上做起的工作，那就是教材的建设。

二、教材建设：从"高等专科"到"高等职业"

教材是教育实施过程的重要载体之一。尽管教材建设也同样需要有成果的积累，但在一定情况下，教材建设的先进性、前瞻性和科学性是可以实现的。尤其是第二次世界大战以后发达国家在旅游教育领域所积累的经验，如职业教育和普通学科教育间的差别以及实现这种差别教育的制度性建设，在职业教育领域已经取得的多方面成果，在职业教育的人才规格、培养目标、教育特色等方面形成的认识，在教材建设中所探索出的先进经验等，这些都可以成为今天我国旅游管理类高等职业教育发展的基本参照和经验宝库。东北财经大学出版社现在推出的这套旅游管理类专业高等职业教育教材，正是在这种认识和思想主导下完成的一个大动作。这套教材的问世，其意义将不仅仅局限在高职教学过程本身，而且还会产生巨大的牵动和示范效应，将对旅游管理类专业高等职业教育的健康发展产生积极的推动作用。

目前推出的这套"高等职业教育旅游管理类专业教材新系"，是在原"高等专科旅游管理专业系列教材"的基础上不断优化改版形成的。原专科教材由于定位准确、风格明显、作者队伍精干，已得到全国各大专院校的普遍认可。而为了适应蓬勃兴起的高等职业教育的需要，改版教材无论是在指导思想上还是在内容的组织上，又都做了彻底的调整。改版教材的相继编写，充分体现了全体编者对旅游管理类高等职业教育规律和特征的认识，对旅游管理类专业高等职业教育的规格、层次、教育对象的特点的把握，对职业教育与普通学科教育的区别的理解，以及对发达国家职业教育的借鉴。同时，这套教材也体现了我国高校教师在感受20世纪90年代世界范围内兴起的以满足旅游者个性化需求为导向的"新旅游"这一时代脉搏之后所做出的积极反应，从而使这套教材有了更超前的视野。这种独特而新颖的教材编写思路，最终还通过在教材形式建设上颇具匠心的处理而进一步得以体现，使这套教材成为一种能打破传统学科教学模式、适合高职教育的目标和学生特点，同时反映教材编写样式之世界潮流的全新的"换代型"教材。凡此种种，都足以说明这是一套有特殊奉献的高质量教材。坦率地说，这套教材的问世，应该是目前旅游管理类专业高等职业教育领域的一件幸事。

三、与时俱进中的模式转换

习近平总书记在二十大报告上指出，"教育、科技、人才是全面建设社会主义现代化国家的基础性、战略性支撑。教育是国之大计、党之大计。培养什么人、怎样培养人、为谁培养人是教育的根本问题。"这是以习近平同志为核心的党中央对新时代教育事业的总体战略部署，也是新时期中国高等职业教育课程与教材建设的指导思想。

本系列各版教材在研究和落实新时期国务院和教育部关于高等职业教育定位相关文件精神与要求的基础上，在以下方面沿着"21世纪新概念教材·换代型系列"的方向不断前行：

1. 人才培养目标定位

以新时期"就业—创业"、"与生涯对接"和"人才竞争"为导向，借鉴发达国家高等职业教育关于"职业教育与学术教育有机结合"的课改经验，"克服高职各类专业的同质化倾向"，将高等职业教育旅游管理类专业人才培养目标由"教高〔2006〕16号"（培养"面向生产、建设、服务和管理第一线高素质技能型专门人才"），经过"教职成〔2011〕9号"、"教高〔2012〕4号"和国发〔2014〕19号等文件的一般定位（培养"高端技能型人才"、"应用技术型人才"乃至"技术技能型人才"），提升到"职业知识"、"职业能力"与"职业道德"并重的"高等复合应用型"人才培养目标上来；

同时，对照《国家中长期教育改革和发展规划纲要（2010—2020年）》关于"创新人才培养模式""着重培育学生的主动精神和创造性思维"等新时期教育要求，将"问题思维"和"创新意识"培养纳入新版教材的人才赋型机制中。

2. 优化结构布局

以"'职业知识'、'职业能力'和'课程思政1'"为"职业学力"的三大基本内涵，以"健全职业人格"为整合框架；各章"基本训练"的基本题型与体现"基本内涵"的"学习目标"，以及穿插"同步思考"、"同步案例"、"同步业务"、"课程思政"和"教学互动"等诸多功能性专栏的教学内容相互呼应。

3.着眼"双证沟通"与"互补"

在把国家职业资格标准融入专业课程内容与标准的同时,一方面着眼于高等职业学历教育与职业培训的重要区别,强化了对学生"职业学力"的全面建构,另一方面通过同步反映行业领域、国内外高职教育教学及课程改革新发展、新标准、新成果,弥补国家职业资格标准的相对滞后性。

4.兼顾各种教学方法

将"学导式教学法"、"案例教学法"、"问题教学法"、"讨论教学法"、"项目教学法"及"工作导向教学法"等诸多先进教学方法具体运用于专业课程各种教学活动、功能性专栏和课后训练的教材设计中。

5.应对"知识流变"

联合国教科文组织的研究表明:进入21世纪,不少学科知识更新周期已缩短至2~3年,处于知识结构表层的应用类学科知识尤其如此。这意味着学生在高职院校学习的相当多知识在毕业后已经过时。为应对日益加速的"知识流变性",自2012年起将"自主学习"视为与"实训操练"同等重要的能力训练:在奇数各章"学习目标"的"职业能力"中用"自主学习"子目标替换先前各版"实训操练"述项,并相应调整了其章后"基本训练"中"能力题"的子题型。

6.落实"分层教学"

自2016年起,研究落实《教育部办公厅关于建立职业院校教学工作诊断与改进制度的通知》(教职成司函〔2015〕168号)中提出的"分层教学"要求,即在案例教学和实践教学中通过"教学环节'多元化'"和"组建'学习团队'"等途径,落实"分层教学"要求。

7.融合纸质教材与二维码数字资源

自2018年起,阶段性落实关教育部关于"进一步推进职业教育信息化发展","推广……移动学习等信息化教学模式"(教职成〔2017〕4号)和"推进教育教学与信息技术深度融合"(《教育部高教司2018年工作要点》)等文件要求精神,增加二维码教学资源,解决传统教材所缺少的"互联网+"移动学习,即纸质教材与二维码数字资源融合的问题。

8.落实"三教"改革

2020年起,全面落实《国家职业教育改革实施方案》(国发〔2019〕4号)、《关于实施中国特色高水平职学校和专业建设计划的意见》(教职成〔2019〕5号)、《职业院校教材管理办法》(教材〔2019〕3号)和《职业教育提质培优行动计划(2020—2023年)》(教职成〔2020〕7号)等文件要求与精神,重点落实"三教"改革中的"教材、教法"改革,以及"在立德树人根本任务方面,进一步创新思想政治教育模式,将社会主义核心价值观融入专业课教材"的要求。

9."二十大精神"进教材

自2022年起,加快推进党的二十大精神进课堂、进教材、进头脑,将研究和落实"立德树人,培养德技并修的大国工匠和高素质技能人才"的"人才强国战略"作为新时期教材改革的根本任务。

四、阶段性成果

东财版"21世纪新概念教材·换代型系列：高等职业教育旅游管理类专业教材新系"自20世纪90年代末全套推出到2023年，绝大部分已出七版，两种推出第八版，平均印刷三十余次，其中八种入选"普通高等教育'十一五'国家级规划教材"，两种分别入选"教育部普通高等教育精品教材"和"中国旅游协会旅游优秀教材"，四种入选"'十二五'职业教育国家规划教材"，五种入选"'十三五'职业教育国家规划教材"，三种入选"'十四五'职业教育国家规划教材"，深受广大高职院校师生的欢迎与喜爱。

五、结语

教材改革与创新是一项系统工程，旨在培养"高等复合应用型人才"的高等职业教育旅游管理类专业教材的改革与创新更是如此。我们试图在深入调查研究、系统总结国内外教材建设先进经验的基础上，与时俱进地不断推出具有我国高等职业教育特色、优化配套的旅游管理类专业的新型教材。

期待广大专家、学者和读者们继续给我们以宝贵的关怀与支持，使本系列教材通过阶段性修订，与我国新时期高等职业教育旅游管理类专业教学及课程改革发展始终保持同步。

"高等职业教育旅游管理类专业教材新系"项目组

1999年12月初稿

2023年6月修订

第八版前言

本书自1999年出版以来，已经7次再版、37次印刷，2020年和2023年分别入选"十三五"和"十四五"职业教育国家规划教材，被越来越多的高职院校认可和采用。值此第八版推出之际，向广大读者和同仁表达最诚挚的谢意。

近年来，有两方面变化需要重点关注：一方面，在"体验经济"、"互联网+"和"共享经济"风靡全球的商业背景下，国内外旅游消费者的消费观念、消费结构和消费模式出现了新变化；另一方面，中国高职院校全面贯彻落实二十大和二十届一中全会精神，推进二十大精神进教材、进课堂、进头脑，尤其是落实"必须坚持科技是第一生产力、人才是第一资源、创新是第一动力，深入实施科教兴国战略、人才强国战略、创新驱动发展战略，开辟发展新领域新赛道，不断塑造发展新动能新优势"等要求与精神，在高等职业教育理念、立德树人根本任务、创新思想政治教育模式等方面，对教材建设提出了新要求。这些变化和要求应尽可能体现在专业教材的修订中。

有鉴于此，本书第八版在继承第七版教材结构总体设计的基础上，主要进行了以下更新：

（1）内容更新

本书第八版简化了旅游魅力部分相对烦琐的理论探讨内容；在旅游体验部分增加了旅游仪式感和仪式化内容，有针对性地方便了学生学习相关内容，丰富充实了旅游体验理论；另外增加了旅游倦怠的研究内容，这是近年来国内有价值的旅游理论研究新进展，已经得到学术界的认同。仪式化理论和旅游倦怠研究富有实操性，对业界文化旅游产品的打造有直接的指导意义。这些增加的内容有重大的理论价值，均为作者在国内旅游学术界首创。此外，第八版还增加了近年来越来越受重视的"虚拟旅游""VR技术"等新思想、新技术，并较为系统地介绍了其在旅游学中的最新应用，以体现本教材对科技创新的重视。

（2）专栏更新

本书第八版更换了部分章的篇头引例、同步案例和章后案例，以及"同步思考"和"同步业务"，力求使所选资料兼具时效性和典型性；增加了教材的思政元素，将前七版的"职业道德与企业伦理"专栏和章后"善恶研判"题型升级为"课程思政"。

（3）训练更新

本书第八版在强化"案例分析""课程思政""实训操练"等专业训练的同时，通过兼顾相关题型中的"批（研）判思维"、"与人交流"、"与人合作"和"解决问题"等训练，整合了"职业能力"训练中的"专能"与"通能"，向体现"整体能力观"的专业课教材建设迈出了新的一步。

（4）"学习目标"更新

本书第八版调整和优化了各章的"学习目标"，使修订后的各子目标更加明确和具体，并与第八版的上述更新协调一致。

（5）二维码资源更新

本书第八版全面更新了各章二维码资源中的"延伸阅读"，使之取材更广，内涵更深，时效性更强。

（6）在本书重印之际，各章结合教学内容，添加了摘录"二十大报告"的"同步链接"，旨在发挥二十大精神对相关教学内容的政治引领作用。

本书第八版配有网络教学资源包，内含PPT电子教学课件和""基本训练"参考答案与提示"。使用本教材的教师可登录东北财经大学出版社网站（www.dufep.cn）下载使用这些资源。

本书第八版由东北财经大学旅游与酒店管理学院孙喜林和马克思主义学院杨金桥编著。杨老师在确保教材紧跟时代步伐方面贡献巨大。

书中疏漏与不当之处在所难免，欢迎学者、同仁和读者批评指正。

作　者
2022年6月
2023年7月修订
于大连

目　录

第四编　　旅游企业员工心理

第一编 总 论

第1章 旅游心理学概述

- ● **学习目标**
- 1.1 旅游心理学的研究对象和研究内容
- 1.2 旅游心理学的研究方法
- 1.3 研究旅游心理学的意义
- ● **本章概要**
- ● **基本训练**

● 学习目标

通过本章学习，应当达到以下目标：

职业知识：学习和把握旅游心理学的学科性质、研究对象、内容、方法与意义，以及"延伸阅读"等"概述"的理论与实务知识；能用其指导本章"同步思考"、"教学互动"和"基本训练"中"知识训练"各题型的认知活动，正确解答相关问题。

职业能力：点评"旅游心理学几种体系"，训练专业理解与评价力；运用本章知识研究相关案例，训练对其特定情境下当事者行为的"多元表征"专业能力和"与人交流"通用能力；参加"自主学习-Ⅰ"训练，通过搜集、整理与综合关于"旅游心理学研究方法运用"的前沿知识，并依照"文献综述格式、范文及书写规范要求"撰写、讨论与交流《"旅游心理学研究方法运用"最新文献综述》，培养"旅游心理学概述"中"自主学习"、"团队协作"和"与人交流"的通用能力。

课程思政：结合本章教学内容，依照相关规范或标准，对"课程思政-Ⅰ"中的企业及其从业人员行为进行思政研判，培养高尚的道德情操，树立社会主义核心价值观。

学习微平台

思维导图1-1

引例：形形色色的旅游者心理

背景与情境：

1）旅游者的好奇心理

在旅游过程中，旅游者会见到一些新异的事物，如农村小伙子娶新娘，壮汉抬着轿子，一队唢呐乐队在前面开路，十分热闹；街上有人敲锣打鼓欢送老工人退休；妇女摇着纺线车；农民吊在竹竿上车水灌溉；从蛇肚内取出蛇胆就酒喝等现象，都能使游客产生好奇心理。一次，一队游客到国内著名的长寿村广西巴马旅游。导游告诉游客，巴马村自古就有"长寿之乡"的美誉，百岁老人的比例世所罕见，这跟当地的空气质量、水质等都有直接的关系。于是游客到达巴马后，都饶有兴趣地饮用当地的"寿珍泉水"，一探巴马长寿水的神奇。这就是旅游者好奇心理的典型表现。

2）旅游者的求新求知心理

中华文化博大精深，正是这世界上独一无二的文化，使得很多外国友人对中国心驰神往。曾经有不少外国游客坦言，中国没有加勒比海那样的自然风光，阳光沙滩也并非世界级的，但中国灿烂的文明以及诸多历史遗迹在世界上找不出第二个，这是最吸引外国人的。近年来，随着"四个自信"深入人心，"红色旅游"逐渐成为热点旅游项目，越来越多的游客对瑞金、井冈山、延安等革命圣地产生浓厚的兴趣，甚至希望自己能够"重走长征路"，体验当年红军不怕牺牲、勇往直前的精神。这些都是旅游者求新求知心理的具体体现。

3）旅游者的怀旧心理

访古探幽乃是旅游者怀旧心理的反应。有历史沉淀的山水名胜，会让人感到十分亲切，遐想万千。西安是中国古都，丝绸之路起点，曾经盛极一时。公元1375年，明朝皇帝朱元璋的次子秦王朱樉在原城墙基础上修建了规模宏大的明城墙。游人见到像巨龙一样的城墙，静卧在八百里秦川之上，数百年前的古城风貌，商贾云集，市场繁荣，古时的盛况一一浮现在游人脑海中。朝代兴衰，历史沧桑，留给后人无限遐想。秦岭支脉骊山位于古城西安郊区，唐玄宗与杨贵妃在此大修华清宫，在华清池寻欢作乐。唐代诗人杜牧的《过华清宫》"长安回望绣成堆，山顶千门次第开"，使人联想当年骊山变成达官贵人的享乐之地。谁料发生了安史之乱，杨贵妃被缢死于马嵬坡。唐玄宗和杨贵妃的爱情悲剧，正是其晚年在政治上腐败的必然结果。人们来到骊山脚下，仰望长空，抚今追昔，遥想当年华清池水洗凝脂，奢靡无度，而百姓怨声载道，悲愤交加的情景。

总之，不同类型的旅游者有着不同的心理特点。

问题：

（1）旅游是什么？

（2）旅游者在旅游过程中追求的是什么？

（3）旅游者有什么区别于当地居民的心理规律？

了解旅游现象的本质特征是研究和理解旅游的起点，而从旅游心理学角度进行研究对此的价值是很大的。研究旅游者的心理规律有助于理解旅游现象，同时对旅游产业活动亦有指导意义。当然从现象事实出发也是研究的一种范式。

1.1 旅游心理学的研究对象和研究内容

旅游心理学是心理学的一门分支学科，它是把心理学的相关研究成果和有关原理及研究方法运用到分析、了解旅游这一现象上来而产生的新兴应用学科。旅游心理学的产生不过二三十年，介绍到中国也就十几年。在旅游心理学产生的初期，主要是把心理学的知识方法移植过来，直到近些年才有独立研究成果出现，所积累的研究成果并不丰厚，所以说旅游心理学还不是一个很成熟的学科。

1.1.1 旅游心理学的研究对象

旅游心理学主要研究旅游消费心理、旅游服务心理和旅游企业员工心理。这三方面内容构成了旅游心理学的主体。旅游这一现象本身是一种复杂的社会、经济、文化和心理现象的综合，因而对心理规律的探讨通常不能单独进行，因为心理现象与旅游的其他方面交织在一起，旅游心理现象不能单独存在，所以进行这方面的研究是比较复杂并有相当难度的。

1）旅游消费心理

人们的旅游消费行为是在其消费心理支配下发生的，因此了解旅游者消费心理的发生、发展变化规律是非常有必要的。美国著名心理学家勒温提出的行为公式有助于我们对这个问题的分析。

勒温的行为公式是：

行为=f（人格×环境）

他认为人的行为受两大因素影响：一个是人格；另一个是人所处的环境。人的行为就是人格和环境的函数。所谓人格，简单地说就是个人的心理特点系统。在我们研究旅游行为的规律时，对旅游者个人心理因素的探讨是最有价值的切入点。每个人的心理都具有与他人不同的特点，因而形成相互之间在心理因素上的差别。这种差别的影响，使得人们在面对相同的旅游条件时产生不同的反应，有的产生旅游行为，有的不产生旅游行为，有的产生这种旅游行为，有的产生那种旅游行为。另外，环境是影响人的行为的另一个重要因素。人的行为取决于人格和环境二者力量的对比，以及它们之间的相互作用。所以，我们一方面要探讨旅游者的心理因素对旅游行为的影响，另一方面要探讨旅游者所处的外部环境对旅游行为的影响。

探讨旅游者的旅游消费心理就是要探讨旅游行为产生的规律，探讨旅游者的旅游知觉、旅游动机、旅游态度、旅游者的人格、旅游者的情感以及旅游审美心理等方面。

对于旅游行业的从业者而言，了解旅游者的心理规律对他们正确理解并预测客人的行为有很大帮助，从而为影响和引导旅游者的行为打下基础。《孙子兵法》云："知己知彼，百战不殆。"在今天旅游业竞争极端激烈的情况下，了解自己的工作对象是非常有必要的。

学习微平台

延伸阅读1-1

2）旅游服务心理

旅游业在当今世界上存在和发展的一个重要理由在于旅游业有"接待"这一功能，换句话说就是要通过人与人打交道来完成其生产过程。从心理学角度可以把旅游产品解释为：旅游者花费一定的时间、金钱和精力所获得的个人经历。从这个角度看旅游服务，那么旅游服务实质上是旅游服务人员通过与旅游者打交道，帮助旅游者构造其美好经历的过程。要想使客人有好的经历、好的体验、好的感受并不是一件简单的事，它需要迎合旅游者心理，满足旅游者的需要。不了解旅游者的心理而进行的旅游服务是缺乏理性的，它无异于"盲人骑瞎马"，撞到哪儿是哪儿，这样是无法得到好的结果的。

3）旅游企业员工心理

旅游心理学的研究对象也包括员工心理，它不是简单地把管理心理学搬过来，而是根据旅游心理学的需要和特殊性，把管理心理学和工程心理学以及其他心理学学科相关内容有选择地运用到旅游企业中来，为旅游企业的管理提供理论指导。

旅游企业经营的成败取决于它的管理和服务。由于旅游业的特殊性，旅游产品包括两大类：有形产品和无形产品。无形产品要靠员工通过与客人打交道来完成其生产过程，这类产品质量有很大的不确定性，对其生产过程进行监控非常困难，它的高质量生产只能依赖高素质的员工自觉完成。在旅游服务业人们常说一句话："顾客是上帝。"其含义就是服务人员要尊重客人，永远把客人放在第一位，而要想使员工做到这一点并不是一件容易的事。针对这种情况有人提出了"员工是第一位的"管理思想。管理者为了达到使顾客变成"上帝"这一目的，首先要把员工放在第一位，尊重员工、善待员工，充分调动员工的积极性，科学地使用员工，使员工愉快地、主动地、创造性地做好服务工作，从而达到组织目标，而这一切都必须以了解员工的心理为前提。所以，了解旅游企业员工心理，在实施管理行为时做到知己知彼、有的放矢，就成为管理成功的关键。

同步思考 1-1

资料：研究旅游心理学大致有这几种思路：①以旅游消费者为对象，研究旅游者消费行为的规律。②研究旅游者和旅游工作者的互动关系。③在我国最有代表性、更广泛被采用的体系与前面两种都有不同。这种体系通常将旅游心理学分为三部分：旅游者心理、旅游服务心理和旅游管理心理。④本书的体系是旅游者心理、旅游服务心理和旅游工作者心理。下面将不同体系的代表作罗列一二，以飨读者：

第一种体系的代表：《旅游心理学》，[美] 小爱德华·J.梅奥、兰斯·P.贾维斯。

第二种体系的代表：*Human Relation in Hospitality Industry*，[美] Donald E.Lundberg。

第三种体系的代表：《旅游心理学》，屠如骥、甘朝友、吴正平、王柯平；《旅游心理学》，刘纯。

第四种体系的代表：《旅游心理学》，孙喜林等。

问题：为什么会出现这种体系的差异？

理解要点：由于学科不成熟，出现各种探索方向是自然的。

1.1.2　旅游心理学的研究内容

旅游活动是一种综合性的活动，它既是一种地理现象、一种商业活动，也是一种社会行为、一种人类经历。旅游心理学是剖析这一复杂现象的一个重要角度。根据旅游心理学的研究对象，我们认为旅游心理学的具体研究内容应包括以下几个方面：

1）旅游消费心理

旅游消费心理具体包括旅游知觉、旅游动机、旅游者的人格、旅游者的态度、旅游者的情绪和情感、旅游审美心理。

2）旅游服务心理

旅游服务心理具体包括导游与风景区服务心理、酒店服务心理、旅游交通服务心理、旅游商品服务心理。

3）旅游企业员工心理

旅游企业员工心理具体包括旅游企业中的人际关系、员工的心理保健、员工劳动心理、旅游企业领导心理。

旅游心理学研究范畴的其他观点：狭义的旅游心理学只研究旅游者即旅游行为主体的消费心理；广义的旅游心理则不仅研究旅游者的心理，还要研究旅游业的开发、经营与管理的心理依据。

1.1.3 旅游心理学研究内容与旅游学研究对象的关系

旅游心理学研究内容与旅游学研究对象的关系如图1-1所示。

学习微平台

延伸阅读1-2

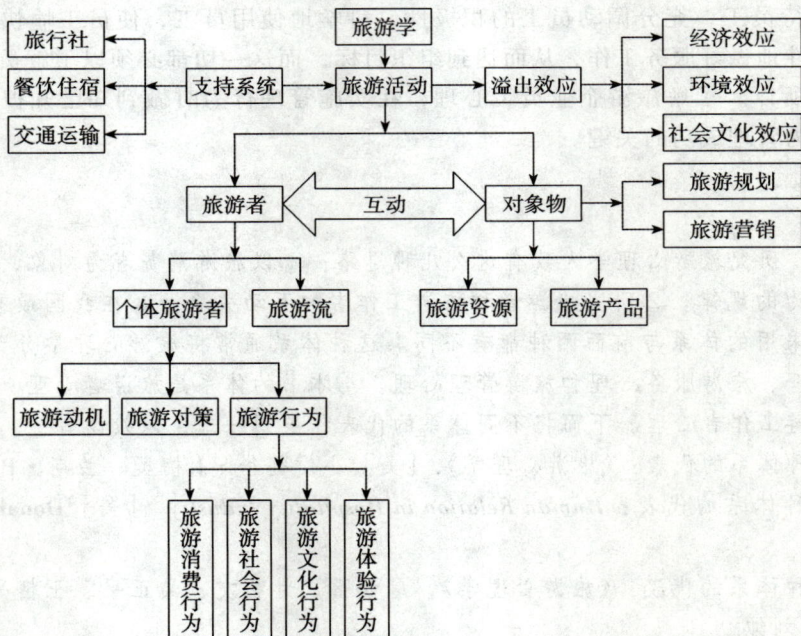

图1-1 旅游学科树

这棵树的主干是纵向的旅游学—旅游活动—旅游者和对象物及其互动。横向的对应旅游各分支学科研究，在此不再罗列。在这里，旅游对象物是指能给旅游者带来核心旅游体验（即下文提到的刺激体验和安乐体验）的事物，即旅游者为完成旅游体验过程而从外部世界中主观选择出来并与之发生互动的客观实在。旅游对象物根据存在形态的不同可以分成旅游资源和旅游产品。因此，旅游资源相应地可以这样界定：那些可以为旅游产业开发或者为旅游者所利用的客观实在。以往旅游学术界对旅游资源的共识是：只从旅游产业开发角度定义，排除了旅游者利用旅游资源的可能性。其实这样既违反生活经验也不符合旅游学常识。这个常识就是：旅游出现在旅游产业之前。在那个时候，旅游者只能直接利用旅游资源而非尚不存在的旅游产品。旅游企业利用旅游资源制造开发旅游产品，而旅游者利用旅游资源制造旅游体验。当然这和旅游者利用旅游产品产生旅游体验不矛盾。这也是旅游学区别于经济学的一个根本点。可以确定，旅游活动是旅游学独有的研究对象，即旅游者、旅游对象二者的互动，也可以说是旅游体验。而旅游活动产生的必要条件及由旅游活动引发的效应等，可由其他分支学科深入研究。目前还没有任何一个学科把旅游活动列为自己的研究对象，当然旅游学除外。这完全满足了学科研究对象"独有性"的要求。虽然谢彦君的观点也是认为旅游学的研究对象是旅游活动，但是其范围从旅游者活动扩大到旅游产业活动，就不得不引入其他学科的理论和方法，如经济学、管理学等，结果就是"引狼入室"，它们不但理直气壮地进来分享（产业活动天然是这些学科的研究对象，即使旅游学不引入，它们也会研究），而且还反客为主，旅游学根本无法抗衡。换言之，也可以说旅游学进入了其他学科的领地，这就是我们经常感到被其他学科蔑视和挤压的原因。

旅游活动是旅游学的独有集合。旅游学的研究对象是旅游活动，而由旅游活动引发的其他重要现象作为学科外延性研究领域存在，由其他分支学科研究。这时候其他学科的引入就是帮助性的，它们是"客"，当然，这些外延性研究范围（尤其是经济和管理范畴）同时也是众多学科研究的共同领域，是众多学科研究范围的交集。这样，一则解决了研究对象"独有性"问题，也就确立了旅游学科存在的合法性；二则避免了其他学科的嘲弄。

从上述论述中我们可以看到：旅游心理学的研究内容与旅游学的研究内容高度相关，这也说明了旅游心理学在旅游学学科体系中的位置和价值。

同步链接 1-1

二十大报告
摘录之一

1.2　旅游心理学的研究方法

旅游心理学是心理学的一个新兴的分支应用学科，其研究方法主要来自心理学中已经非常成熟的研究方法，同时从旅游心理学的学科特点出发，有选择、有变化地使用这些研究方法。心理学的发展为旅游心理学的研究发展提供了知识和方法上的基础，这使得旅游心理学的研究发展迅速而有效。此外，社会学的知识和研究方法也是旅游心理学的重要知识和方法的来源。这些构成了旅游心理学发展的先天优势，其后天优势则是强大的社会需要。

1.2.1　旅游心理学研究的信息来源

要想有效地研究旅游心理学，首先要获取相关资料。这些资料主要有两类：第二手资料和第一手资料。

1）第二手资料

从事任何研究项目，首先应全面搜集与此项目有关的现有资料，即第二手资料。第二手资料又称间接资料，是他人为其他目的搜集的已经加工整理过的信息。第二手资料获取的成本低，需要的时间短，但由于是他人为其他目的搜集的，所以适用性较差。

2）第一手资料

第一手资料又称原始资料，是通过现场实地调查所搜集的资料。在许多情况下，第二手资料不能完全满足调研者的需要，因为毕竟这些资料不是针对本研究的目的所搜集的。虽然第一手资料的获取要更费时间，投入更多的成本，但有时借助第一手资料才是解决问题的唯一手段。

获取第一手资料的方法很多，如观察法、实验法、访谈法等。

1.2.2 旅游心理学研究的类型

根据调查研究中获取被试资料的方法的不同，我们可以把旅游心理学的研究分为两种性质不同的类型：定性研究和定量研究。

1）定性研究

所谓定性研究就是通过综合描述与分类来对事物进行衡量的研究。定性研究的一个基本特点就是它不要求被试按照事先安排好的回复类别来回答问题。答案是文字性的，不是数量化的，被调查者要用自己的话来陈述答案。事实上，研究者可能也并不知道真正的答案是什么，但也正因为这点，研究者才使用定性研究方法。这种方法可以使研究者发现被调查者的动机、态度、偏好及未来的行为倾向。后面我们要介绍的访谈法、投射技术等就属于这一类。

2）定量研究

定量研究是通过数量对事物进行衡量的研究。在定量研究中，被调查者根据数字化的量表进行回答。量化答案具有可比较性，从而使研究人员可以研究大量的被调查者，然后将他们的答案集中在一起，对所研究的被试行为的某个方面进行总体评估。定量研究的方法主要包括调查法和实验法两大类。

3）定性和定量相结合的研究方法

由于定性研究得出的结论非常有限，所以一些研究人员使用定性与定量相结合的研究方法来制定战略决策。他们用定性研究的结果来发现新的观点，用定量研究的结果来预测人们的行为。有时定性研究中产生的观点通过检验并且成为设计定量研究的基础。研究人员已经发现，这两种研究方法不是相互矛盾的，而是相互补充。定量研究使预测成为可能，定性研究提供了理解方向，两者合一比单独使用其中的一种研究方法能对人们行为的轮廓有更丰富、更充分的了解。

1.2.3 旅游心理学研究的具体方法

1）观察法

观察法是在自然情况下，有计划、有目的、有系统地直接观察被研究者的外部表现，了解其心理活动，进而分析其心理活动规律的一种方法。

运用观察法，首先应有明确的目的，要制订研究计划，拟定详细的观察提纲。观察过程中要敏锐地捕捉各种现象，准确、详细地记录下来，及时予以整理和分析，以保证得出科学的结论。由于观察法很少干扰或不干扰被观察者的正常活动，因而得出的结论比较符合实际情况。另外，观察法简便易行，可以涉及相当广泛的内容。但由于观察者往往处于被动地位，他只能等待需要观察的现象自然出现，不能在必要时反复观察，因而对观察所得的材料往往不足以区别哪些是偶然的，哪些是规律性的事实。此外，观察法对研究者要求较高，表面看起来观察法很简单，但实际运用起来难度非常大，因此，只有经过严格训练的人才能有效使用。

观察法一般适用于以下情形：调查者所关注的行为是公开的；这些行为经常且重复出现或者是可以预测的；行为发生在相对较短的时间跨度里。

2）实验法

实验法是有目的地严格控制或创设一定的条件，人为地引起某种心理现象产生，从而对它进行分析研究的方法。因此，这种方法用于改变一个或多个变量的条件下，观察这种改变对另外一个变量的影响。在控制条件下改变的变量被称为自变量，受自变量影响而改变的变量被称为因变量。实验法有两种形式：实验室实验法和自然实验法。

实验室实验法是在专门的实验室内借助各种仪器来进行的。在设备完善的实验室里研究心理现象，从呈现刺激、记录被试者反应到数据的计算和统计处理，都采用电子计算机、录音、录像等现代化手段实行自动控制，因而对心理现象的产生原因、大脑生理变化以及被试者行为表现的记录和分析都是比较精确的。

自然实验法是由研究者有目的地创造一些条件，在比较自然的条件下进行的，它既可以用于研究个体一些简单的心理活动，又可用于研究较复杂的心理活动。

自然实验法兼有观察法和实验室实验法的优点。由于自然实验法是在自然条件下进行的，所得到的结果比较接近于实际，又由于自然实验法是由研究者有目的地改变或控制某些条件，因此具有较强的主动性和严密性，所得到的结果也比较准确。

3）调查法

调查法是从大量消费者中系统搜集信息的方法。调查可以采用人员访问、邮寄调查、电话调查等方式。

人员访问通常在工作现场进行，通过运用复杂的问卷等方式，能在较短时间内搜集到大量的信息。邮寄调查所花的时间较长，所问的问题一般应该比较简单，这种方法可用来搜集中等复杂程度的数据，其优点是费用较低。电话调查的特点是完成迅速，能提供良好的样本控制（谁回答问题），而且费用也不太高，但询问的问题同样也应该简单一点。

调查法的一个主要问题是拒访所引起的偏差比较大。在选择参与调查的对象中只有不到一半的人实际接受了调查。在电话访问和人员访问中，很多人不在家或者拒绝合作；而在邮寄问卷调查中，很多人拒绝或忘记填写问卷。为了尽量避免这种情况的发生所带来的不利影响，调查人员可以通过电话或人员再访问方式来提高调查反应率。再访问应该安排在不同的日子或同一天的不同时段。

4）问卷法

严格地说，问卷法也是调查法的一种，它是根据研究内容的要求，由调查者设计一份调查表，由被调查者填写，然后汇总调查表并进行分析研究的一种方法。

问卷法要求被调查者回答问题要明确，表达要正确、实事求是。问卷法的优点是可以同时进行大规模的调查，缺点是问卷回收率低，对所回收的问卷答案的真伪判断较难，因为有些回答者可能并不认真对待。

问卷法的用途非常普遍，用它可以来测量或衡量：过去、现在或将要发生的行为；有关的人口统计特征，如年龄、性别、收入、职业等；被调查者的知识水平或对某一问题的了解水平；被调查者的态度和意见。

问卷法的关键是问卷的设计。一份好的问卷设计要按步骤回答以下这些问题：

（1）基本决定：需要搜集哪些信息？向哪些人搜集信息？

（2）确定所问问题与内容：这一问题确实需要吗？被调查者能正确地回答这一问题吗？是否存在外部的事件使得被调查者的回答具有倾向性？

（3）决定应答方式或形式：这个问题是以自由回答式、多重选择式还是以两分式的形式提出来？

（4）决定提问的措辞：所用的词语是否对所有被调查者都只有一种含义？问题里是否隐含任何的备选答案？被调查者能从研究者所期待的参照体角度回答这一问题吗？

（5）决定问题的排列顺序：所有问题都是以一种合乎逻辑且避免产生偏差的方式排列的吗？换句话说，前后问题之间有没有矛盾的地方？

（6）预试与修正：最终问卷的确定是否取决于运用少量样本的预试？预试中的应答者是否与最后要调查的被调查者相类似？

5）访谈法

访谈法是指调查者与被调查者进行面对面有目的的谈话、询问，以了解被调查者对所调查内容的态度倾向、人格特征等的方法。

访谈法可以分为结构式访谈和非结构式访谈两种。所谓结构式访谈，是指由调查者按事先拟定的提纲提出问题，被调查者按问题要求逐一回答，通过有目的、有计划的提问搜集所需要的资料。它的优点是针对性比较强、调查的问题比较明确、节省时间。它的缺点是由于所提问题规范化程度比较高，可能会降低被调查者合作的积极性或采取敷衍的态度。非结构式访谈，是指调查者事先不定出谈话的具体题目，有时甚至也不告诉被调查者谈话的目的，而是在总体目标范围内采取自然交谈的方式。这样做的优点是谈话的气氛比较轻松，被调查者可以坦诚地谈出自己的真实想法，但这种方法要求调查者具有较高的把握目标和掌握谈话节奏能力，同时，这种方法对搜集上来的资料进行归纳和整理也较困难。

访谈法可以有一个访问者和一个被访者，也可以有一个访问者和多个被访者。前者被称为一对一访谈，后者被称为集中小组访谈。在一对一访谈中，访谈者要注意不能给被试任何压力和暗示，要使被访者轻松、自然地回答问题，而不能有意识地影响被访者的回答。标准的集中小组访谈通常涉及8~12名被访者。一般来说，小组成员的构成应该能反映特定细分市场的特性。被访者是根据相关的样本挑选出来的。小组讨论由一名主持人组织，主持人一般在1~3小时的讨论过程中试图完成以下三项任务：①与小组成员建立起融洽关系、设定访谈目标；②在相关领域激发热烈的讨论；③总结小组的各种反应，以确定小组成员在基本观点上一致的程度。

互动问题：旅游心理学有多种研究方法。

① 在旅游心理学的研究方法中，哪一种方法最好？

② 访谈法属于定性研究方法还是定量研究方法？

互动要求：

① 教师不直接提供上述问题的答案，而是引导学生结合本节教学内容对这些问题进行独立思考、自由发表见解，组织课堂讨论。

② 教师把握好讨论节奏，对学生提出的典型见解进行点评。

1.3　研究旅游心理学的意义

　　研究旅游心理学对于旅游学科的建设和发展，对于旅游业的发展都有十分重要的意义。首先出于旅游学科建设与完善的需要，必须对旅游心理学进行深入研究，以解答在旅游理论构建过程中会出现的问题。例如：人们为什么外出旅游？对这一旅游学科中的根本性理论问题到目前为止并没有很好的解答。以往的教科书通常认为有许多种原因，例如：旅游是为了扩大视野，增长见识；是为了接触和了解异国他乡的人们；是为了探亲访友；是为了放松、娱乐、游玩；是为了身体健康；是为了寻访故土；是为了得到一个好心情。这些回答并不能令人满意，它们似乎把人们旅游的更深刻的心理原因掩盖起来了。人们为什么要见识这个世界，为什么要了解异国他乡的人们，为什么要离家出游？旅游心理学除了要回答理论问题以外，更重要的价值还在于它的实践意义。

　　近年来，随着我国综合国力不断上升，"四个自信"进一步深入人心，人们的爱国情绪空前高涨。于是，"红色旅游"作为我国的一种特色旅游项目，日益受到人们尤其是年轻人的重视。那么，各省市、地区的红色文化资源应该如何科学开发，如何宣传推广，以充分满足人们对红色旅游的迫切需要，提高红色旅游服务质量呢？这些问题必然需要运用心理学的有关原理给予解答。在《2016—2020 年全国红色旅游规划发展纲要（三期）》中，中共中央、国务院明确提出，红色旅游的基本原则之一是要"突出社会效益，强化教育功能"。这一要求反映出红色旅游与其他传统旅游形式最大的区别，就是以思想政治教育作为自己的根本目标。那么，思想政治教育元素应该如何融入红色旅游的全过程，才能使游客在轻松愉快的氛围中受到教育，获得启迪？这些问题也可以从心理学的基本原理中找到答案。随着我国旅游业的不断发展，尤其是习近平总书记于 2020 年 4 月的中央财经委员会第七次会议上提出"构建以国内大循环为主体，国内国际双循环相互促进的新发展格局"之后，我国的国内旅游业，尤其是红色旅游业必将迎来一个更新的发展机遇。从业者为了提高旅游服务的质量，对心理学知识的需求必然更加迫切。

1.3.1　研究旅游心理学，有助于旅游事业的发展和旅游服务质量的提高

　　旅游业本身的性质特点决定了我们在从事这一行业时，必须对所服务的对象有充

分的了解。旅游业是出售服务和风景的行业，了解旅游者对旅游景观的偏好，了解其内在的需要，是旅游经营者和旅游从业者的首要任务。要发展旅游事业，其现实前提是使所提供的旅游产品能够满足旅游者的心理需要，这是旅游业赖以生存和发展的生命线。旅游者的需要一般可以分为两个方面：一是生理方面的需要，如食、宿、行等；二是心理方面的需要，如兴趣爱好、情绪情感以及更深层次上的人性需要等。前者更具实务性，操作起来比较容易，而后者则把握起来困难较大，需要旅游业从业者具备相应的旅游心理学知识。

近年来我国旅游事业飞速发展，尤其在硬件方面进步明显，已经接近甚至赶上了世界发达国家水平，但在软件方面我们依旧与旅游先进国家存在一定差距，究其原因就是我们的旅游服务落后，这已成为制约我国旅游事业发展的瓶颈。从我国现代化建设发展状况看，旅游业的发展还是具有领先性的，它是我国各行业最早与国际接轨的领域之一，但这却使旅游业额外地承担了一些本来并不属于自己的任务。例如，发达国家旅游服务质量很高，其起点是服务业发展较早，在对旅游从业人员进行服务技能尤其是在服务意识、服务理念的灌输和培养上无须耗费太多的精力。服务者和被服务者之间不存在观念上的鸿沟，服务过程顺畅而少阻滞。我国的情况则复杂得多。在总体知识、文化和思想观念方面处于落后状态的大背景下，国民素质参差不齐，体现在旅游从业人员方面就是总体素质不高，而旅游服务对象却很复杂，旅游工作目标和任务艰巨，既要与国际接轨，为国际旅游者和国内部分高素质的旅游者提供国际标准的服务，还要服务于国内部分各方面素质相对较低的旅游者。这对于原本综合素质就不是很高的旅游业从业人员来说更困难了。旅游业在提高旅游从业者的业务素质的同时，还肩负着提高其综合素质的任务，这原本不是旅游业的任务。我国旅游业的软件上不去，从业人员总体素质差是根本原因之一。在这种状况下，引进、学习旅游科学知识就显得尤为重要了，旅游心理学和其他旅游学科一同肩负着这个重任。旅游心理学对于发展我国旅游事业、提高服务质量有着极其重要的价值。

在掌握和运用旅游心理学知识的时候，不但要着眼于知识的具体运用，以达到知己知彼、有的放矢，了解旅游者的心理，预测旅游者的行为发展，有目的地引导其行为，最终获得好的经济效益，而且还要有大旅游概念。我们不能仅仅把旅游心理学知识当作获取眼前利益的一种手段，它应是旅游业整体格局中的一部分。旅游心理学的运用是为大旅游服务，着眼点放在帮助旅游者构建其美好经历上，真正帮助实现"旅游促进生活质量的提高"的目标（世界旅游组织1981年口号），那样才是旅游心理学的根本意义所在。旅游业对社会有价值，是人们所需，为人类造福，社会才能回报于旅游业，旅游业才能得到更大的发展。

1.3.2　研究旅游心理学，有助于提高旅游企业的经营和管理水平

近年来我国旅游事业发展迅猛，水平不断提高，规模日渐扩大，旅游企业之间的竞争也日趋激烈，每个企业都面临着生存和发展的问题。在这种机遇与挑战并存的时候，不断提高自己的经营管理水平才能在激烈竞争中立于不败之地，而这有赖于旅游科学知识的学习和研究。旅游心理学的研究可以帮助我们运用心理学知识去分析旅游者的心理规律，诸如旅游需求的发展变化趋势，有针对性地开展旅游宣传和旅游招徕活动，吸引旅游者，并依据旅游者心理变化的特点和趋势及时调整经营方针和策略。

旅游业的竞争就是瓜分市场份额，争夺旅游者。旅游心理学能在这场竞争中提供帮助。吸引旅游者、争夺客源需要了解旅游者心理及其变化方向，旅游心理学就是研究这类问题的。

同步案例1-1

对人管理的不同层次

背景与情境： 西汉建国之初，汉高祖刘邦在与群臣探讨成功的原因时总结说：运筹帷幄之中，决胜千里之外，我不如张良；筹措粮饷，募集兵员，我不如萧何；领百万雄兵，战必胜，攻必克，我不如韩信。但为什么我做了皇帝得了天下？原因是我"善将将"。通俗的解释就是刘邦善于管理和领导这些有才能的人，因此他才能得天下。

问题： 人的管理有多重要？人到底该怎么管？

分析提示： 从这个历史故事中我们得到的启示是事业成功取决于对人的管理。而且这种管理不是简单笼统的，不同层次和对象有不同的管理方法，而管理者要具备相应能力，这样管理才能有效。

旅游心理学有助于提高旅游企业管理水平。如果我们简单地对企业管理的内容进行分析的话，可以把管理内容分为人、财、物以及市场四个部分。关于人的管理是各项管理的重中之重，具有统帅的作用。旅游心理学为旅游企业人的管理提供了必要的理论支持。旅游心理学对旅游企业员工心理进行了深入的研究和分析，可以帮助管理者了解员工心理状态和个性心理，了解企业内部人际关系状况，有的放矢地做好员工的思想工作，调动员工的工作积极性，使其为实现组织目标而共同努力。旅游心理学能为旅游企业实施科学管理提供帮助。

1.3.3　研究旅游心理学，有利于科学合理地开发旅游资源和安排旅游设施

旅游设施和旅游资源是旅游业生存和发展的基础，一般情况下缺乏旅游资源和完备的旅游设施，旅游业就无法得到发展。但是旅游资源要变为现实的旅游产品，其前提是要为广大旅游者所接受，要做到这一点就需要遵循和利用旅游心理学的知识。旅游资源的开发和利用是以旅游者的需要为前提的，满足旅游者的需要是制订开发方案的依据。旅游景点的设计开发首先要考虑其能否对旅游者产生吸引力，然后才能考虑其经济价值和社会价值等其他方面。在旅游资源的开发和利用过程中要依据旅游者的心理特点，充分考虑旅游者的兴趣、爱好、知觉特点、审美习惯。旅游者喜欢是旅游资源开发利用的先决条件，做不到这一点，没有旅游者光顾便什么也谈不上。

旅游设施的安排也需要以旅游者的心理需求为出发点，无论它的现代化程度多高，都必须在充分考虑到旅游者的心理特点的前提下，才能论证其科学性和实用性。成功的旅游产品在其硬件建设上都十分注重旅游者的心理因素，使旅游者在旅游活动中心理得到最大满足。现代化的旅游交通设施是在充分考虑到旅游者安全、快速和舒适的心理需要的基础上改进和发展的。现代饭店为给旅游者创造方便、舒适、恬静的生活环境，在设施安排上充分考虑到旅游者的生理需要和心理需要、心理特点，以求得吸引旅游者。旅游娱乐设施的设计和建设也离不开旅游心理学知识

的支持。根据现代人生活和工作的特点，以及由当今社会背景下形成的人们心理上的特点，开发设计那些具有强烈参与性和冒险性的娱乐项目，可达到吸引旅游者的目的。

旅游设施和旅游资源的开发利用一定要考虑旅游者的心理活动规律，否则就会事倍功半，浪费人力物力，甚至破坏旅游资源，使设施和资源无法发挥旅游者应有的社会和经济效益。所以，在开发旅游资源、设计建设旅游设施时一定要考虑旅游者的心理因素。旅游心理学为此提供了理论基础。

本章概要

□ 内容提要

本章主要介绍了旅游心理学的研究对象、研究方法和学习研究旅游心理学的意义。旅游心理学的研究对象包括旅游消费心理、旅游服务心理和旅游企业员工心理，主要研究方法包括观察法、实验法、调查法、问卷法和访谈法。

□ 主要概念和观念

▲ 主要概念

旅游心理学　观察法　实验法　访谈法

▲ 主要观念

旅游心理学的体系　旅游心理学研究的信息来源

□ 重点实务

旅游心理学的研究方法

基本训练

□ 知识训练

▲ 复习题

（1）旅游心理学的研究对象是什么？

（2）旅游心理学的具体研究内容有哪些？

▲ 讨论题

（1）学习研究旅游心理学有何意义？

（2）阅读相关书籍，对比讨论旅游心理学研究方法的适用性。

□ 能力训练

▲ 理解与评价

对目前旅游心理学几种体系进行比较，并指出其主流和趋势。

▲ 案例分析

【训练项目】

案例分析-Ⅰ。

【相关案例】

少见多怪

背景与情境：从前，有一个人从来没有见过骆驼，也根本不知道有骆驼这种动物。有一天，他偶然看见一头背上长着两个很大的肉疙瘩的动物，觉得非常奇怪，不禁大叫道："啊哟，大家都来看呐，瞧这匹马，它的背肿得多高呀……"其实，那就是骆驼。骆驼本身并没有什么好奇怪的，只不过这人没见过。这个故事出自牟融所著的《理惑论》，因为少见，所以多怪。成语"少见多怪"便由此而来。

问题：

（1）人的认识来源于哪里？

（2）实践与人们的心理状态有怎样的关系？

【训练要求】

学生分析案例有关问题，拟出"案例分析提纲"；小组讨论，形成小组"案例分析报告"；班级交流，教师对各小组"案例分析报告"进行点评；在校园网的本课程平台上展出经过修订并附有教师点评的各组"案例分析报告"，供学生借鉴。

▲ 自主学习

【训练项目】

自主学习-Ⅰ。

【训练步骤】

（1）将班级同学组成若干"自主学习"训练团队，每队确定一人负责。

（2）各团队根据训练项目需要进行角色分工。

（3）通过校图书馆、院资料室和互联网，查阅"文献综述格式、范文及书写规范要求"和近三年关于"旅游心理学研究方法运用"的前沿学术文献资料。

（4）综合和整理"旅游心理学研究方法运用"的前沿学术文献资料，依照"文献综述格式、范文及书写规范要求"，撰写《"旅游心理学研究方法运用"最新文献综述》。

（5）在班级交流各团队的《"旅游心理学研究方法运用"最新文献综述》。

（6）在校园网的本课程平台上展出经过修订并附有教师点评的各组《"旅游心理学研究方法运用"最新文献综述》，供学生相互借鉴。

□ 课程思政

【训练项目】

课程思政-Ⅰ。

【相关案例】

户外游不应是"冒险者的游戏"

背景与情境： 据媒体报道，2012年11月24日早，10名"驴友"穿越陕西省境内的鳌山时，因突降暴雪，被困山中。截至26日晚，在各方的努力下，最后6名被困人员安全下山，与此前下山求救的1名带队人员会合，另3名"驴友"不幸遇难。而在不久前，北京7名"驴友"在延庆区四海镇九眼楼景区攀爬野长城时，也因体力透支和天气寒冷被困山上，其中两名"驴友"在送往医院后失去生命体征。

放下世俗的包袱，纵情于山水之间，户外游本是一件轻松快乐的事，但这几起安全事故的发生却让人无比心痛。

最近几年，随着旅游热的悄然兴起，户外游出现井喷式发展，有些人甚至连最基本的装备都没有，就抱定"有困难要上，没有困难，创造困难也要上"的信心，跑到大自然中去追求那份不一样的快乐体验。殊不知"世之奇伟、瑰怪、非常之观，常在于险远，而人之所罕至焉。故非有志者不能至也"，自然风景的美好和风险常常是并存的。

资料来源　佚名. 户外游不应是"冒险者的游戏"［EB/OL］. ［2022-11-28］. http：//news. xinhuanet.com/travel/2012-11/28/c_124016513.htm.

问题：

（1）旅游者有权利到大自然中去进行户外探险旅游吗？

（2）这种旅游有风险吗？有风险怎么办？政府在其中扮演什么角色？因为有危险而限制还是因为这是旅游者自己的行为而不去管理，完全由旅游者自己买单？

（3）是否只是个体有道德问题？政府是否也涉及道德问题？

（4）政府有道德责任吗？如果有，那么政府该做什么？

【训练要求】

学生研判案例提出问题，拟出"思政研判提纲"；小组讨论，形成小组"思政研判报告"；班级交流，教师对各小组"思政研判报告"进行点评；在校园网的本课程平台上展出经过修订并附有教师点评的各组"思政研判报告"，供学生借鉴。

第二编　旅游者心理

旅游知觉

● 学习目标

通过本章学习，应当达到以下目标：

职业知识：学习和把握感觉与旅游知觉的概念与特性，影响旅游知觉的因素，旅游知觉的种类，旅游中社会知觉的概念和主要内涵，旅游者对旅游条件知觉的类型、影响因素及对旅游行为的作用，以及"延伸阅读"等"旅游知觉"的理论与实务知识；能用其指导本章"同步思考"、"同步业务"和"基本训练"的"知识训练"中各题型的认知活动，正确解答相关问题。

职业能力：点评"无工作经验者优先"的招聘要求，训练专业理解力与评价力；运用"旅游知觉"知识研究相关案例，训练对"旅游知觉"特定情境下当事者行为的"多元表征"专业能力和"与人交流"的通用能力；通过"旅游知觉知识在旅游服务中的应用"的实训操练，训练相应专业技能和"团队协作"、"解决问题"等通用能力。

课程思政：结合本章教学内容，依照相关规范或标准，对"课程思政 2-1"和章后"课程思政-Ⅱ"中的企业及其从业人员行为进行思政研判，培养高尚的道德情操，树立社会主义核心价值观。

学习微平台

思维导图 2-1

引例：水洞还是关门山

背景与情境： 小杨是辽宁省本溪市人，从他到外地读大学开始，周围就有很多同学跟他打听本溪市著名的旅游景点：本溪水洞。每当此时，小杨作为一名本溪人的自豪感都会油然而生，并不厌其烦地向同学介绍本溪水洞的特色。有一天，他的另外一位本溪同学小李听说这件事后就跟小杨说："本溪水洞很好玩吗？我也是本溪人，就去过一次水洞，觉得挺一般的啊！我觉得本溪的关门山最好，一到深秋的时候，漫山的红叶，一丁点杂色都没有，简直美到窒息，所以我从来都只跟其他同学推荐关门山。"说完还吟诵了一首诗："春觅芳林赏杜鹃，夏游幽谷戏潺湲，秋寻霜岭吟红叶，冬乘新阳踏雪山。"小杨听了小李的这番话后，意识到本溪市不仅有水洞，还有很多其他的好地方可以去游玩，并且能满足不同游客的需要。于是，他从此便不再只向同学推荐水洞，本溪其他景点，比如关门山、五女山、高句丽遗址……都被小杨写到了自己的"推荐菜单"上，在同学群体中扩大了本溪市的旅游知名度。

问题： 小杨和小李对本溪水洞的评价并不一样，可能的原因有哪些？

2.1　旅游知觉概述

　　人的心理过程是从感知觉开始的。所谓感觉，就是人脑对直接作用于感觉器官的刺激物的个别属性的反映。感觉可以反映刺激物的各种不同属性，如颜色、气味、触感、冷暖等，还反映人们自己体内所发生的变化，如身体的运动和位置，各种器官的工作状况等等。知觉是人为了赋予环境以意义而解释感觉印象的过程。

2.1.1　感觉的特性

感觉的特性或者感觉的规律，主要体现在以下几个方面：

1）感受性

　　对刺激强度及其变化的感觉能力叫感受性，它说明引起感觉需要一定的刺激强度。衡量感受性的强弱用"阈限"表示。所谓"阈限"，就是门槛的意思。在日常生活中，并非所有来自外界的刺激都能引起人的感觉，如落在皮肤上的灰尘，遥远处微弱的灯光，来自手腕上手表的滴答声，这些都是感觉器官的适合刺激，但人通常情况下却无法感觉到。原因在于刺激量太小。要产生感觉，刺激必须达到一定的强度并且要持续一定的时间。那种刚刚能引起感觉的最小刺激量，叫作**绝对感觉阈限**。例如，人的眼睛在可见光谱（400纳米~760纳米）范围内，有7~8个光量子，且持续时间在3秒以上，就可以产生光的感觉。声音的感受频率大致在20~200 000赫兹，超过这一范围，无论响度如何变化人都听不到。这些情况说明，在一定适宜刺激强度和范围内，才能产生感觉；达不到一定的强度，或者强度超过感觉器官所能承受的强度，都不能产生感觉。

　　能识别两个刺激之间的最小差别量，称为**差别感觉阈限**。差别感觉阈限是人们辨别两种刺激强度时所需要的最小差异值，也叫最小可觉差。其数值是一个常数。如在原来声音响度的基础上，响度要增加1/10人才能听到声音的变化；感受到亮度的变化需要增加1/100；而感受到音高的变化则只需提高1/333。

感觉阈限的研究对旅游市场的营销工作有一定意义。如果某个旅游产品与其他产品具有较高的同质性，那么为了突出自身产品的优势，旅游产品的开发者通常会更多地在定价问题上下功夫。而根据感觉阈限的基本原理，能够使消费者青睐某个旅游产品的定价不仅要"低"，还要"低得明显"。如果消费者感受不到该产品定价的"最小可觉差"，就不会对其产生明显的兴趣。因此，在同质性旅游产品的定价方面，旅游产品开发者可以利用心理学的有关原理，研究并制定性价比最高的定价策略。

2）适应性

刺激物对感受器持续作用，使感觉器官的敏感性发生变化的现象，叫作感觉的适应。比如我们都经历过视觉适应的两种情况——明适应和暗适应。从暗处来到明亮的地方叫明适应，比如，我们从一个暗室来到外边的阳光下的时候，起初觉得光线很刺眼，什么也看不见，过几分钟就好了；从明亮的地方来到暗处叫暗适应，比如，我们从外边的阳光下来到一个暗室的时候，起初更是什么都看不见，差不多像盲人一样，经过较长的一段时间后，才能渐渐适应。此外，嗅觉、听觉等也有适应性，正所谓"入鲍鱼之肆，久而不闻其臭""入芝兰之室，久而不闻其香"。因此，长期在迪斯科舞厅工作的人，并不觉得迪斯科音乐的刺激强烈，而刚刚走进舞厅的人则会感到音乐的强烈刺激，声音震耳欲聋；厨师对菜的各种气味和油烟习以为常，但如果有少许气味飘进客房或大厅，却会引起客人的强烈反应。这都是感觉的适应问题。

感觉的适应性可以被认为在一定程度上激发了人们的旅游动机。关于旅游有这样一句调侃："所谓旅游，就是你心心念念地去了其他人已经待腻的地方，其他人心心念念地来了你已经待腻的地方。"从某种意义上说，很多人之所以会产生旅游的愿望，就是因为自己已经适应了长期居住的地方，而想要去其他地方来获取新鲜的感觉刺激。因此，旅游产品的开发，非常关键的一点就在于为游客提供新鲜体验。但另一方面，旅游服务也不必在任何情况下都要给游客提供新鲜感，例如，酒店服务业始终崇尚的"宾至如归"理念，就强调了要使游客能够在酒店中也能体验到自己家的感觉。因此，如果酒店客房服务对游客的身体和心理产生不良影响，就是有悖职业道德和伦理的行为，应该坚决予以纠正和整顿。

课程思政 2-1

味道刺鼻的客房

背景与情境： 54名海口游客在旅行社的安排下，入住某海景酒店，却发觉房间里有股刺鼻的味道。他们拒绝入住。

"有的房间床上有毛发，地上有方便面的痕迹。"游客吴小姐说，他们中有几名六旬老人和四五个孩子，最小的孩子只有5岁，受不了。旅行社的导游答应重新找酒店，但两三个小时后还没找到。

晚上十一时许记者赶到酒店时，十几名游客待在酒店门口，拒绝入住。酒店负责人王先生说，酒店刚开业不久，还残留装修的味道，而且酒店靠海边，房间平时封闭，有点味道在所难免。

下半夜一点半左右，大家还是进入房间休息了。游客吴先生说："今天早上赶飞机回海南，不想再折腾了。"

资料来源　刘以结. 酒店客房没收拾味道刺鼻　游客不满拒绝入住 ［EB/OL］. （2011-07-24）
［2016-08-20］. http：//www.trip-j.net/html/Hot-News/Hotel-industry/2011724/2011724939587055.html.

问题： 从思政角度研判本案例。

研判提示： 本案例中，酒店的服务工作存在很大问题。房间没有及时打扫，这不符合饭店管理的相关规定，也是对客人的不尊重；尤其是新装修的房间平时不开窗通风，里边可能残存有毒的气体，会对客人的健康造成危害。上述做法有违服务行业的服务理念和职业操守。

3）对比性

同一感觉器官在接受不同刺激时会产生感觉的对比现象。比如，白色对象在黑色背景中要比在白色背景中容易分出，红色对象置于绿色背景中则显得更红。因此，在旅游广告设计或旅游产品的图像、视频介绍中，适当地采用亮中取暗、淡中有浓、静中有动等手法，将有助于吸引消费者的注意力。

色彩的直接心理效应来自色彩的物理刺激对人的生理的直接影响。心理学家对此曾经做过许多实验。他们发现，在红色的环境中，人的脉搏会加快，血压有所升高，情绪兴奋冲动。而在蓝色环境中，脉搏会减缓，情绪也较沉静。冷色与暖色是依据心理错觉对色彩的物理分类，人对于颜色的物质性印象，大致有冷暖两个色系。波长长的红光和橙光、黄光，本身有温暖感；相反，波长短的紫光、蓝光、绿光有寒冷的感觉。冷色与暖色除了给我们温度上的不同感觉外，还会带来其他一些感受。比方说，暖色偏重，冷色偏轻；暖色有密度大的感觉，冷色有稀薄的感觉；冷色有退却的感觉，暖色有逼近感。这些感觉都是偏向于物理方面的印象，而不是物理的真实，它属于心理事实。

一般来说，在狭窄的空间中，若想使它变得宽敞，应该使用明亮的冷色调。由于暖色有前进感，冷色有后退感，在细长的空间中远处两壁涂以暖色，近处两壁涂以冷色，就会从心理上感到空间更接近方形。

2.1.2　旅游知觉的特性

所谓**旅游知觉**，是指旅游者为了赋予旅游环境以意义而解释感觉印象的过程。例如，当我们到达某一旅游地，不仅看到各种颜色，还听到各种声音，闻到各种气味，从而认识到这是游泳池，那是纪念馆。也就是说，在我们的头脑里产生了游泳池、纪念馆的整体形象，它们已经具有明确的意义，而不是仅仅以物理形态存在了。

旅游知觉的特性主要有以下几方面：

1）旅游知觉的选择性

作用于旅游者的客观事物是丰富多彩、千变万化的，但旅游者不可能清楚地感知到全部客观事物，也不可能对所有的事物都做出反应，而是有选择地以少数事物作为知觉的对象，对它们知觉得格外清晰，而对周围的事物则知觉得比较模糊，这些模糊的事物就成了背景。这就是知觉的选择性。选择的过程就是区分对象和背景的过程。对象和背景的分化是知觉最简单、最原始的形式。旅游者对对象和背景的知觉是不一样的，对象似乎在背景的前面，轮廓分明、结构完整；背景可能没有确定的结构，在对象的后面衬托着，弥散地扩展开来。

对象和背景的关系不是一成不变的，而是可以依据一定的主客观条件相互转换。比如，当游客在听导游员讲解时，导游员的讲话成为游客知觉的对象，而周围的其他声音则成为这种对象的背景。如果这时候某一游客听到周围其他人正在讨论一个他很感兴趣的话题，他就会把注意力转到别人谈话的内容上。那么，别人的谈话就成了这名游客知觉的对象，而导游员的讲解则成了背景的一部分。

知觉对象和背景的关系也可以用一些双关图来说明。在知觉这种图形时，对象和背景可以相互转换，对象能变成背景，背景也能变成对象（见图2-1）。

（A）　　　　　　　　　　　　（B）

图2-1　对象与背景

把知觉的对象从背景中分化出来，客观上受到许多条件的影响，这些条件主要有：

（1）对象和背景的差别

对象和背景的差别越大，对象越容易从背景中凸显出来。在颜色、形状、亮度等强烈对比的情况下，对象更为醒目。反之，差别小，则难以区分。如白纸黑字、绿叶红花，由于对比强烈而使对象容易分化出来。

（2）对象的运动

在固定不变的背景上，运动的物体比不动的物体更容易成为知觉的对象。比如夜晚忽明忽灭的霓虹灯容易引起人们的注意。

（3）对象的组合

对象各部分的组合也影响着对象各部分的辨认。组合包括两种：接近组合和相似组合。接近组合是指彼此接近的事物比相隔较远的事物容易组成对象。无论是空间的接近还是时间的接近，都倾向于组成一个对象。比如，苏州和无锡，山海关和北戴河，因为它们的距离接近，旅游者往往把它们知觉为一条旅游线。性质相同或相似的事物也容易被人组合在一起，成为知觉对象，如青岛和大连都被认为是海滨避暑胜地，五台山、普陀山、峨眉山、九华山，地理上遥隔千里，但人们把它们知觉为相似的佛教圣地。

总之，在旅游活动中，人们总是按照某种需要和目的，主动地、有意识地选择部分旅游地或旅游景点作为知觉对象，或无意识地被某一旅游景点所吸引。例如，在河南安阳，既有距今数千年的殷墟遗址，也有距今只有六十多年，被人称赞为"世界第八大奇迹"的红旗渠。选择到安阳旅游的游客，既有可能是被殷墟遗址所吸引的，也有可能是被红旗渠所吸引的，这取决于游客本人的知觉选择。不同的旅游者，由于其旅游需要与旅游目的不同，在旅游活动中所选择的知觉对象也就有所不同。有人关注奇山异水，有人关注人文古迹；有人喜欢安全系数大的旅游项目，有人喜欢冒险性强的旅游项目。历史考古型的旅游者与商务型的旅游者对同一个旅游景区的印象可能大不相同。

同步案例2-1

老妇人还是少女

背景与情境：图2-2为知觉模糊的一个例子。

图2-2　知觉模糊

问题：在这幅图中，你看见的是一个老妇人还是一个少女？她们都存在于图中，但你不可能同时看见老妇人和少女，这是怎么回事？

分析提示：大脑对同一静止图像赋予了不同的意义。你对每一种图像的知觉总是保持稳定，直到你的注意力转移到了别的区域或轮廓上去。当图中少女的脸部轮廓变成了老妇人的鼻梁的轮廓时，脸部的其他部分也就随之发生相应的改变。鼻梁之下的轮廓线就会被知觉为嘴巴，再之下的轮廓线就会被知觉为下巴。这些局部的轮廓线的知觉彼此联系，组成了一个稳定的知觉形象。对整体和局部的知觉将相应地发生联系，最后产生具有一定意义的知觉形象。

视觉系统总是趋向于将类似的或相关的图像区域知觉为一个整体。在这两种图像（少女和老妇人）之间不存在任何中间图像。呈现在视网膜上的影像并没有变化，但大脑高级神经中枢赋予图像不同的意义，图像的暧昧程度越高，意义就越不稳定。这再一次说明大脑对图像有一个加工过程。

2）旅游知觉的理解性

旅游者的知觉并不是像照相机那样详细而精确地反映出旅游刺激物的全部细节，它并不是一个被动的过程。相反，旅游者的知觉是一个非常主动的过程，它要根据旅游者的知识经验，对感知的旅游对象进行加工处理，并用概念的形式把它们标示出来。旅游知觉的这种特性就叫旅游知觉的理解性。

理解在旅游知觉中起着重要作用。首先，理解使旅游者的知觉更为深刻。在知觉一个事物的时候，与这个事物有关的知识经验越丰富，对该事物的知觉就越富有内容，对它的认识也就越深刻。比如对于名胜古迹的一砖一瓦，一个有经验的考古专家要比一般人有更深刻的认识。其次，理解使知觉更为精确。例如，不懂外语的人听别人说外语，只能听到一些音节，根本听不出他的外语讲得正确与否；而外语熟练的人不仅能听出他讲得是否正确，甚至连发音的细微差异、修辞的适当与否都能辨别出来。最后，理解能提高知觉的速度。例如，我们看报纸或杂志时，如果内容简单而又熟悉，我们就能"一目十行"。

旅游知觉的理解性受到很多因素的影响。一是言语的指导作用。在知觉对象不太明显时，言语指导有助于理解知觉对象。在旅游中，言语指导是导游工作的一项重要内容。如游览浙江的瑶林仙境时，面对那些千姿百态的钟乳石，旅游者可能会眼花缭乱，但通过导游的介绍，各种充满神话色彩的形象就会显得栩栩如生。二是实践活动的任务。人的活动任务不同，对同一对象的理解可能不同，产生的知觉效果也就不同。三是情绪状态。同样一种事物，情绪状态不同，人们对它的理解也就不同。例如，当我们心情愉快地开始一天的生活时，好像总是看到事物好的一面；而如果怀着抑郁的心情，则看什么都不顺眼。

同步思考2-1

背景资料： 日本著名写生画家冈山应举画了一幅《马食草图》。一位农夫看了后，便对画家说："这马是瞎马吧？"冈山应举感到很意外，忙说："怎么会是瞎马呢？那眼睛不是睁着吗？"农夫说："马在吃草时，必须把眼睛闭上，使眼睛不被草尖伤着，这马睁眼吃草，准是匹瞎马。"后来，冈山应举经过一番仔细观察，证实了农夫所讲的话。

问题： 这个故事说明了知觉的哪个特性？

理解要点： 知觉的理解性。

3）旅游知觉的整体性

旅游知觉的对象是由旅游刺激物的部分特征或属性组成的，但旅游者不把它感知为个别的孤立的部分，而总是把它知觉为一个统一的旅游刺激情境。甚至当旅游刺激物的个别属性或个别部分直接作用于旅游者的时候，也会产生这一旅游刺激物的整体印象。

知觉的整体性依赖于客体的特点。当客体在空间、时间上接近时就容易知觉为一个整体；当客体的颜色、强度、大小和形状等物理属性相似时容易知觉为一个整体；当客体具有连续、闭合和共同运动方向等特点，或有较大组合的趋势时也容易知觉为一个整体。参见图2-3：（A）图中的两条空间接近的直线被知觉为一个整体；（B）图中的直线排列与（A）图相同，由于闭合因素，被知觉为三个正方形和一条直线；（C）图中各段直线和曲线由于连续的因素，被看成彼此重叠的两条连续线段。

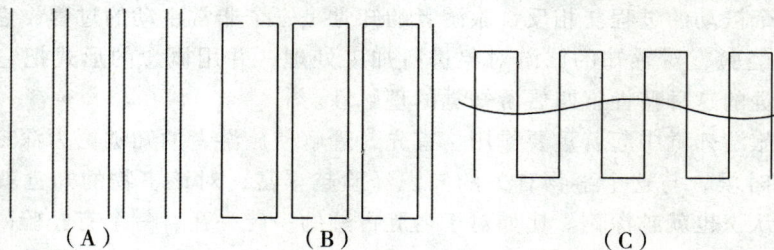

（A）　　　　　（B）　　　　　（C）

图2-3　知觉的整体性

旅游知觉之所以具有整体性，一方面是因为旅游刺激物的各个部分和它的各种属性总是作为一个整体对旅游者发生作用；另一方面，在把刺激物的几个部分综合为一个整体知觉的过程中，过去的知识经验常常能提供补充信息。例如，客人来到饭店，看到的不只是饭店的装饰布置、服务人员的举止着装等某个方面，而是饭店的整体形象。远处走来的熟人，虽然看不清他的面孔，但可以凭借身体外形、走路姿势和其他线索辨认出来。

4）旅游知觉的恒常性

当旅游知觉的条件在一定范围内发生改变的时候，旅游知觉的印象仍然保持相对不变，这就是旅游知觉的恒常性。

在视知觉中，知觉的恒常性表现得特别明显。对象的大小、形状、亮度、颜色等映像与客观刺激的关系并不完全服从物理学的规律。在亮度和颜色知觉中，物体固有的亮度和颜色倾向于保持不变。比如，无论是在强光下还是在黑暗处，我们总是把煤看成黑色、把雪看成白色、把国旗看成红色。实际上，强光下煤的反射亮度远远大于暗光下雪的反射亮度。

知觉的恒常性受到很多因素的影响，其中，主要的是过去经验的作用。知觉的恒常性不是生下来就有的，而是后天学来的。

同步链接 2-1

二十大报告
摘录之二

2.1.3　影响旅游知觉的因素

旅游知觉是旅游者对旅游刺激物的感知过程，受到刺激对象本身特点和知觉者本人特点的影响。因此，影响旅游知觉的因素主要包括客观因素和主观因素两个方面。

1）客观因素

在旅游活动中，具有以下特性的对象，容易引起旅游者的知觉：

（1）具有较强特性的对象

城市中奇特的建筑，山谷中飘忽的云海，群山中挺拔入云的峰峦，一望无际的蓝天碧水等。由于其特性较强，因而容易引起人们的知觉。

（2）反复出现的对象

重复次数越多就越容易被知觉。人们多次看到旅游广告、旅游宣传材料，或者经常听到某旅游地的情况，由于信息反复出现，多次作用，会使人们产生较为深刻的知觉印象。

（3）运动变化的对象

在相对静止的背景上，运动变化着的事物容易成为旅游知觉的对象。如倾泻的瀑布、奔驰的列车、闪烁的霓虹灯等，都容易成为知觉的对象。

（4）新奇独特的事物

在一群穿着普通服装的人中，一个穿着奇装异服的人很容易被知觉。另外，世界称奇的万里长城、兵马俑等，都能引起人们的格外注意。

2）主观因素

知觉不仅受客观因素的影响，也受知觉者自身的主观因素的影响。这些主观因素是指知觉者的心理因素。旅游者是具有不同心理特征的知觉者，感知相同的景观时，他们各自的知觉过程和知觉印象是不同的。影响知觉的主观因素主要有以下几个：

（1）兴趣

旅游者的兴趣不同常常决定着旅游知觉选择上的差异。一般的情况是旅游者最感兴趣的事物往往首先被感知到，而人们毫无兴趣的事物则被排除在知觉之外。比如，对文史知识感兴趣的旅游者，会把帝王古都、历史文物选择为知觉对象；喜欢大自然的旅游者，对高山、大海、流泉、飞瀑等特别感兴趣；喜欢猎奇的旅游者则乐于探险活动和对奇风异俗感兴趣。

（2）需要与动机

人们的需要和动机在很大程度上决定着人们的知觉选择。凡是能够满足旅游者的某些需要和符合其动机的事物，就能成为旅游者的知觉对象和注意中心；反之，不能满足其需要和不符合其动机的事物，则不能被人所知觉。比如，如果有人外出旅游的目的是显示自己的社会地位，那么，他们对那些象征社会地位的目的地、旅游方式和游览项目就会特别关注。

（3）个性

个性是影响知觉选择的因素之一。比如，不同气质类型的人，知觉的广度和深度就不一样。多血质的人知觉速度快、范围广，但不细致；黏液质的人知觉速度慢、范围较窄，但比较深入细致。此外，有调查表明，胆大自信的人对乘飞机旅游十分积极主动，而胆小谨慎的人对安全问题十分重视，旅游中乐于乘坐火车。

（4）情绪

情绪是人对那些与自己的需要有关的事物和情境的一种特殊的反映，对人的知觉有强烈影响。比如，当旅游者处于愉悦的情绪状态时，每样东西看上去都是美好的，并兴高采烈地参与各项活动，主动去知觉周围的景物。当旅游者心情不佳时，就会对周围的事物不感兴趣。因此，旅游工作者应当努力使旅游者的情绪经常处于最佳状态，使他们乘兴而来，满意而归。

（5）经验

经验是从实践活动中得来的知识和技能，是客观现实的反映，它是人们行为的调节器。在旅游活动中，如果没有关于旅游景点的知识和经验，观察就可能是表面的、笼统的、简单的，当导游员做了适当的讲解后，旅游者就可以观察得更全面、更深刻。这是由于吸收了别人的经验，增加了自己的知觉，使旅游者对旅游景点有了更多理解的缘故。

同步案例2-2

鸭绿江断桥：历史的回响

背景与情境：小张在很小的时候，就总听爷爷讲述自己参加抗美援朝战争的故事。在小张的心里，丹东是抗美援朝的起点，是一座英雄的城市，所以，他一直想去丹东看看。

今天，他终于站在了鸭绿江边，来到了著名的鸭绿江断桥之上。如今的丹东，已经今非昔比：鳞次栉比的江景大厦，美轮美奂；繁华热闹的街道，人群熙熙攘攘。人们充分享受着和平带来的幸福和欢愉。

但是在小张的眼中，他似乎清晰地看见了当年以美帝国主义为首的"联合国军"战机轰炸丹东的场景。被导弹炸断的鸭绿江断桥，似乎还在泛着滚滚浓烟，小张甚至感觉自己嗅到了硝烟的味道。

小张闭上眼睛，想象着中国人民志愿军"雄赳赳，气昂昂，跨过鸭绿江"的雄姿，想象着他们在朝鲜战场保家卫国、浴血奋战的场景。一切似乎都是那样真实。

当年，正是那些先烈们，用自己的血肉之躯，换来了中华人民共和国立国之战的胜利。这是中国人民伟大精神的充分体现，也更让小张体会到今天幸福生活的来之不易。

小张满怀崇敬地看着远方，在心里为那些壮烈牺牲的中国人民志愿军战士，燃了一炷心香。

资料来源　佚名. 鸭绿江断桥：历史的回响［EB/OL］. （2021-10-10）［2022-01-16］. https://user.qzone.qq.com/1027242370/infocenter.

问题：根据本章所学的理论解释，为什么小张身处于今天的丹东市，却依然能清晰地构想出当年中国人民志愿军入朝参战时的场景？

分析提示：知觉有理解性和恒常性的特点。案例中，虽然抗美援朝战争已经成为过去，但是小张在很小的时候听爷爷口述那段历史，就已经形成了对那场伟大战争的清晰知觉。而由于这种知觉具有恒常性，因此尽管抗美援朝战争已经过去了70年，丹东市也发生了翻天覆地的变化，但小张却依然能够清晰地构想出当年中国人民志愿军入朝参战的场景。

2.1.4　旅游知觉的种类

知觉的种类主要有以下几种：

1）空间知觉

空间知觉是人脑对物体的形状、大小、远近、方位等空间特性的知觉。

过去，关于空间知觉对游客旅游体验的影响的研究相对比较少。但是近年来，随着数字技术和"互联网+"业态的飞速发展，一种新的技术——虚拟现实（Virtual Reality，VR）技术被应用到了旅游研究当中。这种技术的应用效果对空间知觉有关理论的依赖极强，从而使得旅游者的空间知觉规律迅速受到重视。VR技术将旅游景点所能提供的感觉信息进行数字化处理并编辑成程序，使得人们可以在任何地方利用终端欣赏到旅游地的美景，逼真的动态画面和声音特效会让游客产生身临其境的感觉。例如，人们可以戴上特制的VR眼镜，点选自己喜欢的旅游目的地，在眼镜的三维屏幕中就会出现该目的地的逼真影像。而先进的人工智能技术还可以对人的动作进行感知、捕捉和数字化运算，从而使得人们在屏幕中逼真地感受到自己的走动引起的景致变化。毫无疑问，VR技术在旅游中有着不可估量的应用潜力，甚至可能在未来改写"旅游"这一概念。因此，利用VR技术实现的虚拟旅游与真实旅游所引起的游客旅游体验差异，将是未来旅游学研究的热点之一。

2）时间知觉

时间知觉是对客观现象的延续性和顺序性的反映，即对事物运动过程的先后和长短的知觉。

人总是通过某种衡量时间的媒介来反映时间的。这些媒介可能是自然界的周期性现象和其他客观标志，也可能是机体内部的一些生理状态。自古以来，人们经常利用自然界的周期现象衡量时间。例如：一天的时间以太阳的升落为标准，日出是早晨，日落是晚上；月亮的盈亏代表了一个月的时间；经历了四季变化就是一年。后来人们发明了计时工具，制定了日历，使人们对时间的知觉更为准确。另外，生理过程的节律性活动也是估计时间的重要依据。人的许多生理活动是节律性的运动，如呼吸、心跳、消化等。当活动的节律性与客观事物之间形成一定的联系之后，它就可以用来感知时间的长短。

时间知觉也是人对客观世界的主观印象，它也必然受到主客观因素的影响。影响人对时间估计的因素主要有以下三个：

（1）活动的内容

做重要、有趣、内容充实的事情时，觉得时间过得快，人们倾向于把这段时间估计得短些；如果对事情不感兴趣，事情又无关紧要，活动内容贫乏，就觉得时间过得慢，对这段时间估计得就要长些。人们在事后回忆时，情形则恰好相反，对前者感到时间长，对后者感到时间短。

（2）情绪和态度

在欢乐的时候，觉得时间过得快，时间被估计得短些；在烦恼和厌倦的时候，觉得时间过得慢，时间被估计得长些。正所谓"欢娱嫌夜短，寂寞恨更长"。期待着愉快的事情到来时，觉得来得慢，感到时间长；而不愉快的事情，却觉得来得快，感到时间短。

（3）时间标尺的运用

对时间标尺的运用直接影响时间估计的准确度。例如，用数数、数脉搏作为时间标尺，时间估计的准确性就会提高，特别是在长时距估计中，准确性提高更为明显；反之，不会利用时间标尺，时间估计的误差就大。

旅游工作者了解旅游者在旅行游览过程中的时间知觉的特点是非常重要的，为此应该注意以下几个问题：

第一，旅宜速，即旅行要求快速。旅游者一般都希望以最快的速度到达目的地，能尽量缩短时空距离。因为旅途这段时间常常被认为是没有意义的，感觉枯燥、乏味而且容易引起疲劳。为了减轻旅游者的这种不良感觉，旅游组织者最好在旅途中安排一些有趣的活动，比如让导游员讲解一些游客感兴趣的内容。

第二，游宜慢，即游览活动要求放慢速度。人们外出旅游的目的是游览风景名胜、历史古迹等，即所谓的"饱眼福"。游览的内容越丰富，越具有魅力，就越能使人们忘却时间的流逝，达到"乐而忘返"的境界。

第三，提供各种交通工具要准时。旅游者搭乘交通工具过程中最担心的问题就是是否安全和准时。在保证安全的情况下，交通工具能否准时非常重要。因为准时能保证旅游者按照计划安排时间和活动，否则就会感到一切都被打乱了，会产生烦躁感甚至感到强烈的不安和不满。有时由于飞机不能准时起飞或临时取消航班，或者车船误点等，都会造成乘客的不满，引起纠纷、投诉，直接影响这些部门的声誉。

3）错觉

错觉是对外界事物的不正确的知觉。在一定的条件下，人在感知事物的时候，会产生各种错觉现象，这些错觉现象包括以下几种：

（1）几何图形错觉

几何图形错觉是视错觉的一种。这种错觉的种类很多，下面仅举几例：

① 垂直水平错觉：垂直线与水平线长度相等，但多数人把垂直线看得比等长的水平线要长，如图2-4（A）所示。

② 缪勒-莱依尔错觉：两条线是等长的，由于附加在两端的箭头向外或向内的不同，箭头向外的线段似乎比箭头向内的线段短些，如图2-4（B）所示。

③ 线条的影响：平行线受到交叉线条的影响，仿佛改变了方向，显得不平行了，如图2-4（C）所示。

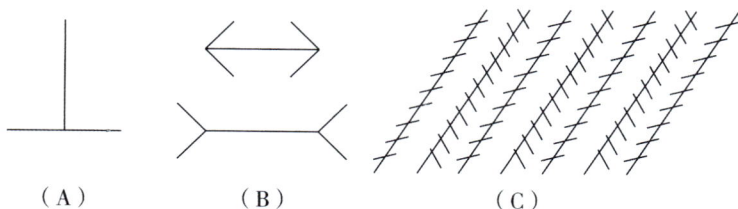

（A） （B） （C）

图2-4 几何图形错觉

（2）形重错觉

1千克铁和1千克棉花的物理重量是相等的，但是，人们用手掂量比较时，会觉得铁比棉花重。

（3）大小错觉

初升或将落时的太阳和月亮，看起来好像总比它们在我们头顶上时要大些。这种错觉的产生是因为初升或将落时的太阳和月亮是同树木、房屋相比较的，而头顶上的太阳是同辽阔的天空来比较的。

（4）方位错觉

在海上飞行时，由于水天连成一片，失去了自然环境的视觉参考标志，飞行员很容易产生"倒飞视觉"，虽然飞机实际上是正飞的，而感觉上却是倒飞的。这时飞行员要靠仪表来判定飞机的状态，否则，会造成倒飞入海的事故。

（5）运动错觉

第一次乘火车长途旅行，下车后一段时间内，如果躺在床上，还会觉得房间像火车车厢一样地在运动。再如，我们在桥上俯视桥下的流水，时间一长就觉得身体和桥在一起摇动。

在旅游资源开发和建设中也常常利用错觉增加旅游审美效果。特别是中国的园林艺术，常常利用人的错觉，起着渲染风光、突出景致的作用。比如园林中的高山、流水，都是通过缩短视觉距离的办法，将旅游者的视线限制在很近的距离之内，使其没有后退的余地，而眼前只有假山、流水，没有其他参照物，这样，山就显得高了，水就显得长了。现在的许多现代化游乐设施也常常利用人的错觉设计丰富有趣的娱乐项目，给游客带来惊心动魄的体验。

同步思考2-2

背景资料： 我们生活在一个五彩缤纷的世界里。正因为对色彩司空见惯，所以我们往往不容易意识到色彩对我们的微妙影响。比如说，如果你需要等人，那么你应该选择在肯德基、麦当劳这样的快餐店，还是选择在咖啡厅呢？最好选择在咖啡厅。因为一般咖啡厅的整体装潢颜色是偏暗的，而身处在偏暗的颜色背景下，你知觉到的时间往往比实际的时间要短——你实际上已经等了15分钟，可你感觉好像只过了10分钟，这样就不容易引起你在等待过程中的焦躁情绪。反之，麦当劳、肯德基等快餐店的整体装潢颜色是偏亮的，而身处在偏亮的颜色背景下，你知觉到的时间往往比实际的时间要长——你实际上只等了10分钟，可感觉上好像已经过了15分钟，这样就容易让你变得焦躁。

同样的道理，现在很多滨海旅游城市都有专门的潜水旅游项目，当潜水者潜入海面下时，对时间的估计也容易出现错误。这是因为海蓝色的背景容易使潜水者对时间的知觉变短。

问题：这个现象是哪种知觉类型的体现？对旅游过程有哪些启示？

理解要点：知觉的类型。

2.2　旅游中的社会知觉

社会知觉就是对社会对象的知觉，它是影响人际关系的建立和活动效果的重要因素。旅游活动中的社会知觉主要包括对人的知觉、人际知觉和自我知觉。

2.2.1　对人的知觉

对人的知觉主要是指对别人的外表、言语、动机、性格等的知觉。对人的正确知觉，是建立正常的人际关系的依据，是有效地开展活动的首要条件。

1）对人的知觉的主要内容

人际交往中对人的知觉包括很多方面，其中主要有：

（1）对他人表情的知觉

表情是个体情绪状态的外显行为，是个体身心状态的一种客观指标，也是向他人传达信息的一种工具。

面部表情包含着十分丰富的内容。比如，人生气时，会拉长了脸，肌肉下沉；人高兴时，会"喜笑颜开"，肌肉松弛。另外，要想在交往中达到最佳的交际效果，还要学会巧妙地使用目光。例如，要给对方一种亲切感，你就应让眼睛闪现热情而诚恳的光芒；要给对方一种稳重感，就应送出平静而诚挚的目光。自然得体的眼神是语言表达的得力助手。

（2）对他人性格的知觉

性格是一个人对待现实的稳定的态度和与之相应的习惯化了的行为方式，是人的心理差异的重要方面，是个性的核心。当我们对一个人的性格有了深切的了解之后，我们就可以预测这个人在一定的情境中会有什么样的反应。比如，我们知道某人热心、讲义气，那么我们就可以预测在紧急情况下他会挺身而出、见义勇为；相反，我们知道另一个人自私、冷漠，那么我们也可以预测在紧急情况下他会退避三舍甚至逃之夭夭。

（3）角色知觉

角色指人在社会上所处的地位、从事的职业、承担的责任以及与此有关的一套行为模式，如导游员、游客、商人、教师等。

角色知觉主要包括两个方面：一是根据某人的行为判定他的职业，如教师、学生、艺术家等；二是对有关角色行为的社会标准的认识，如对教师这一角色，其行为标准应该是谈吐文雅、学识渊博、仪表端庄等。

对角色的知觉一般从以下几个方面着眼：

① 感情或情绪。如一个政府官员应该是情绪稳定，讲话慎重，喜怒不形于色。

② 目的与动机。如导游员以热忱服务为宗旨，教师以教书育人为目的。

③ 对社会的贡献。如工人为国家多制造产品，农民为国家多打粮食。

④ 在社会上的地位。如教师是人类灵魂的工程师，导游员是游客之友。

每个人在社会上都扮演各种角色，如经理、父亲、丈夫等。每种角色都有一定的行为标准，每个人都应当正确地知觉这些标准，并根据自己扮演的不同角色实现角色行为的转变，从而与环境相适应。

2）社会知觉"误区"

人的知觉依赖于多种因素，如认知主体、认知客体以及环境等。旅游者不是外部世界被动的、简单的知觉者，而是在知觉世界的同时，在选择"材料"并使用这些"材料"建构自己的主观世界，在选择和建构过程中，无疑就产生了偏差和意愿性。由此，我们就得出了一个结论：知觉者不是照相机一样的反映者，他还是选择者、参与者、建造者。那么，人的知觉世界是什么样的就有了许多不确定性，寻找人在知觉时的规律就是理解人的必由之路了。

从认知主体心理方面看，存在一些社会知觉"规律"，它们的存在容易给社会认知带来偏差。因此，也将这些社会知觉"规律"称为社会知觉"误区"。

（1）第一印象

第一印象是在首次接触时所留下的印象。第一次进入一个新环境，第一次和某个人接触，第一次到某商场购物，第一次到某宾馆住宿等，由于双方首次接触，会有一种新鲜感，与人交往时都很注意对方的外表、语言、动作、气质等。因此，第一印象的产生，主要是感知对方的容貌、表情等外在的东西。

在人际交往中，第一印象起着十分重要的作用，并常常成为以后是否继续交往的依据。无论是招聘面谈，还是客我交往或是初到一个新的环境，给人留下的第一印象往往会成为人们以后对你的基本印象。虽然人们都知道靠第一印象来判断人常常会出现偏差，可实际上每个人都不可避免地受第一印象的影响。

随着社会的变动性增大，以及城市化进程的加快，人与人之间的接触越来越短暂，第一印象就显得愈加重要。另外，我们所处的这个时代被称为视觉的时代，所以视觉形象影响越来越大，而所谓的心灵触碰却影响式微。

游客的不断变换是旅游接待工作的一个显著特点，在与客人的短暂接触中，双方都来不及进行更多了解，无法达到"路遥知马力，日久见人心"的境界。因此，对于旅游工作者来说，给游客留下良好的第一印象是非常重要的。

（2）晕轮效应

晕轮效应是指由对象的某种典型特征推及对象的其他特征现象。这种心理容易产生忽视客观证据而定格对象的现象，就像月晕一样，由于光环的虚幻印象，使人看不清对方的真实面目。

晕轮效应与第一印象一样普遍。它们的主要区别在于：第一印象是从时间上来说的，由于前面的印象深刻，后面的印象往往成为前面印象的补充；而晕轮效应则是从内容上来说的，由于对对象的部分特征印象深刻，使这部分印象泛化为全部印象。所以，晕轮效应的主要特点是以点概面、以偏概全。

在人际交往中，晕轮效应既有美化对象的作用，也有丑化对象的作用。由于一个人被标明是好的，他就被一种积极肯定的光环笼罩，并赋予一切好的品质，这就是光环作用。如果一个人被标明是坏的，他就被认为具有所有的坏品质，这就是相反的情况，亦称扫帚星作用。这就产生美化或丑化对象的现象，就像月晕一样，由于光环的虚幻印象，使人看不清对方的真实面目。

比如，有的商品由于包装精美、价格偏高，人们往往会认为该产品的质量也会像精美的包装一样好，与其偏高的价格一致。又如，某演员演技高，表演效果好，人们就会以为该演员的一切都是美好的，即使有点缺点，也忽略不计。例如，美国是个发达的现代化国家，人们就易于把美国的一切都看作现代的、合理的，甚至是美好的，而事实上并非如此。这种晕轮效应一旦泛化，会产生很大的消极作用。客人第一次到某饭店就餐时，碰到了一个态度傲慢的服务员，他就会认为这个饭店整体的服务都不好。再比如，有的外国人第一次到某国旅游，碰巧遇上了交通事故，他就会认为在该国旅游很不安全。因此，从旅游业角度讲，为了使旅游者产生好的印象，在提供旅游产品和旅游服务时，一定要防止由于晕轮效应使旅游者把对某些劣质产品和劣质服务的印象扩大到企业的所有产品和服务。

学习微平台

延伸阅读 2-1

（3）心理定势

心理定势是指人在认识特定对象时心理上的准备状态。也就是说，它在对人产生认知之前，就已经将对方的某些特征先入为主地存在于自己的意识中，使知觉者在认识他人时不自主地处于一种有准备的心理状态。这就是我们通常所说的先入之见。即使支持性的证据被否定了，这种先入之见仍难以改变。我们越是极力想证明自己的理论和解释是正确的，就越无视挑战我们信念的信息。我们的信念和期待在很大程度上影响着我们对事件的心理构建。我国古代"疑人偷斧"的典故，就是典型的心理定势。

心理定势的产生，首先和知觉的理解性有关。在知觉当前事物时，人们总是根据以往的经验来理解它，并为随后要知觉的对象做好准备。比如，在日常生活中，当你觉得某人是个好人，一旦发生了一件好事，你就会把这事和这人联系起来；同样，如果你不喜欢某人，觉得他是个坏人，那么一旦出现一件不好的事，你就又会把这人和这事联系起来。

纠正这种心理偏失的一个可行的办法是解释相反的观点的正确性。通过寻找反方观点的正确之处，可以降低甚至消除心理定势所带来的负面影响。对各种可能的结果的解释（不仅仅是反方观点），会促使人仔细考虑各种不同的可能。

（4）刻板印象

刻板印象指的是社会上部分人对某类事物或人物所持的共同的、笼统的、固定的看法和印象。这种印象不是一种个体印象，而是一种群体现象。例如，人们一般认为青年人有热情、敢创新而易冒进，老年人深沉稳重而倾向于保守；日本人争强好胜、注重礼仪，美国人喜新奇、重实利、随便自由等。

刻板印象一方面有助于人们对众多的人的特征做概括了解，因为每一类人都会有一些共同特征，运用这些共同特征去观察每一类人中的个别人，有时确实是知觉别人的一条有效途径。但是，另一方面，刻板印象具有明显的局限性，能使对人的知觉产生偏差。因为每类人中的每个人的具体情况不尽相同，而且，每类人的情况也会随着社会条件的变化而变化。因此，在旅游工作中，知觉来自不同国家和地区的游客时，除了了解他们的共同特征之外，还应当注意不受刻板印象的影响，进行具体的观察和了解，并且注意纠正错误的、过时的旧观念。

中国台湾学者李本华与杨国枢（1963）以中国台湾大学学生为对象，调查对外国人的刻板印象。结果如下：

美国人：民主、天真、乐观、友善、热情。

印度人：迷信、懒惰、落伍、肮脏、骑墙派。

英国人：保守、狡猾、善于外交、有教养、严肃。

德国人：有科学精神、进取、爱国、聪慧、勤劳。

法国人：好艺术、轻浮、热情、潇洒、乐观。

日本人：善于模仿、爱国、尚武、进取、有野心。

俄国人：狡猾、欺诈、有野心、残酷、唯物。

学习微平台

延伸阅读 2-2

（5）期望效应

期望效应也称为"皮格马利翁"效应。皮格马利翁是希腊神话中的塞浦路斯王，擅于雕刻。由于他强烈地爱上了自己所雕的大理石少女雕像，爱神阿佛洛狄忒见他感情真挚，就赋予雕像以生命，两人最终结为夫妻。**期望效应**是指在生活中人们的真心期望会变成现实的现象。

国内有人做过实验，在学期初给几个班中学生搞智力测验，然后从中随机抽出一些学生，在学生和老师都不知情的情况下，欺骗老师说：这些学生智力测验得分很高，很聪明。事实上这些学生并不是以智商高为条件选择出来的。到学期结束时再来看这些学生的学业成绩，结果发现，他们的成绩普遍提高了，总成绩排名都有不同程度的提高。老师认为这些学生是聪明的，结果他们就真的学习好了。老师的期望变成了现实。造成这种现象的原因是多方面的，在此我们不做全面详细分析，只就人际交往的对等原则加以说明。在人际交往过程中人们是按照对等原则行事的，你对我友好，我就对你也友好，反之亦然。一个人要想得到他人的尊重、喜欢、友好等，那么他首先要对他人表示出尊重、喜欢和友好。这就是所谓"种瓜得瓜，种豆得豆"现象。

期望效应现象对人际交往有借鉴意义。在与人交往时要从心底里尊重、喜欢对方，只有这样才能把人际交往纳入良性循环轨道，向着自己所期望的方向发展。相反，有些人从心底里既不尊重他人，也不喜欢他人，尽管他们尽量不表现出来，但真情难抑，总会在有意无意之间流露出来，一旦被对方感觉到，结果是可想而知的。生活中形式是为内容服务的，一时的表里不一能做到，长期无法做到。认知和行为的长期不一致会产生严重的心理冲突，给人带来极大的痛苦。心理学研究证明，人的认知、情感、行为三者在多数情况下是统一的，如果长期不协调，会导致心理疾病。只有真心喜欢他人、尊重他人的人才能赢得大家的喜欢。

（6）习惯定向

习惯定向是指个人以习惯性的方式应对某类问题，而不做经验以外的尝试，以至于形成机械的或盲目的习惯反应倾向。

人们的习惯定向大多是在个人生活经验中形成的，是应对某类问题情境屡次成功的结果，它在通常情况下是有效的，但在一些特殊情况下可能变成有效解决问题的障碍，使人失去灵活性，变得机械盲目，却不自知。

（7）假定相似性偏见

人们有这样一种倾向，总是认为他人和自己是相同的。这种现象被称为假定相似性偏见。尤其当了解到他人的年龄、民族、社会地位等因素与自己相近时，更是如此。人们喜欢由己推人，就是这种现象。一个不喜欢繁文缛节的人倾向于认为别人也讨厌礼节过多；而一个喜欢礼节和程式化的人，则倾向于认为礼多人不怪。其实人与人之间存在很大差别，远不是一个相似所能解释的。弗洛伊德把这种现象称为"投射作用"，就是个人把他们自己身上的特性归属到他人身上。有时要了解一个人，好的办法不是让他自我评定，而是让他去评价别人，从他对别人的评价中更能折射出他自己的特性来。

（8）行动者-观察者偏见

美国心理学家勒温提出一个著名的行为公式：$B=f(P \cdot E)$。B代表人的行为，P代表个人因素，E代表环境因素，他认为人的行为是环境力量和个人力量的函数。这是人的行为的最一般规律。所谓行动者-观察者偏见，就是行动者和观察者对于导致某一行为产生的原因的个人力量和环境力量有不同的认识，在推测时会表现出相反的倾向。

由于行动者和观察者所处的角度不同，对行为产生时的具体情况了解不同，造成他们的解释不同。一种情况是，当做出行为的人地位高或者是强有力的人物，则人们倾向于认为他的行为是由其个人力量造成的；相反，行为者地位低、并非强有力人物，人们则倾向于将其行为原因归结为环境力量。此外，当某个行为结果不好时，人们倾向于将其归于个人原因；成功时，容易寻找外部原因。一个组织的行为失败了，观察者常常归咎于个人，这就是抓"替罪羊"现象。对行动者而言，成功了，他往往归功于自己的主观努力；失败了，常归罪于环境因素的影响。

（9）自我服务偏见

当人们加工和自我有关的信息的时候，会出现一种潜在的偏见。人们一边轻易地为自己的失败开脱，一边欣然接受成功的荣耀。很多情况下，人们把自己看得比别人要好。这种自我美化的感觉使多数人陶醉于自尊光明的一面，而只是偶尔会触及其阴暗的一面。

（10）错觉思维

人们试图在随机事件中寻找规律，这种倾向常常会令人们误入歧途。错觉思维主要表现为错觉相关和控制错觉。

错觉相关是说人们期待发现某种重要联系的时候，就很容易将各随机事件联系起来。沃德和詹金斯（Ward & Jenkins，1965）进行了一个实验，向被试报告一个50天造云实验的结果。告诉被试在这50天中的哪几天造了云，哪几天下了雨，而有时并没有下雨。结果人们确信——与他们对于造云效应的观点相一致——他们确实在人造云和下雨之间发现了相关性。

另一些研究发现，假如人们相信事件之间存在相关性，人们更可能注意并回忆出某些支持性的证据。例如相信前兆与事件本身有联系，人们就会有意注意并记住前兆和稍后相继出现的一些事件。假如在人们想起某个朋友之后，恰好他打来了电话，人们就会记住这个联系。而不具备这种支持性的事件则不被注意和记忆。

控制错觉是认为各种随机事件受自己影响。这是将随机事件知觉为有联系的倾向导致的。这是驱使赌徒不断赌博的动力，也是我们为许多不可能完成的事努力拼搏的原因。

兰格对赌博行为的实验证实了控制错觉的存在。与那些由别人分配彩票号码的人相比，自己抽彩的人出售彩票的时候，其要价是前者的4倍。当和一个笨拙而紧张的人玩随机游戏的时候，他们会比和一个精明而自信的对手玩时下的注多得多。许多实验都发现人们行动时往往认为自己能够预测并控制随机事件。

股票交易者同样喜欢由自己选择和控制股票交易所带来的"权力加强感"，好像他们的控制比一个"有效率的市场"还好。控制错觉导致人们过度自信，会给人们带来经常性的损失。

股票投资行为实际上是预测他人行为的游戏，投资者不是试图选出满足自己偏好的股票，而是选择满足其他（多数）投资者偏好的股票。投资者买进还是卖出，取决于他对其他投资者行为的预测，然后先其一步行动。这就是股票市场"先一步法则"。这种心理是导致股票市场总是发生大涨和大跌现象的主要原因。

（11）效果性偏见

效果性偏见是指那些鲜明的、更容易形象化的事件，与那些较难形象化的事件相比会被认为是较容易发生的。人们从一条一般公理演绎出一个具体的例证是很慢的，但是他们从某一个鲜明的例证归纳出一般公理是非常迅速的。

深入研究发现，小说、电影和电视中的虚构情节会给人留下深刻印象，进而影响人们随后的判断。读者（观赏者）越是全神贯注和情绪激动，故事对他的影响就越大。这也正应了一句话："大部分人的推理都是戏剧化的，而不是定量的。"

效果性偏见可以解释为何生动的奇闻逸事通常会比统计数据更引人注目，以及为何感知到的风险和真实的风险之间总是相差很大。比如，人们觉得乘飞机要比乘汽车危险，因为飞机失事事件给人的印象太深刻了。

同步案例2-3

"身份"导致成见

背景与情境： 古籍《淮南子》中有这样一则故事：有一位母亲，为她的亲生儿子治疗头疮时，弄出了血，看见这件事的人都认为她是因为太疼爱儿子而不小心造成的。但是，假如这件事出在继母身上，那么继母就会受到责备，认为她是在虐待非亲生的儿子。

问题： 根据本章所学的理论，这个故事体现出社会知觉中的哪个误区？

分析提示： 在人们的社会知觉中，容易产生"心理定势"的误区。很多人都容易先入为主地对某个人或某个现象做出判断。在这个故事中，虽然都是给孩子治病时弄出了血，但是"亲妈"和"继母"的身份不一样，旁人对她们动机的判断就不一样，这就是"心理定势"。

2.2.2　人际知觉

人际知觉就是对人与人之间相互关系的知觉。任何一个人都与他人发生联系，形成人与人之间的不同关系，表现为接纳、拒绝、喜欢、讨厌等各种亲疏远近的状态。对这种关系的正确知觉是顺利进行人际交往的依据。旅游工作者一方面要尽快了解旅游团体的人际关系状况，另一方面也要洞悉旅游工作者自己与游客之间的人际关系状况，以便利用这种关系搞好旅游接待工作。

人和人之间在情感上的亲疏和远近的关系是有差别的，有不同的层次。比如，同一团体中的人，有的只是点头之交，有的来往密切非常友好，也有的势不两立互相敌对，这就是人与人之间心理上的距离。心理上的距离越近，说明人们越相互吸引；心理上距离越疏远，则反映双方越缺乏吸引力。

2.2.3　自我知觉

自我知觉是指一个人通过对自己行为的观察而对自己心理状态的认识。人不仅在知觉别人时要通过其外部特征来认识其内在的心理状态，同样也要这样来认识自己的行为动机、意图等。前面介绍的社会知觉误区现象很多处提到了对自我认识的问题，在此就不再重述。

自我知觉是自我意识的重要组成部分，随着个人自我意识的发展，自我知觉经历着不同的发展阶段：

1）生理的自我

这主要表现为对自己身体、衣着、家庭和父母对他的态度以及对自己所有物的判断，从而表现为自豪或自卑的自我感情。

2）社会的自我

这主要表现在对自己在社会上的荣誉、地位、社会中其他人对自己的态度以及自己对周围人的态度等方面的判断和评价，从而表现出自尊或自卑的自我体验。

3）心理的自我

这主要表现为对自己的智慧、能力、道德水平等方面的判断和评价，从而表现出自我优越感等自我体验。

随着自我意识的发展，在社会化进程的影响下，个体的自我知觉水平一般是遵循着生理的自我—社会的自我—心理的自我这一进程的。当然，由于每个人的社会化程度的不同以及各种主客观因素的影响，每个人的自我知觉水平也不完全一样。比如，有人过分注重自己的身材容貌、物质欲望的满足，有人则偏重于社会地位、名誉等方面的追求，也有人在自我评价的基础上，追求高尚的情操、自我实现的需要等。

有了正确的自我知觉，才知道需要怎样去做，能够做到哪些，并不断地调节自己的行为，这对每个人来说都是非常重要的。否则，就会造成行为上的盲目性。比如，如果由于期望过高而采取不适当的行为，或者不能正确判断自己的行为因而不能进行自我调节，这不仅会造成与社会环境的不协调，而且还会给自身带来不良的心理后果。旅游者如果缺乏正确的自我知觉，就会选择自己不能胜任、无法适应的旅游活动，或者在旅游中提出不适当的要求，一旦达不到自己的目的，就可能产生消极心理。如果旅游工作者缺乏正确的自我知觉，就不能正确知觉旅游活动中主客双方的关系，把自己摆在不适当的位置，导致不能很好地规范自己的行为。所以，旅游工作者正确的自我知觉对旅游接待工作是十分必要的。

2.3　旅游者对旅游条件的知觉

旅游者的旅游消费行为是由吃、住、行、游、购、娱等六个部分构成的，与这些行为有关的事物就是最基本的旅游条件，包括居住地与旅游区之间的空间距离、时间、交通、旅游景观、旅游服务、旅游大环境等。旅游者对诸多旅游条件的知觉印象，对他们的旅游动机、旅游决策、旅游行为以及对旅游收获评价等都有显著的影响。

2.3.1　旅游者对旅游地或旅游景观的知觉

旅游景观是指自然界和人类社会中凡能对旅游者产生吸引力，可以为旅游业开发利用，并可产生经济效益、社会效益和环境效益的各种事物和因素。狭义的旅游者活动是由往返于旅游者居住地与旅游地之间的旅行和在旅游地（或景区）逗留期间的游览、休闲等消遣活动构成的。多数旅游者不会以空间移动的旅行（即交通）为旅游目的，激起旅游者旅游需求的是旅游地（或景区）的旅游景观，旅游景观资源是旅游地得以存在和发展的最重要的旅游业资源（Tourism Resource）。具有了旅游吸引物（Tourist Attraction）——旅游景观资源，解决了可进入性问题并配备了与旅游活动相配套的旅游接待设施，不论其规模大小、级别高低，都可以成为一个旅游地（或景区）。

旅游者行动与一般消费者行动一样，是"选择行动"，但又不同于日常的购买行动，是由多个选择组成的"连续过程"。在欧美，20世纪50年代的大众化旅游形成以前，旅游行动选择类型的中心是"旅游优势型"；随着旅游大众化的进一步发展，进入70年代，"旅游地优势型"的比重不断增加；80年代以后，"目的行为优势型"被广泛重视起来。旅游者到底选择哪一个或哪几个旅游地作为旅游目的地，很大程度上取决于在做旅游决策时所获得的旅游信息，以及他们对这些旅游信息的理解。旅游信息的获得及理解离不开旅游者的感知过程，正是旅游者通过自己的感知过程对各个可供选择的旅游地或景区的感知、理解与评价，最终为他们的旅游决策提供了有力的信息支持。同时，旅游者对旅游地的感知、理解与评价，也是他们衡量自己的旅游收获的重要依据。

广义的旅游活动由旅游决策、旅游准备、旅游消费、旅游效果评价四个行为过程构成。而旅游者对旅游地的知觉主要集中在旅游决策阶段和旅游消费阶段。旅游决策阶段的知觉印象影响旅游者对旅游地的选择。在这一阶段，人们对旅游地的知觉印象多数不是以亲眼所见或亲身经历和体验为依据，而是以间接信息为主，主要来自他人的经验或各种信息媒介。例如，亲朋好友或同事等对旅游景区或景观资源的介绍、旅游促销广告、旅游宣传册、景区景点的宣传品、报纸杂志上的相关报道、互联网上发布的旅游信息等。由于旅游产品生产与消费的同时性，旅游者在做旅游决策时无法接触到所要购买的旅游产品，只能借助对间接信息的感知和理解来为购买决策做支持，这都会使旅游者承担一定的感知风险。旅游消费实施阶段的知觉印象影响旅游者对旅游行为的满足感的获得与效果评价。在这一阶段，旅游者的知觉印象来自自身的亲身旅游经历和体验，以直接信息为主。此外，在旅游准备阶段和旅游效果评价阶段也能通过相关的行为活动来感知旅游地。例如，决定到滑雪度假区旅游的旅游者，在做旅游准备时，由于购买了不同档次或价位的滑雪器具，而对度假区产生不同的感知印象；同理，到高尔夫度假区度假的旅游者也会由于球具与球服投入的不菲而对度假区的度假体验提出很高的要求；在结束旅游消费活动进行旅游收获评价时，也会由于旅游地旅行社寄来的一张印有当地景观的新年贺卡而对旅游地产生良好的感知印象。

同步业务2-1

业务问题：为使旅游者对旅游地形成良好的知觉印象，旅游企业与从业人员应根据旅游者对旅游地或景观知觉的特点做好哪些工作？

业务分析：

一是应在旅游景观资源调查及评价基础之上，给旅游地的旅游形象定位。制定长期的营销战略，加大宣传的力度，提高旅游宣传促销的质量，努力推出一个良好的景区景点形象。

二是准确、翔实、及时地将旅游地的信息传递给旅游者，减小旅游者在旅游决策时的感知风险。

三是要着力提高旅游产品的质量，以高质量的产品和服务为旅游者提供美好的旅游体验。

四是继续为完成旅程的旅游者提供作为旅游地旅游产品的延伸部分的"超常服务"，如新年派对、意见征询、馈赠纪念品等来满足旅游者寻求归属和尊重的需要，从而对整个旅游活动作出积极评价，对旅游地留下深刻而美好的感知印象。

通常，旅游者对旅游地或景区的知觉印象主要受以下四个因素的影响：

第一，旅游景观必须具备独特性和观赏性。作为旅游吸引物的旅游景观的核心要素就是吸引力要素，即能激发旅游者的旅游欲求形成旅游动机。例如，在日本，温泉旅游一直很盛行。近些年来，虽然海滨度假和滑雪旅游也大规模地开展起来，但还是不能取代温泉旅游的主导地位。然而，目前日本温泉旅游面临着一个十分严峻的问题：虽然参加温泉旅游的旅游者在不断增加，但很多知名的温泉旅游度假地却不见了往昔的繁荣，惨淡经营。形成这种矛盾现象的主要原因是日本温泉资源较丰富，在"家乡创生事业"思维的影响下，全国各地的村镇都挖掘了温泉。由此，那些著名温泉地的旅游价值的独特性已不复存在，不再具备激发旅游者前来"泡温泉"的吸引力要素。

第二，必须提高旅游地的可进入性，这样才能使潜在的旅游资源成为现实的旅游资源，实现其旅游价值。这包括整个旅游地的可进入性和各个旅游景区景点的可进入性，尤其是指交通条件的可进入性。例如，被誉为世界第一大峡谷的雅鲁藏布江大峡谷上有以南峰为首的冰雪世界，下有雅鲁藏布江巨流奔腾，神山与奇水的鬼斧神工，造就了一处最为壮观的风景线。其旅游景观质量非常高，但是，由于可进入性条件差，除极少数探险旅游者外，大多数旅游者难以开展旅游活动，给旅游者的知觉印象是偏、远、险，可望而不可即。此外，旅游地的可进入性还受到旅游地的文化、政治、军事、居民的态度等社会条件的影响。比如，大连的旅顺作为甲午战争与日俄战争的主战场，其人文旅游资源极为丰富，是著名的爱国主义教育基地，同时也是我国著名的军港、海军基地，目前旅顺还有近1/3的地域不允许外国旅游者进入。加拿大著名地理学者巴特勒在其著名的"旅游地的生命周期学说"中提到：当旅游地发展到成熟阶段，大量外来旅游者的涌入和旅游活动的开展，使当地居民感到生活空间受到挤压，生活环境遭到破坏，所以当地居民开始反对旅游业的发展和旅游者的旅游活动。这多发生在客源地与旅游地文化差异大的旅游地以及经济文化相对落后地区的游客流向经济文化相对发达地区的旅游地。由于社会条件而影响旅游地的可进入性，会给旅游者造成歧视、冷淡、没有生气的知觉印象。

第三，注重旅游设施的标准化和特异性。如前所述，旅游者的旅游体验强调物质生活体验的"日常性"与精神体验的"非日常性"。不论是异族风情旅游还是一般的观光旅游，都应该考虑到主要客源地居民的生活水平。给旅游者提供标准化的旅游接待设施，让旅游者能够安全、方便、舒适地使用，是引导旅游者形成积极知觉印象的必要条件之一。但同时也应注意到标准化的服务设施和服务，会使旅游地的个性稀薄化。这在酒店业、餐饮业与商品流通业联号经营日渐兴盛的经济全球化的今天，加之现代人造旅游资源不断增加，许多旅游地的独特性已越来越不明显。其实，设计独特的旅游设施本身就是旅游对象，甚至可以成为旅游地的地标，如悉尼的大歌剧院和被誉为伦敦四大旅游地标之一的"红色双层巴士"等。

第四，要提供个性化服务，倡导诚信服务。个性化旅游时代要求旅游产品或服务富于个性化。摒弃大众旅游时代的团体包价旅游产品的生产方式，个性化旅游时代旅游产品的生产方式应是"定制式"，即先接受旅游者的预订，根据其具体要求，再进行有针对性的生产。佐藤喜之光提出：21世纪旅行社的业务正在发生重大的变化，对大多数人而言，旅行社将成为协助旅游者制订旅游计划以及提供相关旅游信息的咨询服务者。随着旅游活动的惯常化，与家庭医生和律师一样，旅行社也会成为个人生活不可缺少的参谋者。就酒店业而言，从提供简单的食宿服务的20世纪初的斯塔特勒大饭店，到当今的各种功能齐全的自我完结式综合性国际联号酒店，服务的超常性这一概念的界定不断地被更改。在强调个性化旅游的今天，虽然旅游者的需求多种多样，但服务人员应该像推崇里兹的名言——客人永远是对的——一样，恪守"客人的要求都是正常的"这一信条来服务客人。

此外，在当今的信息经济时代，诚信已经成为一个普遍问题。如果不建立起一个以法律和道德为基础的诚信的社会，后工业时代的一些新的经济形式，如电子商务等就不能得到较好的发展。旅游经济是一种体验经济，其产品具有生产与消费的同时性这一特点。旅游从业人员在服务过程中，应遵守法律，实践道德，减少信息的不对称，信守合同，为营造诚信的旅游经济环境而贡献自己的力量。

2.3.2 旅游者对旅游距离的知觉

人们做出旅游决策的重要影响因素之一就是居住地到旅游地之间的空间距离的远近。虽然往返于定居地与旅游地之间的这段旅行不是旅游的目的，但却是旅游活动的重要组成部分。旅游活动是在空间和时间中进行的。旅游者在知觉距离时，使用的标准有两种，即时间和空间，即旅游者计算距离可能使用空间距离的远近做尺度，也可能用时间的长短做尺度。例如，从上海到杭州，使用空间远近计算时，旅游者会说大约165千米；而使用时间长短计算时，旅游者一般要在某种交通方式的基础上进行计算，如乘坐旅游汽车走沪杭甬高速公路大约1小时45分。在实际的旅游决策和旅游行为中，不论旅游者用何种标准知觉距离，都会对他们的旅游决策和旅游行为产生影响。旅游者的距离知觉对旅游行为的作用，主要表现在以下两个方面：

1）阻止作用

任何旅游者都知道，旅游行为是一种需要付出代价的消费行为，而旅游距离是决定旅游者要付出的时间、金钱、精力、安全，甚至是情感的代价的主要因素。在旅游目的地距离遥远的情况下，这些代价往往使旅游者望而生畏。虽然，在通常情况下旅游效果与旅游距离成正比，但只有当旅游者判断，从旅游行为中得到的收益大于所要付出的代价时，他们才会做出旅游决策，并把决策付诸行动。这些和距离成正比的代价，被称为旅游行为的"摩擦力"，它会抑制人们的旅游动机，阻止旅游行为的发生。通常，旅游距离越远，旅游者付出的代价也就越大，而代价越大，旅游者的顾虑就越多，承担的各种感知风险也就越大，阻止外出旅游的"摩擦力"也就越大。通过对第二次世界大战后全世界国际旅游客流和客源发展状况进行分析，可以发现在全世界国际旅游客流中，近距离的出国旅游，特别是前往邻国的国际旅游，一直占绝大部分比重。以旅游人次计算，这种近距离的出国旅游人次约占每年全世界国际旅游人次总数的80%。图2-5所示为20世纪80年代初的三大主要国际客源市场的区内、外旅游者人数统计。形成这种国际客流规律的原因之一就是远距离的国际旅游"摩擦力"要大于近距离的，人们在做旅游决策时不会轻易地选择远距离的旅游地。从这个意义上说，旅游距离会对人们的旅游产生阻止作用。

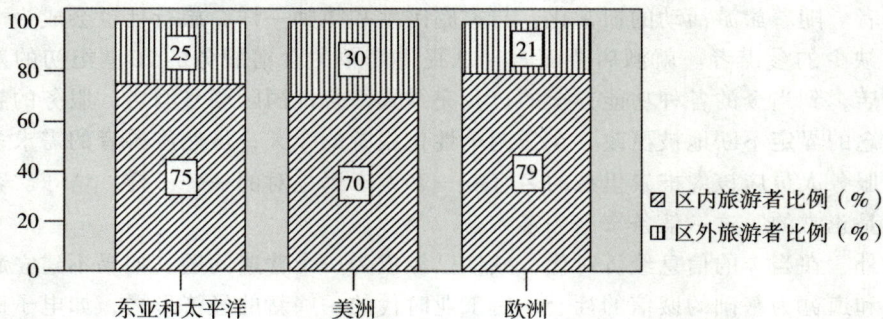

图2-5 主要国际客源市场的区内、外旅游者人数统计

资料来源 李天元. 旅游学［M］. 北京：高等教育出版社，2002.

2）激励作用

人们外出旅游的动机之一是寻求新奇、刺激，别具一格的体验。对旅游者而言，距离遥远的旅游目的地通常带有神秘感。部分学者认为"探新求异"是人的本能，人类的这种探索未知世界的强烈意识与愿望，使神秘和陌生反而构成了那些距离遥远的旅游地的独特吸引力。同时从审美心理学的角度看，距离越远，就越容易增加信息的不确定性，给人以更广阔的想象空间，从而产生了一种"距离美"。当这种由神秘、陌生和美等因素构成的吸引力超过距离"摩擦力"的阻止作用时，就会有人舍近求远，到陌生的、遥远的地方去旅游。除野信道认为旅游效果与旅行距离和旅游时间是成正比的关系，如图2-6所示。旅游效果的无差别曲线L_1离原点越远，旅游效果越大，L_1与旅游费用的预算线P_1的切点Q_1（即均衡购买点）所对应的旅游时间和旅行距离的组合，就表示最经济、合理的旅游计划。在旅游时间与旅游距离一定的情况下，如果交通费用降低，则预算线从P_1的位置移到了P_2，与更远的无差别旅游效果曲线L_2相切，Q_2成为新的均衡购买点，旅游时间与旅游距离都增加了；反之亦然，在旅游时间和旅游费用一定的情况下，旅游距离增加，旅游效果或收获亦增大。从这个意义上说，旅游距离又会对人们的旅游产生激励作用。

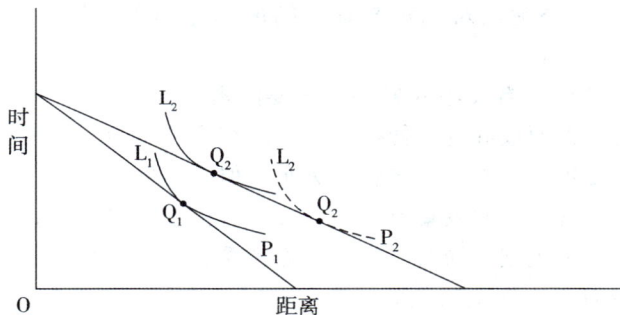

图2-6　旅游距离、旅游时间、旅游效果三者间的关系

资料来源　盐田正志，长谷政弘.观光学［M］.东京：同文馆出版社，1994.

总而言之，距离知觉对人们的旅游行为的作用具有两重性，既有阻止作用，也有激励作用。但是，哪种作用更大，其影响程度又是如何，既因旅游者的条件和旅游目的而异，又与旅游活动的客体条件，如景区景点的旅游价值、旅游设施与服务质量、旅游宣传促销的力度与技巧、旅游环境的优劣等因素有关。根据旅游距离的知觉原理，旅游从业者要双管齐下，既要抓住邻近地区的客源，也要吸引远距离的旅游者。塑造良好的旅游地形象，强化旅游产品和服务的吸引力，使旅游者对距离知觉的激励作用最大化、阻止作用最小化，引导人们的旅游决策。

同步思考2-3

问题：假设你想在假期去国内某著名旅游胜地旅游，你如何解释距离对人们的旅游行为既有激励作用又有阻止作用？

理解要点：距离远，神秘感强，激励作用大。但是，距离远到一定程度就可能超出旅游者的承受范围，则会产生阻止作用。所以，距离对旅游者的作用是动态的。

2.3.3　旅游者对旅游交通的知觉

进行一定距离的空间位移是旅游活动得以进行的前提条件。从古罗马时期往来于旅客用线路上的马车到现在飞行于各国间的喷气式飞机，人们外出旅游时交通工具是必不可少的。交通工具是重要的旅游条件，选择何种交通工具是旅游者极为关心的问题。随着社会的发展、科技的进步，可供旅游者选择的交通工具日益增多。现代旅游者经常乘坐的交通工具主要有飞机、火车、汽车、渡船、游轮等。旅游者选择什么交通工具，与他们对这些交通工具的知觉印象密切相关。

1) 旅游者对飞机的知觉

旅游者总是希望旅途所占时间越短越好。在国际旅游和远距离国内旅游时，飞机是首选的交通工具。通常情况下，旅游者对各种客运班机的知觉主要与以下四个因素有关：①飞机的起降时间；②中途停降的次数；③飞机的安全性和舒适性；④机组服务人员的服务。

除了所谓的"空中出租车"以外，所有民航班机都有两种类型：定期航班和包机业务。对定期航班而言，不论该次航班是否满载都必须按照预先制定并公布的航班飞行时刻表运行。虽然有时有一些不可控因素导致飞机的起降误点，但对旅游者而言，飞机能否按时起降直接影响到以后的旅程安排，影响到旅游计划是否会顺利地完成，所以，他们经常以对飞机起降时间的知觉印象来评断航空公司的实力和服务。

安全是乘飞机的旅行者关心的另一个主要因素。自"9·11"恐怖袭击事件以后，出于对飞行安全的顾虑而放弃这一便捷、快速的交通工具的旅游者骤然增加。虽说飞机发生事故的概率要远小于汽车、游轮和火车，但一旦发生，事故的破坏性多是致命的。所以，旅游者非常关注并收集有关航空公司和机型的飞行事故记录，以选择安全系数最高的航空公司和机型。同时，在有可能遭受恐怖分子袭击这一阴影笼罩下的国际航空业，旅游者对飞行安全系数的考察，有时已经超出机型和航空公司这一层面，上升到国家的高度。例如，在"9·11"恐怖袭击事件后的相当一段时间里，同样的机型和线路，美英的航空公司的乘客就少。

旅游者关注的另一个安全因素是飞机中途着陆的次数，因为飞机起降时事故发生的概率最高。旅游者比较喜欢直达航班，因为直达航班一般不会在途中由于乘、降旅游者而耽搁时间，也不会有再次乘、降机带来的不便，更降低了事故发生率。

另外，舒适的乘机环境和良好的服务也是旅行者非常重视的因素。在飞机旅行中，较之于机组人员的服务，旅游者更注重硬件设施的舒适性。为此各大航空公司都致力于购买"波音7×7"等大型宽体喷气式客机投入各大航线的运行。飞机制造公司也在不断研制、更新飞机的类型，如空中客车集团耗资100亿英镑开发"空中客车A3××"等。而机组人员礼貌周到、体贴入微的服务，会消除旅游者的紧张感。在两大飞机制造商垄断飞机制造业的背景下，航空公司的形象不再是机体的图形标志，而是服务人员的个性化服务。

2) 旅游者对火车的知觉

许多旅游者之所以喜欢乘坐火车旅游，是因为火车价格便宜、安全可靠、乘坐方便，而且还可以欣赏沿途的风光。例如，日本的东海道新干线、上海浦东的磁悬浮列车，都以其快速、安全、方便、舒适等特征，赢得了旅游者的喜爱。旅游者对火车的知觉印象主要取决于以下三个因素：

第一是速度。安全快速的直达列车最受欢迎。如上海到北京的高速列车，虽然票价较高，但是较普通列车更受旅游者欢迎。又如，从东京都的品川出发去大阪，乘新干线要比到羽田机场乘飞机提前抵达，虽然票价贵些，但其快速且可以欣赏沿途风光，使多数旅游者选择新干线。

第二是发车及抵达时间。较之飞机，火车的行驶受自然条件和机械设备的影响小，很少会有因误点而打乱旅游者既定的旅游日程安排事故的发生。此外，人们外出旅游都希望火车的发车和抵达时间能方便自己的观光游览等旅游活动，有利于制订自己的旅游计划。例如，近些年，我国铁路部门开通的旅客列车都尽量安排为朝发夕至、夕发朝至、朝发午至、午发夕至。

第三是舒适程度。旅游者希望火车车型好，设备齐全，车体外观和车内装饰高雅漂亮，整洁干净。这样才能保证旅途不疲倦，到达目的地后可以精力充沛地进行旅游。此外，舒适的乘车环境和便利的设施也使火车成为休息、娱乐、社交的场所。例如，现在有一些全程卧铺的旅游列车，车上设有餐厅、酒吧等设施，火车已成了移动的旅馆。舒适程度高的火车会增加旅行中"游""住""娱"等旅游要素，因而深受旅游者的喜爱，并留下积极的知觉印象。

3）旅游者对汽车和游轮的知觉

第二次世界大战以后，与铁路和航空运输工具相比，公路交通中私家车和旅游巴士等交通工具，更能满足国内度假旅游者的需要，其快速发展为欧美国家国内旅游度假蓬勃兴起奠定了基础。私家车的优势在于，在不依赖现有交通条件的情况下，旅游者能够按照自己的意愿组织和设计适合自己的旅游线路和行为方式。旅游巴士也给旅游者便捷、便宜的感知印象。例如，在欧洲，大多数低收入旅游者愿意以花费更多旅行时间为代价来选择乘坐旅游巴士的廉价旅行。旅游者对旅游巴士的知觉印象，主要受下列因素的影响：车窗和车体的宽敞程度、座椅的舒适性、减震装置的性能、空调性能、视听系统的效果、驾驶与导游服务等。同时，汽车排放的尾气造成的环境污染，已经成为一个全球性的问题，环保意识强的旅游者会通过汽车尾气排放量的大小来知觉旅游交通公司的环保意识和企业形象。

乘游轮旅游可以有多种方式，小型专用船只可以提供给那些到南极洲和加拉帕格斯群岛等地探险的特殊兴趣旅游者；而大型的大众游轮，它们本身就使旅游者流连忘返，经常被称为"浮动的休养地""浮动的大饭店""浮动的休闲娱乐场"等。因为，水上交通工具既提供了交通服务又提供了住宿接待服务。亚洲海域还有一部分游船完全提供娱乐设施而"并无任何航行目的地"。旅游者对游轮的知觉印象，主要与以下要素密切相关：游轮能够到达的港口城市或旅游景点的旅游价值和数量、航程的远近、停靠地观光娱乐项目的多少、游轮的舒适豪华程度、游轮上的娱乐活动是否丰富有趣等等。

此外，在对旅游进行分析时，交通往往是容易被忽视的环节，即它通常被划归为旅游体验中被动产生的一个要素。交通是基本的旅游服务环节之一，在某些情况下交通本身也是旅游的重要组成部分（例如，乘游艇巡游和火车观光旅游），在许多国家和地区，旅游者可以随意地选择交通工具进行旅行。飞机、火车和游船等基础交通服务基本上属于公共服务，前田勇把这种服务称为"功能优先型"服务，它的利用者是一般大众。对这种公共服务，旅游者较看重其硬件，即交通工具的设施条件容易成为旅游者的感知对象，而对旅游服务人员的服务质量不是很关注。旅游服务人员提供的也多为功能性较强的服务。例如，"空中小姐"对乘客的微笑服务，虽然也有情感服务的一面，但更重要的是微笑有"消除一般乘客对安全的轻度不安"这一功能性效果。

教学互动2-1

互动问题： 旅游者和本地居民对当地旅游景区和旅游地的看法通常是有差别的。
①二者的差异主要体现在什么地方？
②存在差异的原因是什么？
互动要求： 同"教学互动1-1"的"互动要求"。

本章概要

□ 内容提要

本章讲述了旅游知觉、旅游中的社会知觉和旅游者对旅游条件的知觉三部分内容。

本章首先介绍了知觉的概念、知觉的特性等。知觉有四种特性，即组织性、理解性、整体性和恒常性。在介绍知觉的种类时，着重介绍了几种错觉。

旅游中的社会知觉包括以下部分：对人的知觉、人际知觉和自我知觉。对人的知觉容易陷入几种误区，即第一印象、晕轮效应、心理定势、刻板印象、期望效应、习惯定向、假定相似性偏见和行动者-观察者偏见等。人要想获得正确的社会知觉需要时时注意克服上述错误。自我知觉的发展经历了生理的自我、社会的自我和心理的自我三个由低向高的阶段。

旅游者对旅游条件的知觉包括旅游者对旅游地或旅游景观的知觉、旅游者对旅游距离的知觉、旅游者对旅游交通的知觉等三个方面。

□ 主要概念和观念

▲ 主要概念

绝对感觉阈限　差别感觉阈限　旅游知觉　社会知觉　第一印象　心理定势　刻板印象　期望效应　习惯定向　自我知觉

▲ 主要观念

旅游知觉的特性　旅游中的社会知觉　旅游距离的作用

□ 重点实务

旅游中的社会知觉　旅游者对旅游条件的知觉　旅游者的知觉与服务工作

基本训练

□ 知识训练

▲ 复习题

（1）何谓旅游知觉？它有哪些特性？分别简述之。
（2）影响旅游知觉的因素有哪些？
（3）什么是自我知觉？它有什么重要作用？

（4）旅游者对旅游地或景区的知觉印象主要受哪些因素的影响？

▲ 讨论题

（1）蛋糕落地时为什么总是奶油那面先着地？运用原理说明。

（2）期望效应现象对人际交往有什么借鉴意义？

□ 能力训练

▲ 理解与评价

西方发达国家的一些饭店在招聘新员工时，曾有这样的要求出现："无工作经验者优先。"请加以点评。

▲ 案例分析

【训练项目】

案例分析-Ⅱ。

【相关案例】

Ⅱ-1　变枯燥为有趣，变无聊为有兴致

背景与情境：在美国洛杉矶的迪士尼乐园，无论是坐小火车、小游艇还是看宽银幕立体电影，都要排长队。为了减少人们花在排长队上的时间，乐园在游乐项目的入口处设置了几个自动打卡机。比如说你9：40到达，表演10：00开始，但是队伍很长，这时，你便可以拿出手中的门票在打卡机上预约12点的那场。在这两个多小时的时间里，你可以去玩其他的项目，免去排长队之苦。

坐游艇、过山车等项目难以预约，只能排队，在一片棚架下，栏杆围成回旋式的排队顺序，由于不是排直线，便没有了"长龙见首不见尾"的心理压力。为了减少排长队的乏味，乐园在长队旁边的高台上安排一些小表演，如杂技、小魔术、呼啦圈比赛等。夏季，乐园在大棚架上安装上大风扇和喷水器，风扇一转，细细的水珠飘洒而下，令人感到阵阵清凉。

为了减轻人们排长队等待的心理负担，有的场所还运用心理学的原理人为地制造心理平衡。在美国南方大城市休斯敦的机场，原来乘客下机后走两三分钟便可以到达领行李处，但是要等八九分钟才能拿到行李。后来机场将行李处搬迁，使乘客下机后要走八九分钟才到领行李处，但是只要等两三分钟行李就来到面前了。

资料来源　佚名. 美国人排队文化［EB/OL］.（2011-02-11）［2016-06-22］. http：//zuowen. chazidian.com/zuowensucai5154/.

问题：

（1）人们对旅游时间是如何知觉的？

（2）迪士尼乐园是如何缓解人们在等待时焦躁不安的心理的？

Ⅱ-2　武当金顶众人谈

背景与情境：丁女士（30岁，某大学教师）与张太太（52岁，家庭主妇，无工作）、周老师（35岁，某市中学历史教师）、李小姐（19岁，某单位职工）一起作为某单位的家属随团赴神农架旅游。得知大家去年曾随该单位游过武当山，从未去过武当山的丁女士很想从大家身上多一些了解关于武当山的情况，就主动聊起了关于武当山的话题。大家的发言主动而热烈，各自的感受却大相径庭。

丁女士："武当山这么有名，我却没去过，到底怎么样呢？"

李小姐："不怎么样！没什么好玩的，就山上那个金顶还有点看头，金光闪闪的。"

周老师："武当山的建筑很有特色，是道教宫观建筑的典范。尤其是武当金顶，那可是我们国家建筑史上的杰作。"

丁女士："我特别想亲眼看看那个金顶。"

张太太："什么金顶？我怎么不知道？"

丁女士："那你去武当山游的什么？"

张太太："游什么？去拜'祖师爷'嘛。"

早就听说武当山是善男信女烧香许愿的绝佳去处。丁女士接着问张太太："武当山供奉的是哪位'祖师爷'？"

"反正是'祖师爷'，我也不知道叫啥名字。"张太太回答。

"游客的感受与书上的记载可不完全是一回事。"丁女士暗自感慨。

资料来源 佚名. 影响旅游消费行为的社会因素［EB/OL］.（2015-03-17）［2016-06-22］. http://www.docin.com/p-1093833500.html.

问题：

（1）本案例涉及本章的哪些知识点？

（2）为什么到同一景点旅游，每个人所看到和感受到的内容却有如此大的差别？

【训练要求】

同第1章"基本训练"中本题型的"训练要求"。

▲ 实训操练

【实训项目】

旅游知觉知识在旅游服务中的运用。

【实训要求】将班级学生分成若干小组，分别就实训项目进行情境设计、角色分工和操作体验，完成各自的实训课业

【实训步骤】

（1）将班级学生分成若干组，每组确定一人负责。

（2）各组学习和讨论重点实务教学内容，作为本次实训的知识准备。

（3）各组结合本地旅游产品，就实训项目进行"情境设计"和"游客与旅游企业服务人员"角色分工。

（4）各组以相关实务教学内容为规范，进入角色，体验本项目模拟实训的全过程。

（5）各组学生交换角色分工，再次体验本项目模拟实训的全过程。

（6）各组学生记录本次模拟实训的主要情节，总结实训操练的成功经验、存在的问题及解决的办法，在此基础上撰写实训课业。

（7）在班级讨论交流、相互点评与修订各组的实训课业。

（8）在校园网的本课程平台上展出经过修订并附有教师点评的各组实训课业，供学生相互借鉴。

【实训课业】

《"旅游知觉知识在旅游服务中的运用"实训报告》。

□ 课程思政

【训练项目】

课程思政–Ⅱ。

【相关案例】

谁是全球最有道德企业：麦当劳落榜

背景与情境：什么样的企业是有道德的？位于美国纽约的国际智库道德界协会（Ethisphere Institute）给出了答案。2012年4月，该机构发布了年度全球最具商业道德企业名单，145家企业脱颖而出，被列为推广商业道德标准的领导者。

有研究表明，技能最熟练的员工通常倾向于为有道德的企业工作，而入选最有道德企业的公司不仅是各行各业遵守道德的典范，而且它们的利润通常比普通公司高，这显示了坚守道德标准与企业赚取利润并不矛盾。

记者发现，有23家公司已连续六年登上这个榜单。这些公司持续上榜有很多理由，而它们受到推崇的行为也因为行业不同而有所不同。它们的共性在于对供货商行为有严格的监管；公司上下在遵守约定和道德方面有着明确的目标；公司内部在强调道德方面态度明确而一致；对于自身在履行企业社会责任方面的行动和努力的披露方面很透明；对于企业道德在推动整个公司的进步上所扮演的角色有着清晰的理解。

较受关注的是，连续多年登上道德榜单的汽车业巨头日本丰田公司和餐饮业老大麦当劳均在2010年黯然消失。

麦当劳受到负面事件困扰。美国营养师布鲁索把从麦当劳餐厅买回来的儿童餐打开，放在家里的架子上，一年之后拍摄的照片显示，除了汉堡牛肉排萎缩和面包胚干裂外，外形上看薯条和汉堡竟然没有明显变化。这一事件使麦当劳被指责其食品含有过多的防腐剂。而麦当劳公司的名字也从"全球最具道德企业"榜单中应声滑落，至今仍与"道德"无缘。

资料来源　佚名. 谁是全球最有道德企业：麦当劳落榜　苹果从未入围［EB/OL］.［2012-04-16］. http://news.xinhuanet.com/fortune/2012-04-16/c_122987702.htm.

问题：

（1）企业利润与坚守道德有矛盾吗？

（2）试就麦当劳的负面事件做出善恶研判。

（3）通过网上或图书馆调研等途径收集你作道德研判所依据的行业道德规范。

（4）该案例对你的启示。

【训练要求】

同第1章"基本训练"中本题型的"训练要求"。

第 3 章　旅游动机

- **学习目标**
- 3.1　动机概述
- 3.2　旅游者的旅游动机
- **本章概要**
- **基本训练**

● 学习目标

通过本章学习，应当达到以下目标：

职业知识：学习和把握动机的含义、功能与分类，需要的概念、特征、层次理论与分类，旅游本质的心理学解释，旅游动机产生的客观条件，旅游动机的分类及相关理论，以及"延伸阅读"等"旅游动机"的理论与实务知识；能用其指导本章"同步思考"、"同步业务"、"教学互动"和"基本训练"的"知识训练"中各题型的认知活动，正确解答相关问题。

职业能力：点评"旅游的本质是刺激寻求和安乐寻求"的观点，训练专业理解与评价能力；运用"旅游动机"知识研究相关案例，训练对其特定情境下当事者行为的"多元表征"专业能力和"与人交流"通用能力；参加"自主学习-Ⅲ"的训练，通过搜集、整理与综合关于"旅游者的旅游动机"的前沿知识，并依照"文献综述格式、范文及书写规范要求"撰写、讨论与交流《"旅游者的旅游动机"最新文献综述》，培养"旅游动机"中"自主学习"、"团队协作"和"与人交流"的通用能力。

课程思政：结合本章教学内容，依照相关规范或标准，对"课程思政3-1"和章后"课程思政-Ⅲ"中企业及其从业人员行为进行思政研判，培养高尚的道德情操，树立社会主义核心价值观。

学习微平台

思维导图 3-1

引例：旅顺日俄监狱一日游：对孩子最好的教育

背景与情境： 带孩子去大连玩，回来路过旅顺，朋友介绍说这里有座日俄监狱不要门票，只要有身份证就可以，既然不要钱就带孩子去了。没想到参观过后不管是大人还是孩子都受益匪浅。从监狱出来孩子就说："妈妈，我现在好幸福！"我问她为什么，她说："现在的生活比以前好太多了，生活在过去好可怜，咱们国家现在真好！"

不光孩子深有感触，我们同行的大人也受到很大的触动，很佩服在那个年代能为了自己的理想牺牲生命的前辈，现在的生活都是他们的牺牲换来的。感激他们的同时也深感生活在现在很幸福。

日俄监狱由沙俄和日本分两期建成，是这两个帝国主义国家占领大连时残害中国人民的一座"法西斯魔窟"，当地人都称其为"旅顺大狱"。1902年沙俄开始修建，1904年日俄战争爆发就停工了，只建成了85间。后来日军占领旅顺后便在原基础上扩建，使其成为东北地区最大的监狱，光牢房就253间。关在这里的犯人大部分都是所谓的"政治犯"和"思想犯"，也有少数朝鲜人。朝鲜民族英雄安重根就是在这里被残忍杀害的。

安重根曾自断手指，血书"大韩独立"四字，以示抗日决心。1909年，日本前首相伊藤博文在哈尔滨被安重根击毙，安重根还向月台上的记者高呼三声"大韩独立万岁"。安重根被捕后在旅顺监狱被折磨五个月后被日军杀害，年仅32岁。大量的爱国人士在这里受尽折磨，有时一间15平方米的牢房里能关押10多名犯人。在地下还有四间暗牢，很多人在暗无天日的环境下发疯死去，活着出来的也会因为强光刺激导致失明。

在那里你能看到真正的老虎凳是什么样的，绝对比抗日剧里的更恐怖。最让人印象深刻的就是绞刑室了。绞刑室分两部分，当人在上层被绞死后，会在尸体僵硬前被日本人塞到一个木桶里，然后抬到后山埋掉。有时木桶不够用便直接扔沟里，任凭野狗撕扯。据导游说，在1942年到1945年8月，有700多名抗日战士在这里被绞死。

这个地方真心建议大家带孩子去看看，现在的孩子看动画片长大，对民族的灾难和国家的历史都不太了解。到这里请一位导游给大家讲解一下，绝对会让孩子印象深刻。

资料来源　佚名. 旅顺日俄监狱一日游：对孩子最好的教育 ［EB/OL］.（2018-08-04）［2019-04-02］. https://baijiahao.baidu.com/s? id=1607789281803373788&wfr=spider&for=pc.

问题：

（1）常识似乎告诉我们：旅游是追求快乐。这个案例却揭示了旅游者行为的另一面，旅游者还追求什么？

（2）旅游动机看起来是复杂的，基本动机有哪些？如何分类？

（3）旅游动机对应人的哪些需要？

为什么有人愿意体验"痛苦"？这种现象似乎违背常理，但是旅游心理学对旅游动机的探讨能够给我们答案，这就是在第二现实中的旅游者和第一现实中的人们的区别。本章要揭示这些处于特殊状态的人的心理奥秘。

3.1 动机概述

人的一切行为都受动机支配，动机驱使人追求某一事物，从事某一活动；或驱使人避开某一活动，停止某一活动。动机是人行为的直接的内在原因。

3.1.1 什么是动机

所谓**动机**是指引起和维持个体的活动，并使活动朝向某一目标的心理过程或内部动力。人类的各种活动都是在动机的作用下，向着某一目标进行的。

动机具有以下三种功能：

一是激活功能，即动机会促使人产生某种活动。例如，大学生到学校来求学，是由学习知识的动机激发的；旅游者外出旅游是在其各种旅游动机的驱动下发生的。

二是指向功能，即在动机的作用下，人的行为将指向某一目标。例如，在学习动机的支配下，大学生会去图书馆看书，会去书店买书。旅游者在旅游动机的指引下会奔向旅游目的地。

三是强化功能，即当活动产生以后，动机可以维持和调整活动。当活动指向某个目标时，个体相应的动机便获得强化，因而某种活动就会持续下去，在遇到困难时会努力克服。

动机是在需要的基础上产生的，需要演化为哪种动机受到环境因素的影响。无论是物质的需要还是精神的需要，只要它以意向、愿望或理想的方式指向一定的对象，并激起人的希望时就可构成行为的动机。

动机虽以需要为基础，但只有需要，并不一定产生动机。动机的产生至少应该具备两个条件：一是需要；二是满足需要的对象。当需要处于萌芽状态，客观上缺乏满足需要的对象时，需要只表现为一种意愿或意向。当需要被强化到一定的程度，在客观上又有满足的对象时，需要转化为动机。

3.1.2 动机的分类

一个人复杂多样的动机往往以其特定的相互联系构成动机系统。根据不同的标准，动机可以有不同分类。

1）根据动机的性质，动机可分为生理性动机和心理性动机

生理性动机来源于人体生存和繁衍的最基本的生理需要，如对空气、水、食物、休息、性爱等的需要，由这些需要引发的动机来源于人体内部某些生理状况的先天驱动力，并非后天学习和强加的。心理动机来源于人们的社会环境所带来的需要，如对安全和舒适的需要、被人尊重的需要等，由这些需要驱使的行为动机，来自外部社会，一般通过外界学习而获得。

2）根据动机在行为中的作用，动机可分为主导动机和辅助动机

在引起复杂活动的各种不同动机中，有的动机强烈而稳定，在活动中起主导和支配作用，有的动机则起辅助作用，只是对主导性动机的一种补充。

同步链接3-1

二十大报告
摘录之三

3.2　旅游者的旅游动机

旅游动机是指直接引发、维持个体的旅游行为并将行为导向旅游目标的心理动力。那么这种心理动力是什么呢？回答了这个问题，也就找到了人们旅游的真正的直接原因。

3.2.1　旅游动机分析

人们为什么要旅游？对这个问题通常有许多答案，但在这些答案之间彼此存在什么关系却缺乏明确的说明，它们往往没有触及人们旅游的较深刻的心理原因。其实，旅游行为的产生，其直接的心理动因是人的动机，而隐藏在动机背后的原因则是人的需要。需要、动机和行为之间的关系如图 3-1 所示。

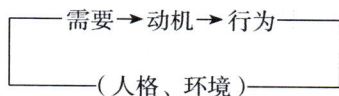

图 3-1　需要、动机和行为之间的关系

需要产生动机，动机产生行为，整个过程受到行为主体的人格因素和外在环境的影响。

如前所述，动机是在需要的基础上产生的，因此，要研究旅游者的动机，就离不开对旅游者的需要的研究与分析，对旅游需要的探讨有助于我们理解旅游动机。

1）需要的一般概念

需要是个体缺乏某种东西时的一种主观状态。它是客观需求的反映，这种客观需求既包括人体内的生理需求，也包括外部的、社会的需求。它们在演化为心理现象之后，表现为需要。

人是自然属性和社会属性的统一体，对其自身和外部生活条件有各种各样的要求。当缺乏某种生理或心理因素时，就导致生理或心理上的匮乏状态。当这种匮乏达到一定程度，必须进行调节时，个体就感到需要的存在，进而产生恢复平衡的要求。首先是生理平衡。人体必须不断补充一定的物质和能量才能生存，如食物、水、热量等。这些物质与能量的吸入量由体内复杂的生理系统进行调节，维持着人的生理平衡状态。以饮食调节为例，人的生理调节机制，时刻检测着食物和水的数量。当达到某种临界值时，便产生某种生理需要，人受到激发从而产生饮食行为。其次是心理平衡。人的生理失调主要源于有机体内部的刺激，而心理失调主要源于有机体外部的刺激，这种外部刺激既有物质的，又有精神的。当心理失去平衡时，个体就产生心理上的需求，如爱的需要、求知的需要、审美的需要等。

2）需要的特征

（1）对象性

需要总是指向某种具体的事物。换句话说，需要总是和满足需要的目标联系在一起。比如，人饿了就需要食物，渴了就需要水，冷了就需要衣服等。需要一旦实现，总能给人们带来生理或心理上的满足。离开了目标和对象，就无从观察和研究人是否具有某种需要。

学习微平台

延伸阅读 3-1

（2）紧张性

需要是个体在生活中感到某种欠缺而形成的某种心理状态。当某种需要产生后，便形成一种紧张感、不适感或烦躁感等，进而在人脑中形成某种需求。

（3）驱动性

人为消除生理或心理上的紧张，构成寻求满足需要的驱动力，推动着人们去行动，以求得生理或心理上的平衡。

（4）层次性

人的需要是有层次的，先是满足最基本的生活需要，而后是满足社会和精神需要，人的需要总是不断地由低级向高级发展。

（5）发展性

人的需要随着社会生产力的发展和物质文化生活水平的提高而发展。这不仅体现在需要的标准不断提高上，而且体现在需要的种类日益复杂多样上。

3) 需要层次理论

人类的需要一直是心理学家们研究的对象，并产生了有关需要的不同理论，其中马斯洛的需要层次论影响较大。

美国人本主义心理学家马斯洛（A. Maslow）在1943年出版的《调动人的积极性的理论》中提出了"需要层次论"。这一理论70余年来流行甚广，是国外心理学家解释需要规律的主要理论。

马斯洛把人类行为的动力从理论上和原则上做了系统地整理，提出了人类动机最著名的理论之一：需要的层次论。马斯洛把人的多种多样的需要归纳为五大类，并按照它们发生的先后次序分为五个等级（见图3-2）。

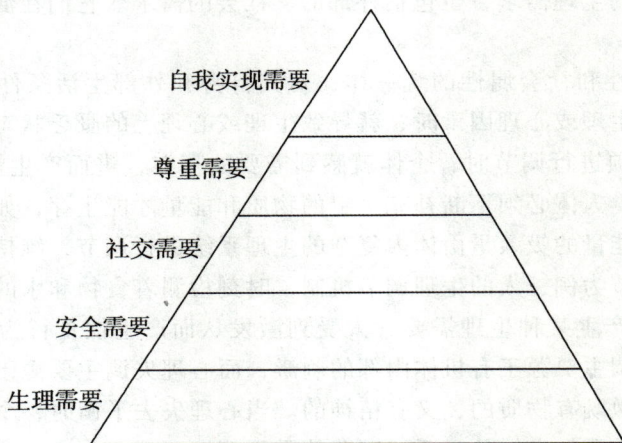

图3-2　人类需要的层次关系

在马斯洛看来，只有当低层次的需要满足之后，高层次的需要才能产生。但任何一种需要并不因为下一个高层次需要的出现而消失，只是高层次需要产生后，低层次需要对行为的影响变小而已。各层次的需要呈相互依赖与重叠的关系，如图3-3所示。

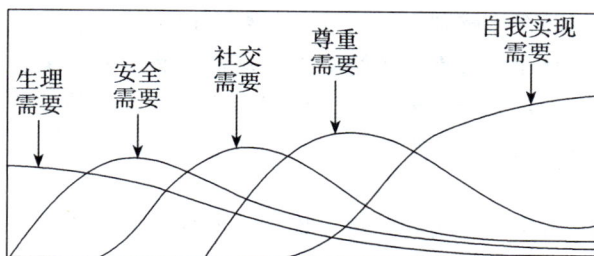

图3-3　五种层次需要的心理发展关系

马斯洛的需要层次论对研究人类的行为需要和动机具有重要和普遍的意义。在旅游领域内，虽不能用来其解释所有旅游行为的动因，但它确实为我们认识旅游动机提供了重要的理论依据。

（1）生理需要

这是人类最原始的基本需要，包括饥、渴、性和其他生理机能的需要，它是推动人类行动的最强大的动力。马斯洛认为人的生理需要是最重要的，只要这一需要还没得到满足，他就会无视其他需要或把其他需要搁置一边。这一观点就可以解释人们为什么夏天要到海边或山里去避暑，人们为什么对农业旅游越来越感兴趣以及为什么紧张生产线上的工人或繁忙工作岗位上的企业管理人员要到异国他乡暂时改变一下环境。这都是人体内部某些生理状态的需要所表现出来的行为。

（2）安全需要

当一个人的生理需要得到满足后，就想满足安全需要，获得生命和财产安全，要求避免职业病的侵袭，希望解除严酷监督的威胁，要求避免意外事件的发生等。马斯洛认为整个有机体是一个追求安全的机制，人的感受器、效应器、智能和其他能量主要是寻求安全的工具。人们的这些需要在旅游活动中处处都能表现出来。比如，人们乘坐交通工具既要求准时又要求安全，在一些特殊的旅游项目上还希望有人身保险等。

（3）社交需要

马斯洛的社交需要包含两方面的内容：一个是爱的需要，即人人都希望伙伴之间、同事之间的关系融洽或保持友谊和忠诚，希望得到爱情；人人都希望爱别人，也渴望接受别人的爱。另一个是归属的需要，即人都有一种归属感，一种要求归属于一个集团或群体的感情，希望成为其中的一员并相互关心和照顾。社交需要比生理需要更细致，它和一个人的生理特性、经历、教育、宗教信仰都有关系。

人们为了探亲访友、寻根问祖、结识新朋友而进行的旅游，就是满足社交需要的表现。进行任何一种旅游活动，都要接触新的人际环境、发生人际交往。因此，旅游是人们结识新朋友、联络老朋友的最有效的活动之一。

（4）尊重需要

当社交需要得到满足后，人还希望自己有稳定的地位，有对名利的欲望，要求个人能力、成就得到社会的承认等。马斯洛认为，尊重需要得到满足，能使人对自己充满信心，对社会满腔热情。但尊重需要一旦受到挫折，就会使人产生自卑感、软弱感、无能感，会使人失去生活的信心。

　　受尊重的需要还同个体感到自己对这个世界有用的感觉有关，也与有关事物如衣服、汽车、教育、旅游和接待重要人物等能否增进自我形象有关。人们到一个知名度很高的旅游点去旅游，是会令人羡慕的，他们到这个旅游目的地的动机有很多，其中之一可能是为了满足受人尊重的需要。

　　（5）自我实现需要

　　自我实现需要是指实现个人的理想、抱负，发挥个人的能力至极限的需要。也就是说，人必须干称职的工作，是什么样的角色就应该干什么样的事，音乐家必须演奏音乐，画家必须绘画，诗人必须写诗，这样才会使他们得到最大的满足。马斯洛还指出："为满足自我实现需要所采取的途径是因人而异的。有人希望成为一位理想的母亲，有人可以表现在体育上，还有人表现在绘画或发明创造上……"简而言之，自我实现需要是指最大限度地发挥一个人的潜能的需要。

　　旅游是极富有象征性的活动，有的人出去旅游就是用体现自我价值来满足自我实现的愿望。当然人们参加旅游活动，并不都是由于自我实现的需要，但随着社会的发展和人们对生活质量的关注，对自我实现的要求会越来越多。

　　补充阅读资料3-1

需要层次论新解

　　马斯洛后来对五个层次的需要做了补充，即认为人们还有认识和理解的需要，还有审美的需要。马斯洛认为这两类需要与前面的五个层次的需要并不处于同一层次发展系统之中，而是表现出一种既相互重叠又相互区别的关系。

　　（1）认识和理解的需要。这是人人都具备的一种基本需要，即人们对于各种事物的好奇、学习，探究事物的哲理，对事物进行实验和尝试的欲望。马斯洛从人们对安全需要的前提出发，推论出人们进行各种学习和探究，其最终目的也包括获得生活和生存的安全和取得安全的方法，洞悉事物的奥秘、满足认识事物的需要是一种令人欢快和幸福的事情，学习和探究事物的奥秘也是智者实现自身价值的一种方式，好奇还是儿童的一种天性，儿童从他好奇的事物中得到最大的快乐。

　　（2）审美的需要。人们对于美的需要也是一种基本的需要。比如，对事物的对称性、秩序性、闭合性等美的形式的欣赏、对美的结构和规律性的需要等，都是审美需要的表现形式。

　　资料来源　彭运石.走向生命的巅峰［M］.武汉：湖北教育出版社，1999.

4）单一性需要和复杂性需要

　　心理学家们多年来一直在争论人们是力求在生活的所有领域都保持心理的单一性，还是追求多样性。其实，这一争论能帮助我们从另外一个角度来理解人们旅游的根本原因。

　　（1）单一性需要

　　单一性需要是指人们在生活中总是寻求平衡、和谐、相同、可预见性和没有冲突。任何非单一性都会使人心理紧张。因此，人们为减轻心理紧张，便会寻求可预见性和单一性。

　　按照单一性理论，旅游者在旅游过程中会尽量寻找标准化的旅游设施和服务。因此，人们一般会选择北京故宫、杭州西湖、广西桂林、安徽黄山等非常著名的旅游点去旅游，还会选择那些知名度高并能提供标准化服务的宾馆饭店。因为标准化的旅游服务使旅游者能够预见自己付出多少花费能买到什么样的设施和服务。

总之，单一性理论认为人们在期望某一件事情出现的过程中，不希望遇到意料之外的事情。弗洛伊德认为，人们行为的基本目的是减少由非单一性所造成的心理紧张。如果人们面临着非单一性的威胁，他们就会设法防止这种威胁成为事实；如果他们真的遇到了某种意想不到的事情，就会很不舒服。经历了这种感受之后，他们以后就会更加谨慎，防止再出现非单一性。例如，如果某位旅游者在外出旅游时找不到宾馆可以入住，买不到返程飞机票，那么他以后再外出旅游时，就会事先订机票、订客房或者到旅行社办理委托，而有的人甚至可能从此再也不愿出去旅游了。

（2）复杂性需要

与单一性需要相反，**复杂性需要**是指人们追求新奇、出乎意料、变化和不可预见性等。人们之所以追求复杂性需要，是因为这些复杂性东西的本身就能给人带来满足。

根据复杂性理论，在旅游环境中，旅游者将游览他以前从未去过的地点。他可能宁可驱车行驶在偏僻的道路上并光顾当地的饮食店，而不去熟知的连锁饭店；他可能宁可光顾独立经营的旅馆，而不去住那些提供标准化的住宿条件和服务的名牌连锁旅馆。对于希望避免单一性和可预见性的旅游者来说，著名的饭店、众所周知的旅游景点所提供的单一性和可预见性太多了，令人感到厌倦。这种旅游者希望与他在家所习惯的东西和他在上次旅游中所经历的东西有所不同。

（3）单一性和复杂性的平衡

上述的单一性需要和复杂性需要这两种概念可以解释在旅游环境中所出现的许多现象。虽然这两种理论看起来相互矛盾，但如果把两者结合起来，就可以帮助我们进一步理解人们旅游的动机和行为。

适应性良好的人在自己的生活中需要单一性和复杂性两者的结合。单一性通常由人们在家里以及在工作中那种有条不紊的常规来提供，因为大多数人在家里有相当程度的单一性和可预见性，而工作环境中提供的单一性或者复杂性的程度存在着很大的差别。比如，一个装配线上的工人可能会感到他的工作环境太单一，而公司高层行政管理人员通常是在不可预见的、多样的和复杂的环境中工作。

人们在家庭生活和工作中的单一性、可预见性以及不变性，必须用一定程度的复杂性、不可预见性、新奇性和变化性加以平衡。没有任何一个人能够在一个百分之百可以预见的世界中精神正常地生活。在某些时候，一个人会对家里和工作中的有条不紊的常规和单一性产生厌倦。一旦厌倦到一定程度，他就需要新奇和变化来抵消由厌倦造成的心理紧张。显然，旅游为寻求摆脱厌倦的人们提供了一种较为理想的刺激。它使人们得以变换环境、改变生活节奏，使生活丰富多彩。从这个意义上说，旅游对有的人来说是对现实生活的一种逃避。相反，如果一个人长期生活在复杂性环境中，他就需要一定程度的单一性来平衡。比如，对有些人来说，在旅游度假期间，他所寻求的是休息和放松。因此，对他来说，在湖滨或海边晒晒太阳、看看风景或听听音乐就足够了。

总之，心理学研究认为，人们在生活中总是力求使单一性和复杂性保持最佳的平衡状态，使心理维持在一个可以承受的紧张程度；否则，单一性过多，会使人产生厌倦，复杂性太多，又会使人过分紧张以至于恐惧（见图3-4）。

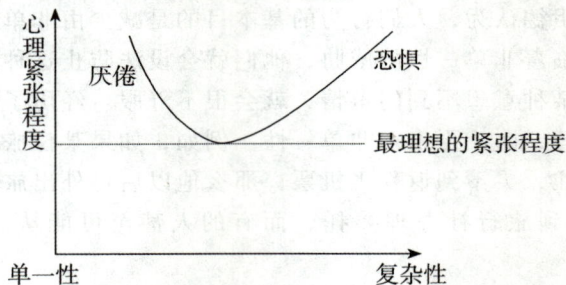

图3-4　单一性、复杂性和心理紧张

5）好奇心

人类的所有行为的终极目的都是追求快乐，快乐是人类生存的目的，即使是一些与追求快乐相反的行为，如延迟满足、付出、苦行甚至牺牲，其最终目的也都是为了获得快乐，当然这是由于对快乐的理解和追求方式不同造成的。旅游是在社会、经济条件允许下大多数人为获得快乐而做出的共同选择。这种对获得快乐方式的选择不分种族、阶级和文化背景，有着高度的一致性。造成这种一致性的原因来自人的本性。人为什么要旅游？其中一个深层原因是为了满足人类的好奇心。**好奇心**可以这样定义：人类和其他一些高等动物在面对新奇、陌生、怪诞或复杂刺激时所产生的一种趋近、探索和摆弄，以求明白、理解和掌握的心理倾向状态。

人类有一种基本的心理性内在驱力——好奇、探索、操弄，这种驱力并不以生理上的需要为基础，也不是经过学习而获得的，纯粹是由个体生活环境中刺激而引发的、先天的内在驱力。它是人类心灵正常发展的原动力之一，是维护心理健康的条件，同时它也是旅游的一个根本性动因，它在某种程度上可以解释"人们为什么要旅游"。因为内在驱力会给人带来紧张感，它迫使人们必须以某种方法来应对和消解。这些紧张以及人们如何在旅游中消除这些紧张感，可以用来解释许多旅游现象。

幼儿对新奇事物表现出兴奋，每逢新玩具到手，总是以注视、抚弄、吸吮、摇动、敲打、撕裂等方法对新玩具"研究"一番；而当幼儿到了一个新环境，也会不由自主地四处探索，只要能达到的地方、能打开的柜门都要看看和摸索，甚至把能翻动的东西都翻出来。动物也有喜欢探索新环境的特点。在动物并无需要应对的紧急情况时，往往会去探索。有时探索的驱动力甚至会压倒通常人们认为更迫切需要解决的问题。一只饥饿的猫在开始安下心来吃东西之前，可能会花些时间去仔细观察一下一种没见过的东西。成年人为了探索未知的东西，冒着受伤甚至失去生命的危险的事例也比比皆是。"好奇心"和"探索欲"似乎是整个动物界的共同特征。巴甫洛夫在研究条件反射时发现，动物和幼儿在遇到新异刺激时都会做出反应，而不顾眼前的需求，他把这种现象称为"探究反射"，它是未经学习而具有的无条件反射。这种人类乃至整个动物界具有的对外部世界的自动探究现象，从其发生上看，在个体保存和种属保存上是有着极其重要价值的。动物在进入新环境时的第一个反应是探索、了解、熟悉以做到对它最大限度地把握，这样首先能知道新环境中是否存在危险，其次如果以后出现新的危险因素，由于它对环境熟悉也就能做出恰当的防御反应。人类保存了这种生存本能，它表现在人身上就是"好奇、探索、操弄"，也就是好奇心。从好奇心的发生角度看，说它是生物现象也不为过。

同步案例 3-1

满意的甄先生

背景与情境：某饭店接到一个特殊的预订电话，三天后，知名残疾人士甄先生将独自来本市参加一个重要活动，其家属邓女士要求饭店尽量为甄先生的生活起居提供方便。

三天后，甄先生在饭店机场代表的陪同下进入饭店。来到总台后，总台接待员考虑到客人的特殊情况，立即安排甄先生住进饭店专设的残疾人客房，并为客人提供房内登记的便利。

甄先生在行李员的陪同下来到位于电梯旁的残疾人客房，他发现门把手特别低，自己坐在轮椅上也可以很方便地打开房门。进入房间，他发现床与床之间的距离特别大，轮椅可以很方便地在床之间回旋，窥视镜、空调开关以及疏散图片等的位置都比较低，坐在轮椅上就可以方便地使用。接着，甄先生去卫生间查看，发现卫生间内有很多扶手，有专用的淋浴轮椅，并配有手持式淋浴器……

当甄先生参观完房间后，行李员对甄先生说："您需要我帮您做什么吗？"甄先生很愉快地对行李员说："你们想得真周到。这儿很方便，我可以自己照顾自己。如果下次再来，一定还住你们饭店。自己能够照顾自己的感觉真好！"

问题：为什么甄先生对酒店的一切都感到满意？

分析提示：在旅游接待的客人中，既有一些有着共同需求的客人，也有一些具有特殊需求的客人，如带着孩子外出的客人、特别讨厌烟味的客人、残疾客人等。这些客人都有自己特殊的需求。饭店的设施、设备的配备应充分考虑这些客人使用的方便。本案例中的残疾人客房就是一个典型的例子，饭店完全站在残疾客人的角度设计的客房让独自外出的甄先生感到十分方便，并为自己可以照顾自己而感到由衷的高兴。这是饭店给予客人的意外惊喜，也体现了饭店的贴心设计及个性化服务。

3.2.2　旅游本质的心理学解释

心理学家奚恺元教授认为经济学的最终目标不是最大化财富，而是人们的幸福最大化。也就是说，人们到底是不是幸福，取决于许多和绝对财富无关的因素。他认为，除了绝对财富外，有两个因素影响我们的幸福。一是时间性的比较和社会的比较。人们通过与自己的过去进行比较以及与他人进行比较，如果结果对自己有利的话，就会产生幸福感。二是脉冲式的变化。舒适不是幸福的重要因素，如果一个人本身的生活水平不是特别高，但假如他的生活中时不时地有一些起伏变化，比如旅游、探险等，这些脉冲式的变化能使人感到更加幸福。奚教授的观点解释了为什么在社会、经济条件允许下，旅游成为大多数人的共同选择。

1）刺激寻求

个体对刺激的需要性接收和主动追求、厌恶单调的现象，在心理学上被称为**刺激寻求**（Sensation Seeking）。刺激寻求分为普通刺激寻求和高级刺激寻求，前者表现为对单纯物理刺激的需要心理和寻求行为，后者则是对具有情境性意义刺激的需要心理和寻求行为。

（1）人需要刺激

心理学的一些研究有助于我们理解刺激寻求问题。20世纪50年代，贝克斯登进行了刺激剥夺实验，他雇用一些大学生作为实验被试。在一间小的备有舒适的帆布床的隔音房间里，要求被试一直躺在帆布床上（除进餐和上厕所外）不做任何事情。房间里的灯是开着的，但被试戴着半透明的护目镜，看不到任何东西。其他装置使被试不能触摸物体或听到有规律的声音。起初，被试以睡觉来打发时间，两三天后，所有大学生都不干了，决意逃脱单调的实验环境。被试普遍感到无聊、不安，思维过程明显受到扰乱，智力测验的成绩大大下降，大量出现白日梦、幻觉，脑电波等生理方面也发生变化。总之，刺激剥夺实验导致人的活动全部失调，使被试烦恼不安，最终他们不顾自尊心和报酬方面的代价，发出立即释放的信号。

这个实验告诉我们：人们有追求刺激、紧张，以达到一种生理和心理上的激起、警醒状态的需要，而这种激起、警醒状态的存在是保持人身心正常的必要条件，并能够带给人快乐。

（2）人需要什么样的刺激

人的感觉器官在接受物理刺激时有这样的规律：落在同一感受器上的一连串相同（没有变化）的刺激，会导致后来的刺激效应减小，这种现象被称为感觉适应。只有刺激量的变化达到一定的量，人才能感觉到发生了变化，人能够感觉到变化的最小刺激变化量就是差别阈限。差别阈限等于刺激变化量比上原有刺激量，而这个比值近似为恒定分数。这种现象被称为心理物理定律，用公式表示为：

$S=algI$

式中：S为感觉量（亦称心理量）；I为刺激量；a为常数。

可以看出：刺激量呈对数变化时，感觉量（心理量）呈算术变化。

西方经济学中关于效用的理论同样有助于我们理解社会层面的刺激寻求现象。效用就是一种商品或服务能够给人带来多大的快乐。所谓边际效用，是指在消费者偏好不变的一段时间内，额外增加一单位商品或服务的消费，使总效用相应增加的数额。当连续不断消费某种商品或服务时，开始时总效用增加速度递增，在达到某一消费量时，继续增加消费某种商品或服务，总效用会递减。这就是边际效用递减律（见图3-5）。如果我们把"消费某种商品或服务"换成"刺激"，则与心理物理定律是吻合的。

人在满足刺激寻求的需要时存在适应现象。面对持续的同样刺激，人们会产生适应，变得"麻木"；只有当刺激强度增加幅度很大，或刺激种类发生变化时，人们才能进入激起和警醒状态，这种状态意味着刺激寻求需要的满足，使人实现身心快乐。

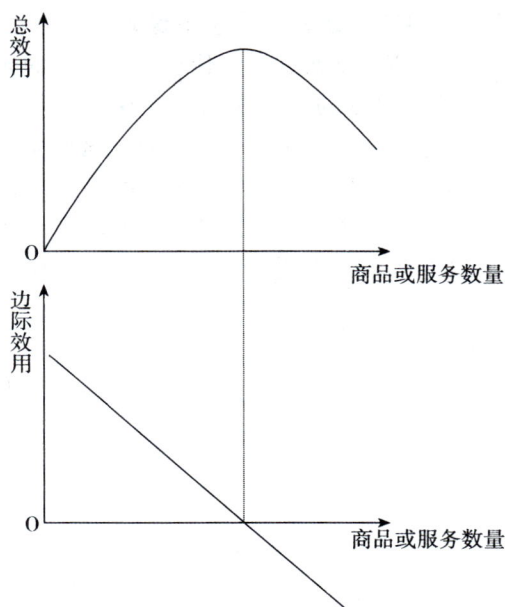

图3-5 总效用和边际效用曲线

（3）好奇心是高级的刺激寻求

人类的刺激寻求具体包括四方面内容：①寻求激动和冒险；②寻求体验；③放纵欲望；④厌恶单调。

能引起好奇心的刺激要具备"新奇性"（Novelty）与"复杂性"（Complexity）两个条件或两者之一，这两个条件是决定刺激物吸引力的基本因素。此外，好奇心可以分为两种：一种是扩散好奇心；另一种是特殊好奇心。前者没有一定的目标，是想获得各种各样信息。后者是对某一特定目标抱有追根究底的态度。

幼儿的好奇心表现为对周围环境的探索和操弄，其目标具有弥散性，属于扩散好奇心。成年人的好奇心则通常以旅游的方式表现出来，更具主动性和选择性，属于特殊好奇心。对幼儿而言，周围环境本身就具有"新奇性"和"复杂性"，足以满足其扩散好奇心。成年人要满足好奇心就困难许多，周围环境通常难以激发成年人好奇心，而自身的成熟和特有经历通常会使其形成特殊好奇心。所以，对很多成年人来说，要想满足这种特殊的好奇心，只好劳师远征、赴异地旅游，甚至远行探险。

2）刺激寻求与旅游

旅游是在一定经济条件下，以文化的形态表现出来的人性诉求。因此，旅游在根本上是一种主要以满足刺激寻求（以好奇心为核心）需要为目的的自娱过程，是人类社会发展到一定阶段时人类基本的活动之一。

（1）旅游本质与旅游特征

旅游有两大特征：异地性、暂时性。异地的未知性使其天然具有了神秘感，也就具有了"新奇性"和"复杂性"；而暂时性则避免了感觉适应问题。到他乡去，对旅游者构成了永恒的吸引力，千百年来一直强烈地诱惑着人们外出旅游。在旅游名胜区居住的人对身边的美景并不很感兴趣，或者说不像外来的游客那样感到有很大吸引力，甚至并不觉得有什么可看的，反而奇怪为什么有那么多的人来旅游。其中主要原因有两个：①心理距离太小，过度的功利介入，导致失去审美视角。布洛的审美心理距离说能很好地解释这一点。②"审美疲劳"现象。这些美景对于当地居民来说缺乏"新奇性"和"复杂性"，以至于不知道其美丽。由于天天见、日日接触，因熟视而变得无睹。他们"身在福中不知福"的原因是："不识庐山真面目，只缘身在此山中"，"处鲍鱼之肆，久而不闻其臭；处芝兰之室，久而不闻其香"。这就是前边谈到的"感觉适应"，人类的心灵就是这样。常言道："熟悉的地方没有风景"，说的就是这个道理。就旅游审美而言，"新奇性"和"复杂性"在某种意义上具有美的前提价值。在桂林长大的人也要出来游山玩水，不会居胜地而不游天下，他们出来旅游就是要寻找新奇和复杂。正所谓凡人羡仙境，仙人慕凡尘，其道理就在于此。

（2）现代生活与旅游

"身陷常规之网"（弗洛姆语）的人们一旦厌倦到一定程度，就需要新奇和变化来抵消由厌倦造成的心理紧张，显然旅游为寻求摆脱厌倦的人们提供了一种较为理想的刺激，它使人们得以变换环境、改变生活节奏，使生活丰富多彩。社会学家杜马兹迪尔认为，旅游是"可以让人们躲进第二现实的游戏"。以工作为中心的、在很大程度上可以预见的日常生活是"第一现实"，人们躲进以游憩为中心并缺乏可预见性的"第二现实"——旅游，既可躲避"单调的紧张"的压力，又给人以更多的想象的自由空间和现实的自由空间。旅游完成了人们"逃避"和"寻求刺激"的双重任务。

把以好奇心为核心的刺激寻求作为旅游的本质规定性能够解释主要的旅游形式，如观光、求知、探险、奇遇、更换环境等。刺激寻求是人类共同的需要，但是在强烈程度及满足方式上存在个体差异。不同个体的刺激寻求的强烈程度不同，有的人求新、喜欢冒险，而另外一些人可能更喜欢去相对熟悉的地方旅游、度假。后者只需要较弱、较少的新异刺激就可以满足其刺激寻求需要，如果新异刺激过强反而会产生恐惧等痛苦体验；而前者正相反，新异刺激数量不多、复杂度不够、差异不大，就不足以满足其刺激寻求需要。

3）旅游本质的复杂性

要认识旅游的本质，首先需要明确现象的本质。辩证唯物主义认为，本质是指事物固有的，决定事物性质、面貌和发展的根本属性，是事物内在的、最终极的、最具区分度的特征，是决定该事物与其他事物相区别的内在根据。世界上事物千差万别，都是事物的本质使然。旅游本质就是旅游之所以称为旅游而与其他行为相区别的内在根据。在上面的典型的旅游本质论中所提出的旅游本质虽都是旅游的属性，但并不是旅游之所以是旅游而与其他事物最具区分度的特征。

旅游学的研究对象是旅游者行为，从旅游行为里面探寻旅游的本质是必然的。下一步就是对旅游行为进行分类，本质存在于旅游行为的核心类别中。

旅游行为可分为旅游体验行为、旅游消费行为、旅游社会行为、旅游文化行为等。其中旅游体验行为是核心。本书认为旅游体验行为可以分为两大类，即刺激体验和安乐体验。后者对应的是休闲度假旅游，休闲度假旅游追求的是身心放松和调适，要求简单、美好，要达到"安乐"状态。而前者追求激动、强烈、复杂、深刻等，寻求"刺激"，要达到"快乐""痛快""沉浸""震撼"等状态。它更强调"得"。依据旅游体验的类型可以把旅游分为两大类型，即观光游和度假游，前者主要行为特征是探索，后者是休闲以达成身心调适。对旅游的这种基本分类完全与常识契合（见图3-6）。

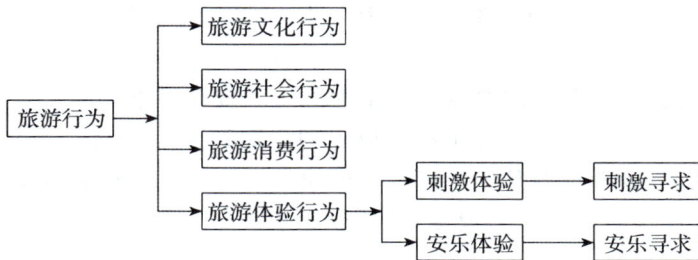

图3-6　旅游行为和旅游本质

　　现在，我们可以得出结论：旅游这个"大筐"里装着两个性质不同的东西，就是观光游和度假游。它们的动机和目的是不同的。前者追求安适，后者追求刺激。所以可以说：旅游的本质有两个，就是"安乐寻求"和"刺激寻求"。

　　"安乐"一词出自中国著名儒家典籍《孟子》，选自《孟子·告子下》："入则无法家拂士，出则无敌国外患者，国恒亡，然后知生于忧患，而死于安乐也。"这里的"安乐"可理解为"安逸享乐"的意思。现代汉语中"安乐"多指"安宁快乐"。本书提出的"安乐寻求"，是相对于"刺激寻求"的，这里的"安乐"是要身心放松和调适，要求简单、美好，最主要强调的是一种心理状态，即内心的宁静（Inner Peace），是要达到一种"宠辱不惊，看庭前花开花落；去留无意，望天上云卷云舒"的心醉神迷的状态。所以安乐寻求是指：寻求身心放松，尤其是内心的宁静感。而所谓宁静感恰恰是一种无感状态，人的身心呈现一种极其和谐的平衡状态。

　　刺激寻求在心理学上是指个体对刺激的需要性接收和主动追求、厌恶单调的现象。刺激寻求可分为普通刺激寻求和高级刺激寻求，前者表现为对单纯物理刺激的需要心理和寻求行为，后者则是对具有情境性意义刺激的需要心理和寻求。通过20世纪50年代心理学家贝克斯登的刺激剥夺实验可以知道：人们有追求刺激、紧张以达到一种生理和心理上的激起、警醒状态的需要，而这种激起、警醒状态的存在是人保持身心正常的必要条件，并能够带给人快乐。刺激寻求就是要追求激动、强烈、复杂、深刻等从而达到"快乐""痛快""沉浸""震撼"等状态，打破生活世界中的"单调的紧张"的状态。高级的刺激寻求以满足好奇心为目的，具有新奇性和变化性，也就是求新、求异，可以通过求知、探险、奇遇等方式来满足。刺激寻求过程实质上是旅游者的自我重新建构过程。

　　以往的研究通常在探索性旅游上探寻旅游的本质，却总是被休闲性旅游所推翻，二者从来没有被兼顾，现在我们解决了这个问题。它们不存在共同内在动机特征（有共同的外在特征：异地性和暂时性），自然也就无法找出共同的本质。体验这个"筐"太大，如果把体验作为它们的共同内在特征（其实体验不是什么事物的特征，它是一种现象）则没有到达终极核心，因为体验有不同的类型，每一种类型都有自己的内核。旅游本质难以确定，除了旅游研究对象没有确立之外，探究旅游的单一本质也是一个主要原因。如果把"暂时性和异地性"这个旅游的外在特征作为边界，以体验为内在目的，那么旅游这个"筐"里就装有两种东西，它们是性质完全不同的两类旅游形态，即观光游和度假游。旅游这个"筐"里既有"鱼"，又有"熊掌"，"鱼"是观光游，"熊掌"是度假游，其对应的旅游体验分别是刺激体验和安乐体验。刺激体验的本质（终极核）是"刺激寻求"，休闲体验的本质（终极核）是"安乐寻求"。

如果把人生看作一个波谱的话，处于两端的"刺激寻求"和"安乐寻求"是旅游的本质，而中间部分则表示除了旅游以外的一切日常生活世界（如图3-7所示）。这里我们可以看出旅游世界是生活世界的极端。因此，可以把旅游定义为：旅游是个体利用余暇时间前往异地以达成"刺激寻求"或"安乐寻求"为目的的短暂经历。

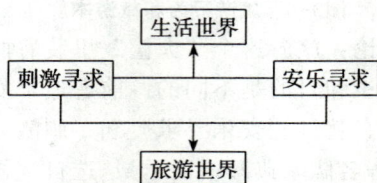

图3-7　旅游世界与生活世界的关系

旅游区别于生活世界的本质特征是刺激寻求和安乐寻求，这并不是说生活世界中完全没有刺激和安乐，只是在旅游世界中这两种需求最容易得到满足。

学习微平台

延伸阅读3-2

教学互动 3-1

互动问题：
①旅游世界与生活世界的主要区别在什么地方？
②二者存在什么关系？
互动要求：同"教学互动1-1"的"互动要求"。

同步业务 3-1

背景资料：人离开自己温暖、舒适、安全的家而选择外出旅游；在旅游过程中，其选择的又往往是冒险而不是简单而平淡的安全。例如，在爬一座山时，有些旅游者不去选择好走的路，而是选择险峻的小径攀登。还有人选择徒手攀岩、徒手攀登高楼、乘热气球环球飞行、徒步南极等旅游项目。

业务问题：在此种情况下，旅游业工作者如何理解并在自己的职业行为中给予配合？

业务分析：首先，要用人类与生俱来的好奇心来解释这类现象。好奇心所产生的心理紧张，使得人们要通过了解、探索、发现、理解、掌握甚至最终达到控制来加以解脱。旅游中的各种形式是满足上述需要的最好方式之一，这样我们就解释了上面提及的现象。其次，旅游项目建设必须以满足旅游者好奇心为最大目标，在旅游过程的程序安排上要制造悬念。旅游过程就像悬疑片，新、奇、怪是它的最大卖点。

3.2.3　旅游动机产生的客观条件

人类的基本需要以及好奇心等是人们产生旅游行为的内在动力，也可以说是主观条件，但如果不具备一定的客观条件，人们的旅游行为最终也不会发生。旅游动机产生的客观条件有：

1）经济条件

旅游是一种消费行为，需要有一定的经济基础，有支付各种费用的能力。当一个人的经济收入仅能够维持其基本生活需要时，他就不会有更多的财力去支付旅游的开销，也就不能产生外出旅游的动机。经济越发达，国民收入越高的国家和地区，外出旅游的人数就越多；反之就越少。有关统计资料表明，当一个国家或地区国民生产总值达到800~1 000美元时，国民将普遍产生国内旅游动机；达到4 000~10 000美元时，将产生国际旅游动机。

2）时间条件

时间条件指人们拥有的余暇时间，即在日常工作、学习、生活及其他必需时间之外，可以自由支配、从事消遣娱乐或自己乐于从事任何其他事情的时间。旅游需要占用一定的时间，一个人没有余暇时间和属于自己休养的假期，不能摆脱繁重的公务或家务劳动，就不可能外出旅游。我国已经实行每周五天工作制，一些单位还实行"旅游假"制度，人们自由支配的时间增多了，这对旅游动机的产生起着很重要的作用，外出旅游的人也越来越多了。

3）社会条件

社会条件主要指一个国家或地区的经济状况、文化因素以及社会风气等方面。旅游作为现代人的一种生活方式，不可能脱离开社会背景而单独存在。首先，一个国家或地区的旅游发达程度同这个国家或地区的经济水平成正比。只有当整个国家或地区的经济发达时，才有足够的实力改善和建设旅游设施、开发旅游资源、促进交通运输业的发展，从而提高旅游综合吸引力和接待能力，激发人们旅游的兴趣和愿望。其次，团体或社会压力也能影响人们的旅游动机。比如，单位集体组织的旅游活动，或是奖励旅游行为等，对个体参加旅游活动都有一定的吸引力，使人们不自觉地产生旅游愿望，并进而产生旅游行为。最后，社会风气也能影响人们的旅游动机。同事、朋友、邻居的旅游行为及旅游经历往往能够相互感染，或者形成相互攀比心理，使人们产生同样外出旅游的冲动，形成一种效仿旅游行为。

同步思考3-1

资料：国家旅游局公布的数据显示，全国参加红色旅游人数由2004年的1.4亿人次增至2016年的11.47亿人次，年均增长超过16%，其中青少年游客数量累计达32亿人次。全国每年出行人口中，每4人中就有至少1人选择红色景点。红色旅游这种传承文明、振奋精神、增加阅历的旅游形式，正在旅游市场持续升温。按照《2016—2020年全国红色旅游发展规划纲要》中提出的目标，到2020年，中国红色旅游年接待人数将突破15亿人次。

问题："红色旅游"从早年的默默无闻，到如今的备受关注，可能的原因有哪些？

试根据本章的有关原理进行分析。

理解要点：旅游的本质有两个，就是"安乐寻求"和"刺激寻求"。在过去，红色旅游的核心环节就是参观有关的场馆或遗迹，听讲解员讲解，内容单一，且严重缺少相关的旅游配套。近年来，随着国家对红色文化资源开发的日益重视，红色旅游的发展迎来了空前的发展机遇期，旅游形式和活动逐渐多样化、立体化，相关配套日臻完善，这些都充分满足了游客"安乐寻求"和"刺激寻求"的需要。尤其是习近平总书记于2021年6月提出"红色资源是我们党艰辛而辉煌奋斗历程的见证，是最宝贵的精神财富……我们必须始终赓续红色血脉……把革命先烈流血牺牲打下的红色江山守护好、建设好"的要求以后，红色旅游必将在未来继续迈上一个新台阶。

3.2.4 旅游动机的分类

人们外出旅游的动机常常是多种多样的，这一方面是因为人们的需要是复杂多样的，另一方面也因为旅游本身就是一种复杂的象征性行为，是一项综合性的社会活动。因此，对旅游动机的分类可以从不同的角度来进行。

1）日本学者的分类

在《日本的旅游事业》一书中，介绍了日本的田中喜一先生和今井省吾先生对旅游动机的分类。

（1）田中喜一先生对旅游动机的分类

① 心理动机：思乡心、交游心、信仰心。

② 精神动机：知识的需要、见闻的需要、欢乐的需要。

③ 身体动机：治疗的需要、修养的需要、运动的需要。

④ 经济动机：购物的目的、商业的目的。

（2）今井省吾先生对旅游动机的分类

① 消除紧张的动机：变换气氛，从繁杂中解脱出来，接触自然。

② 充实和发展自我的成就动机：对未来的向往，了解外部未知的世界。

③ 社会存在的动机：朋友之间的友好往来，家庭团聚，从众心理等。

2）美国学者的分类

（1）美国学者麦金托什提出基本旅游动机可分为四种类型

① 生理因素诱发的动机：身体的放松，包括参加体育活动、海滩消遣、娱乐活动以及对健康的种种考虑。

② 文化因素诱发的动机：获得有关其他国家知识的愿望，包括它们的音乐、艺术、民俗、舞蹈、绘画和宗教。

③ 地位和声望因素诱发的动机：想要被人承认、引人注意、受人赏识和具有好名声的愿望。

④ 人际因素诱发的动机：结识各种新朋友，走亲访友，避开日常的例行公事以及家庭或邻居，或建立新的友谊的愿望。

（2）美国的奥德曼把旅游动机分为八个方面

① 健康的动机：使身心得到调剂和保养。

② 好奇的动机：对文化、政治、社会风貌和自然景色等的观赏或考察。

③ 体育的动机：一种是亲自参与的，包括狩猎、球类、集体比赛、滑雪等；一

种是观看的，包括田径赛、各种球赛和赛马等。

④ 寻找乐趣的动机：游玩、文艺、娱乐、度蜜月、赌博等。

⑤ 精神寄托和宗教信仰的动机：朝圣、宗教集会、参观宗教圣地以及欣赏戏剧和音乐等。

⑥ 专业或商业：科学探险和集会、公务或商务旅行、教育活动等。

⑦ 探亲访友：寻根、回国以及家庭联系等。

⑧ 自我尊重：受邀请或寻访名胜。

（3）达恩的推−拉理论

达恩认为旅游者外出旅游并不仅仅受自身需要的推动，还受外界环境的吸引，因此，他提出旅游动机的推−拉理论。推的因素是指由于不平衡或紧张引起的动机因素或需求，它促使旅游愿望的产生，是内在的；拉的因素由旅游者对吸引物和旅游目的地属性的认识所产生，影响目的地的选择。克朗普顿支持达恩的观点，并提出推动型动机包括七种社会心理动机：逃避世俗环境、寻找自我和评价自我、放松、声望、回归、增进亲友关系以及加强社会交往；拉动型动机包括两种社会文化动机：新奇和教育。而后，马奈尔和埃索·阿荷拉也提出了与达恩的推−拉理论相似的动机模型：逃和寻。"逃"指离开日常环境的愿望；"寻"指通过相对照的环境旅游获得内在的心理回报的愿望。不过，埃索·阿荷拉把"拉"理解为内在的利益，而达恩把"拉"定义为旅游目的地的吸引力。

课程思政 3−1

让抱怨的顾客惊喜

背景与情境：4 名来自欧洲的 MBA 学员到位于美国亚利桑那州菲尼克斯的丽思·卡尔顿酒店参加服务营销理论研讨会。他们想在即将离开酒店前往机场的那个晚上到酒店的游泳池里放松地度过几个小时。但是，当他们下午来到游泳池时，被礼貌地告知游泳池已经关闭了，原因是为了准备晚上的一个招待会。这些学员向招待员解释说，晚上他们就将回家，这是他们唯一可以利用的一点时间了。听完他们的解释后，这个招待员让他们稍微等一下。过了一会儿，一个管理人员来到他们身旁解释道，为了准备晚上的酒会，游泳池不得不关闭。但他接着又说，一辆豪华轿车正在大门外等着接待他们，他们的行李将被运到附近的比特摩尔酒店，那里的游泳池开放，他们可以到那里游泳。至于轿车费用，全部由本店承担。这 4 名学员感到非常高兴。这家酒店给他们留下了非常深刻的印象，也使他们乐于到处传颂这一段服务佳话。

问题：从思政的角度研判本案例。

研判提示：从法律上讲，酒店没有义务免费安排客人去其他酒店游泳，但是丽思·卡尔顿酒店却这么做了，让客人感动和惊喜。帮助客人达成其动机性行为是服务业的宗旨，义务之外的企业行为让人想到人性关爱，体现出的是企业道德素养。

3）旅游动机的整合

旅游动机的推−拉理论被学者们广泛地接受和应用，他们进一步提出了各自的观点。福德尼斯认为研究旅游动机的理论缺乏整合，因此，他把旅游动机整合成了一个功能框架，包括："知识"功能（文化和教育目的）、"功利"功能——"最低限度的惩罚"（逃避或避免刺激）、"享乐"功能——"最大化的奖励"（寻求快乐和情感愉悦）、表现价值的功能、"自我尊重和自我增进"的功能（社会威望）。他从旅游市场营销的角度提出，必须根据旅游者的需要来设计和销售旅游服务和附属产品。塞斯·古森斯提出享乐旅游动机模型，特别强调"推"和"拉"的关系，并着重突出旅游者情感因素的作用。他指出，旅游者被自己的情感需要所推动，被自身的情感利益所拉动。

（1）迈勒等的新推-拉理论

迈勒等提出两种主要的推动和拉动型因素，即个人因素和人际因素。他们提出，人们旅游的动机是摆脱现实中的个人或人际矛盾，并获得个人与人际关系补偿和回报（见图3-8）。旅游所带来的个人回报主要有自主决策、能力意识、挑战、学习、探险和放松，而人际关系的回报则源于社会交往。

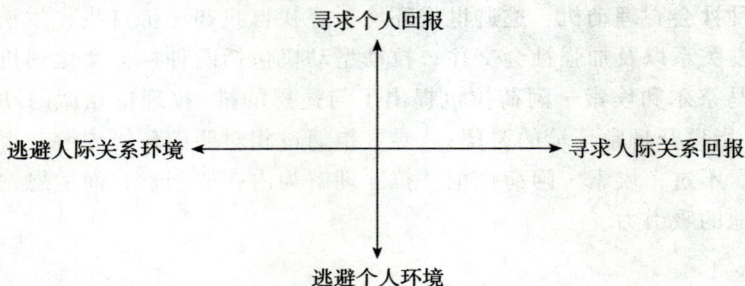

图3-8　旅游动机的逃避-寻求维度

（2）普洛格旅游动机模型

普洛格提出的旅游动机模型被广泛使用。普洛格对旅游者进行两个维度的划分：激进-温和维度、精力维度。相对较激进的旅游者喜欢新奇的目的地、自由行而不是跟团游，并且更多地融入当地文化。温和型的旅游者更倾向于熟悉的目的地、跟团游和常规旅游区。后来普洛格引入了精力要素，精力旺盛的旅游者偏爱较多的活动，而精力缺乏者则倾向于较少的活动。实证研究发现，大多数人既非激进型也非温和型，而是"折中型"——介于两者之间。

同步案例3-2

毕业旅行成为毕业生"标配"活动

背景与情境： 2017年6月，自由行服务平台马蜂窝发布了《"毕业焦虑综合征"：2017毕业旅行报告》，依靠马蜂窝大数据平台及面向数千名用户的调查问卷，从毕业旅行动机与方式的视角，诠释了95后一代毕业生的青春与焦虑——"焦虑"背后这一深层次心理，影响着他们在毕业旅行中的心理动机、旅伴挑选、目的地选择、预算制定等，使这一代人的毕业旅行呈现出别样、鲜明的时代特征。

在这些站在人生节点上的年轻人眼中，旅行是行之有效的缓解"毕业焦虑"的方式。大数据显示，旅行是85.6%毕业生的共同选择，已然成为"毕业刚需"。大部分毕业生认为，毕业旅行并不是单纯的放纵，亦不是流于表面的形式，它确实能帮助他们释放压力，调整心态，鼓起勇气面对未知的人生。

"毕业焦虑综合征"：最大焦虑来源是即将到来的未知。购房、买车、还贷、升职——这些元素构成了大多数都市人的日常焦虑，大众将其称为"青年危机"或"中年危机"。而"毕业焦虑"这一属于青春的迷茫与不安，始终未受到足够重视。马蜂窝调查结果显示，"对即将到来的未知感到不安""找不到满意的工作或没进入理想的大学""对未来完全没有规划"，被毕业生们选为三大主要焦虑来源。

89.3% 的应届毕业生（含高中和大学）认为自己感到焦虑，同时 85.6% 的人有毕业旅行计划——两个群体高度重合。他们共同认为，毕业时的焦虑程度，并不亚于踏入社会后的生存压力所带来的焦虑，而毕业旅行成为他们缓解焦虑的重要方式。

越来越多的毕业生将毕业旅行视为一项"标配"。在蜂窝问答平台上，共有 2 998 个关于毕业旅行的提问，同时，2017 年的新增提问数量较 2016 年同比增长了近 19%。在所有缓解焦虑的方法中，"吃吃吃"和"买买买"被视为最轻松也最有效的方式，分别有超过 62.9% 和 52.4% 的人勾选了它们，而相当一部分毕业生选择在旅行中完成这两件事。

问题：根据本章的有关理论分析，毕业旅行为何成为当代毕业生（包括高中生和大学生）的新宠，甚至成为毕业生活动的"标配"？毕业生选择毕业旅行的可能动机都有哪些？

分析提示：根据迈勒的旅游动机理论，可以认为毕业生旅游的动机是摆脱现实中的个人或人际矛盾，并获得个人与人际关系补偿和回报。旅游所带来的个人回报主要有自主决策、能力意识、挑战、学习、探险和放松，而人际关系的回报则源于社会交往。

资料来源　佚名. 马蜂窝2017毕业旅行报告：大数据洞悉毕业旅行趋势与动机［EB/OL］.［2017-06-08］. http://www.dotour.cn/article/29171.html.引文略有改编.

同步思考3-2

问题：人们为什么要选择旅游这种方式从自己生活的现实中"逃脱"出来？

理解要点：有人把生活中的现实称为第一现实，而把旅游称为第二现实（有暂时性和半虚拟性）。旅游这种"出逃"方式只是一种暂时现象，是"精神放风"。旅游既能满足人的"出逃"需要，又不会对第一现实构成破坏，反而会增强人对现实的适应性，同时，旅游本身的价值（社会、文化、经济等方面效应）又为社会所推崇。这就是为什么今天人们多选择这种方式"出逃"。

同步业务3-2

在校大学生旅游动机调查问卷

您好！首先感谢您帮助我填写本问卷。我是××职业技术学院2020级旅游管理专业的学生×××，关于大学生旅游动机，我想请问您几个问题。本问卷为匿名作答，所有信息与答案只是用于本人论文研究，本人会确保信息的保密性。问卷也许会耽误您几分钟的时间，但仍然希望您能够支持并协助我完成这份调查问卷。谢谢！

A.您的性别：（　　　）

B.您所学的专业是什么？（　　　）

C.您是几年级的学生？（　　　）

D.您觉得最近学习压力如何？（　　　）

a.很大　　　　　　b.一般　　　　　　c.很小　　　　　　d.基本没有

E.您喜欢旅游吗？（　　　）

a.非常喜欢　　　　b.比较喜欢　　　　c.一般　　　　　　d.不喜欢

F.您一般选择在什么时候旅游？（　　　）

a.寒暑假或者国庆等长假　　　　　　b.周末

c.平时有空　　　　　　　　　　　　d.任何时候

G.您一般选择哪一种旅游方式？（　　　）

a.随团游　　　　　b.家庭游　　　　　c.与好友结伴游　　d.自助游

H.您喜欢哪种旅游类型？（　　　）

a.民俗风情游　　　b.名胜观光游　　　c.休闲度假游　　　d.红色老区游

I.您选择的旅游目的地一般位于何处？（　　　）

a.学校所在市　　　b.省内其他地方　　c.国内其他省份　　d.国外

J.您通常会选用哪种交通工具旅游？（　　　）

a.飞机　　　　　　b.火车　　　　　　c.轮船　　　　　　d.汽车　　　e.其他

K.您出游主要考虑因素的是什么？（　　　）

a.价格　　　　　　b.时间　　　　　　c.个人喜好　　　　d.景点　　　e.其他

L.您的旅游费用主要来自何处？（　　　）

a.生活中的节省　　b.家长的资助　　　c.兼职薪水　　　　d.学校奖励　e.其他

M.您一次旅游的预算费用一般是多少？（　　　）

a.1 000元以下　　b.1 000~3 000元　　c.3 000~5 000元　　d.5 000元以上

N.您旅游时哪方面的消费最多？（　　　）

a.门票　　　　　　b.饮食　　　　　　c.交通　　　　　　d.住宿

e.购物　　　　　　f.其他

O.您每次旅游的时间一般要多长？（　　　）

a.1~3天　　　　　b.3~5天　　　　　c.5~7天　　　　　d.多于一个星期

P.您外出旅游的主要需求是什么？（　　　）

a.生理需要　　　　　　　　　　　　b.安全需要

c.情感和归属的需要　　　　　　　　d.尊重的需要

e.自我实现的需要　　　　　　　　　f.其他需要

Q.您的旅游信息来自何种渠道？（　　　）

a.旅行社咨询　　　　　　　　　　　b.网络搜索

c.亲朋好友介绍　　　　　　　　　　d.电视、广告宣传

e.校园内旅游宣传　　　　　　　　　f.其他

R.您出游的最大问题何在？（　　　）

a.资金不足 　　　　　　　　　　　b.时间不足

c.旅游路线不吸引人 　　　　　　　d.没有合适的出游伙伴

e.父母不允许 　　　　　　　　　　f.其他

S.您旅游都去过哪里？（　　　）

a.本地 　　　　　b.外地 　　　　　c.外国 　　　　　d.哪都没去过

T.您最近有外出旅游的计划吗？（　　　）

a.有 　　　　　b.没有 　　　　　c.正在考虑

资料来源　佚名.在校大学生旅游动机调查问卷〔EB/OL〕.〔2011-11-28〕.http：//www.lwfree.cn/Article/yixuelunwen/201110/11352.引文略有改编。

▶◀ 本章概要

　□ 内容提要

　本章探讨了旅游需要和旅游动机以及二者的关系。需要有五个特征：对象性、紧张性、驱动性、层次性和发展性。旅游需要的理论方面主要介绍了马斯洛的需要层次论，单一性需要和复兴需要以及好奇心。旅游动机理论主要介绍了国内外学者的相关研究成果。

　□ 主要概念和观念

　▲ 主要概念

　动机　旅游动机　需要　单一性需要　复杂性需要　好奇心　刺激寻求

　▲ 主要观念

　需要理论　旅游动机理论　旅游本质观点

　□ 重点实务

　在校大学生旅游动机调查问卷

▶◀ 基本训练

　□ 知识训练

　▲ 复习题

　（1）如何理解旅游需要单一性与复杂性的平衡？

　（2）什么是旅游动机？它有哪些种类？

　（3）如何理解推-拉理论？

　▲ 讨论题

　（1）你如何理解学术界对旅游本质的争论？

　（2）讨论需要和动机的区别和联系。

　□ 能力训练

　▲ 理解与评价

　本书作者提出旅游的本质是刺激寻求和安乐寻求，它们的含义完全相反。这在逻辑上说得通吗？

　▲ 案例分析

【训练项目】

案例分析-Ⅲ。

【相关案例】

我们就是冲这个来的

背景与情境：小杨的旅游团队到长沙之后，游客为先去什么地方游览发生分歧。小杨召开全团会议，希望能求得一个"平衡"。

刘太太先发言，她说："我们报名时就看中了举世闻名的马王堆，我们就是冲着它来的，我们的意见是应该先去马王堆出土文物展览馆。"她的话立刻得到一部分游客的响应。

小杨心想："中心人物"应该是团长欧阳先生，是不是现在刘太太取代欧阳先生了？要不，为什么她第一个发言，又得到其他客人的响应呢？可是——也不像。响应她的客人只占全团人数的三分之一呀。

李先生第二个发言，他说："我们是从事教育工作的，我们到长沙就是为了看岳麓书院。它在中国的教育史上的地位是人所共知的。听我朋友说过，这个书院很大，所以我们明天应该先去岳麓书院，要不然时间肯定不够。"

李先生的话得到近一半游客的响应。小杨想：新的"中心人物"是李先生？也不像。如果是他，刘太太恐怕不会第一个跳出来说话。

欧阳先生站起来了，他说："我们为什么这一次带着小孩来长沙？就是为了让他们看看毛主席当年在长沙从事革命活动的地方，让他们受教育，让他们知道今天的幸福生活来之不易。革命圣地当然应该优先安排……"

欧阳先生话音未落，就有人响应："对，革命圣地当然应该优先安排！""橘子洲头就应该先去！毛主席的《沁园春·长沙》写的不就是这个地方吗？'独立寒秋，湘江北去，橘子洲头……'你们说是不是？"

小杨闻到一点"火药味"了。他当机立断，对大家说："大家的要求我都明白了，现在请大家回房间休息。我和地陪讨论一下，在少走弯路、节省时间的前提下，尽量满足大家的要求。"

资料来源　佚名. 我们就是冲这个来的［EB/OL］.（2006-08-18）［2013-05-23］. http：//www.examw.com/dy/fuwu/zhidao/11690.

问题：

（1）请以本章所学的有关理论解释旅游者在旅游项目安排上的差异。

（2）导游该如何平衡？

【训练要求】

同第1章"基本训练"中本题型的"训练要求"。

▲ 自主学习

【训练项目】

自主学习-Ⅱ。

【训练步骤】

（1）将班级同学组成若干"自主学习"训练团队，每队确定一人负责。

（2）各团队根据训练项目需要进行角色分工。

（3）通过校图书馆、院资料室和互联网，查阅"文献综述格式、范文及书写规范要求"和近三年关于"旅游者的旅游动机"研究的前沿学术文献资料。

（4）综合和整理"旅游者的旅游动机"研究的前沿学术文献资料，依照"文献综述格式、范文及书写规范要求"，撰写《"旅游者的旅游动机"最新文献综述》。

（5）在班级交流各团队的《"旅游者的旅游动机"最新文献综述》。

（6）在校园网的本课程平台上展出经过修订并附有教师点评的各组《"旅游者的旅游动机"最新文献综述》，供学生相互借鉴。

☐ 课程思政

【训练项目】

课程思政－Ⅲ。

【相关案例】

酒店美容中心的盗窃案

背景与情境： 周末的傍晚，某酒店大堂内客人熙熙攘攘、川流不息，显得相当热闹。19点左右，有一男一女两位顾客手拉着手一起走进美容中心要求做美容，因为客人很多，只有一间空房，就只能给女子先做，男子在房内陪着女子说话。看他们的亲热程度，服务人员以为他们是一对夫妻或者情侣，因此也就没有请男子到外面去等候。过了一会儿，那男子走出房间从美容中心的后门出去上了趟洗手间，等他回来后他好像不记得刚才在哪个房间了，连续推开几间房的房门向里面张望，被在场的服务员礼貌制止。该男子进入与其同来的那个女子的房间，继续他们的谈话。这时那女子正在做面部按摩，她一边闭着双眼，一边与那男子搭腔，那舒服劲儿使她有一种昏昏欲睡的感觉。又过了一会儿，那男子把该女子的手袋拿起来从容地走出了小房间，之后径直走出了美容中心的后门。此时服务员正忙着做按摩，也没刻意去查问他为什么又出去，为什么拿那女子的手袋，反正他们是熟人，甚至还可能是夫妻或者情侣。当女子做完面部美容从床上起来后才发现自己的手袋不见了，服务员说手袋被与她同来的男子拿走了，她大惊失色，立即叫服务员帮助报警。原来他俩只是当天下午在沿江路的一家酒吧认识的。

资料来源　佚名. 美容中心的盗窃案［EB/OL］.［2011-06-07］. http://www.docin.com/p-216901544.html.

问题：

（1）这位女子手袋丢失，服务员有什么责任？

（2）服务员为什么没有对那位男士产生防范心理？

（3）从职业规范角度，案例中的服务员应该怎样做？

【训练要求】

同第1章"基本训练"中本题型的"训练要求"。

第4章 旅游者态度

● 学习目标

通过本章学习，应当达到以下目标：

职业知识：学习和把握态度的含义、构成、特点与形成过程，态度对旅游行为的影响，行为对态度的影响，态度与旅游决策及旅游偏好，影响旅游者态度改变的因素，改变旅游者态度的策略，以及"补充阅读资料"和"延伸阅读"等"旅游者态度"的理论与实务知识；能用其指导本章"同步思考"和"基本训练"的"知识训练"中各题型的认知活动，正确解答相关问题。

职业能力：点评"态度和行为之间的关系"，训练专业理解力与评价力；运用本章知识研究相关案例，训练对其特定情境下当事者行为的"多元表征"专业能力和"与人交流"通用能力；通过"改变旅游者态度的策略运用"实践操练，训练相应专业技能和"团队协作"、"解决问题"等通用能力。

课程思政：结合本章教学内容，依照相关规范或标准，对"课程思政4-1"和章后"课程思政-Ⅳ"中的企业及其从业人员行为进行思政研判，培养高尚的道德情操，树立社会主义核心价值观。

学习微平台

思维导图4-1

引例：迪士尼是如何提高游客满意度的

背景与情境： 迪士尼是一本生动的教科书，在课堂上学到的理论，在这里都可以找到生动的例子，甚至相比书本，迪士尼有过之而无不及。阅读一些论文的时候，你会发现有很多服务管理方式都是迪士尼的首创。迪士尼做的一切都是希望能最大限度地为所有游客创造欢乐，提高游客的满意度。

在迪士尼工作的3个月里，令我感受最深刻的是迪士尼有些令人难以理解的服务补救措施，它不计代价，只为游客创造最愉快的经历。下面用工作中的几个例子加以说明：

1）商品退换

游客在迪士尼商店里购物，如果对商品不满意，他们可以在全世界任意一家迪士尼商店里退换，甚至可以没有收据，甚至商品已经破损。

有一次，在我工作的商店里，一位客人说她买的手持电风扇上的电池盖子丢失了，希望我们能帮她找一个盖子。我把这件事告诉了经理，经理直接说你可以给她换一个新电扇。于是，我拿了一个新电扇给她，她感到很吃惊，同时很惊喜，很激动地握着我的手说："我会记住你的名字的，这真的是很神奇。"我知道对她来讲那是很惊喜的一刻，对我来说也是同样的，我很难忘记那一刻体现自我价值的喜悦。相信所有的迪士尼员工都很享受这种为别人提供优质服务、被人赞扬的喜悦。而那位顾客也一定会向更多人提及她在迪士尼的难忘经历，并会成为迪士尼的忠实顾客。这样的例子不胜枚举。曾有一次，遇到一对母子，小孩子很伤心，问他们怎么了，原来是他们买的一个荧光棒不亮了，当时我的同事就给他们拿了一个新的。在迪士尼，员工是有权力这样做的，只要能够使客人高兴，迪士尼的一线员工被充分授权。

2）食物退换

在我工作的迪士尼快餐店，如果客人不慎将食物掉在地上，他们可以告诉工作人员再要一份，而工作人员只要说一声，厨房就会立即新做一份。迪士尼鼓励员工主动提供这样的服务。比如说，有一次在商店里，看到一个小孩子的冰淇淋掉在了地上，我们就告诉他，你可以去冰淇淋店再要份新的，于是他的家长很开心地感谢了我们，然后去拿新的冰淇淋了。这看起来很容易让一些人钻空子，但是迪士尼更看重的是让顾客高兴。

3）顾客抱怨

因为服务的特点，再出色的服务也会有令人不满意的地方，为此迪士尼推出了优惠券，作为顾客抱怨的服务补救。

由于天气等特殊原因，可能会导致烟花或者游行等无法举行，这会使本来对此充满期待的游客感到失望，一些游客甚至会到客服中心抱怨。而客服中心为了减少或消除顾客的消极情绪，可能会给他们一张优惠券，依据事件发生的具体原因等，满足顾客的一些要求。有的顾客可能希望要一张免费的门票，有的可能是两件T恤衫等。而游客拿着这张优惠券，就可以在迪士尼的商店拿到相应的物品。我曾经遇到一位客人和我抱怨说她给女儿买的公主服质量不好，并要求和经理谈谈。而我的经理在了解情况之后，根据那套服装的价格，为她开出了一张优惠券，她们又重新选了一件服装，满意地离开了。迪士尼的每一位经理以及协调员都有权利开出这样的优惠券，只为能让客人开心。

4）其他

上面提到，在天气恶劣的情况下，可能会取消游行等。但是如果下的是小雨，迪士尼会有雨中游行的方案，同样非常精彩。如果游客不小心在公园里丢失物品，并和迪士尼的失物招领处取得联系，迪士尼找到后可以帮游客寄到家里。迪士尼的商品如果有一点破损或是污垢，一定会单放在"有破损"的一类物品里，因为迪士尼不想让客人买有缺陷的商品回去，令客人失望。诸如此类的服务补救，迪士尼做了很多。

迪士尼的回头客在游客总数中占的比例相当高，而这种顾客忠诚无疑为迪士尼创造了更大的利润，相比之下，服务补救所付出的成本，只不过是凤毛麟角。迪士尼的服务补救，让我看到了迪士尼对客人的态度，正是这种态度为迪士尼带来了良好的口碑。

资料来源　庞文文. 迪士尼的服务补救［EB/OL］.（2012-10-31）［2013-05-17］. http：//www.cotsa.com/News/T-45549.

问题：

（1）迪士尼为什么那么大方地吃"眼前亏"？

（2）迪士尼的服务对游客的态度产生什么影响？

（3）如何理解口碑在服务业的重要性？

迪士尼对客人的态度非常好，让人感觉它的经营行为完全站在消费者的角度，正是这种态度为迪士尼带来了良好的口碑，而口碑则带来了市场。消费者以忠诚回报迪士尼的好态度。怎样建立消费者的好态度，怎样扭转不好的态度，怎样稳固好态度，这些是本章要探讨的问题。

4.1　态度概述

不管人们的职业性质如何，几乎每个人都离不开态度这个概念。比如，企业的厂长或经理关心员工的态度，因为它会影响生产积极性和生产率；市场营销管理人员关心的是顾客对相互竞争的各种品牌的产品和服务的态度，因为这直接影响企业的生存和发展。同样，旅游工作者也要关注旅游者的态度，以便进一步提高旅游服务质量，促进旅游事业的发展。

4.1.1　态度及其构成

态度是指个人对某一对象所持有的评价与行为倾向。态度的对象是多方面的，其中有人、事件、物、团体、制度以及代表具体事物的观念等。

人们对一个对象会做出赞成或反对、肯定或否定的评价，同时还会表现出一种反应的倾向性，这种倾向性就是心理活动的准备状态。所以，一个人的态度不同，会影响他的行为取向。

从态度的构成看，态度主要包括三种成分，即认知成分、情感成分和意向成分。

认知成分是指对人、事物的认识、理解和评价，即我们通常所说的印象。它是态度形成的基础。比如，某位游客认为大连是个好地方，环境整洁优美，海滨风光秀丽，气候湿润宜人，这就是游客对大连的印象。

情感成分是指对人、事所作的情感判断，它是态度的核心并和人们的行为紧密相连。比如，当某位游客对大连做出了评价，有了印象后认为"大连是个美丽的、可爱的城市"，这里就清楚地看出其中有积极的情感成分。

意向成分是指个人对态度对象的反应倾向，即行为的准备状态。我们研究态度中的行为成分常常根据态度中的情感成分推测。比如，某位游客对大连产生了积极肯定的情感，他在心理上就会积极地做各种准备，一旦外部条件成熟就可能来大连旅游。

态度的三种成分一般是协调一致的。比如，某位游客到大连后选择酒店，如果他认为渤海明珠大酒店服务优、硬件条件好、所处位置方便，他就会对渤海明珠大酒店产生喜欢、愉快的情感，从而准备住到那里。因此，态度的三种成分之间的相互一致性，对我们研究客人的态度与行为的关系是非常重要的。

态度是人们的一种内在的心理体验，因此它不能直接被观察到，而只能通过人们的语言、表情、动作表现等进行判断。比如，客人对酒店的服务感到满意，常常表现为温和、友好、礼貌、赞赏等；如果客人不满意就可能表现出烦躁、易怒，容易制造事端。所以，在旅游服务中，如果发生客人投诉或产生矛盾、冲突，我们在寻找原因时，不能仅仅把眼光放在当前的具体事件上，很可能这不过是客人不满意态度的一个表现而已。

学习微平台
延伸阅读 4-1

4.1.2　态度的特点

人们的态度一旦形成，就通常具备以下几个特点：

1）对象性

态度必须指向一定的对象，若没有对象，就谈不上什么态度。态度是针对某一对象而产生的，具有主体和客体的相对关系。人们做任何事情，都会形成某种态度，在谈到某一态度时，就提出了态度的对象。例如，对某个酒店的印象如何，对酒店的收费有何感觉，对服务员有什么看法等，没有对象的态度是不存在的。

同步链接 4-1
二十大报告
摘录之四

2）社会性

态度是通过学习获得的，不是生来就有的。态度不是本能行为，虽然本能行为也有倾向性，但这是不学就会的；而所有的态度都不是遗传来的，而是后天获得的。比如，客人对某酒店的态度，或者是他自己在接受服务的过程中通过亲身观察得来的，或者是通过广告宣传、其他客人的评价等形成的。

3）内隐性

态度是一种内在结构。一个人究竟具有什么样的态度，我们只能从他的外显的行为中加以推测。例如，一个员工在业余时间里总是拿着各种专业书在看，那么我们就可以从他的行为中来推测他对学习抱着积极的态度。

4）稳定性与可变性

态度的稳定性是指态度形成后保持相当长的时间而不变。态度是个性的有机组成部分，它使人在行为反应上表现出一定的规律性。比如，客人在某酒店接受了良好的服务后，感觉很好，从而形成了对这家酒店的肯定态度，以后当他再有这种需要时，很可能还选择这家酒店。这也就是人们常说的"回头客"。回头客的多少，既反映了酒店服务质量的高低，也反映出了客人态度的稳定与否。

当然，态度也并非一成不变，当各种主客观因素发生变化时，态度也会随之改变。就以上例来说，如果客人在这家酒店受到某个新来的服务员不太礼貌的接待或发现这家酒店的饭菜质量已不如从前，他就会改变原来对这家酒店的积极肯定的态度，而产生消极、不满的情绪，可能从此不再光顾这家酒店。

5）价值性

态度的核心是价值。价值是指作为态度的对象对人所具有的意义。人们对某个事物所具有的态度取决于该事物对人们的意义大小，也就是事物所具有的价值大小。

6）调整性

态度的一个重要特点就是它具有调整功能。所谓调整，就是当事人在社会奖惩或亲朋意见及榜样示范作用下改变自己态度的情况。这种功能有助于旅游者在心理上适应新的或困难的处境，使自己不必亲身经历或付出代价而达到态度的改变。在旅游活动中，最常见的就是人们根据他人或社会的奖惩来调整或改变其态度。例如，某人准备到某旅游胜地去度假，当其同事或朋友表示了不同的看法，或看到游客在此地受到不公正对待的报道后，他就很可能改变原来的态度，取消这次旅游计划或到别的地方去旅游。

> **补充阅读资料4-1**
>
> #### 偏见：一种常见的否定性态度
>
> 从个人的角度考察，偏见的持续与个人的权威人格有关。权威人格又称专制人格，具有此种人格的人往往表现出这样几种相互关联的人格特征：固守传统的等级观念，顺从、认同强有力的权威形象，敌视其他群体的成员，对周围的事物好做两分法的简单判断。由于这类人强调权力、地位与支配，所以特别易于执偏见态度。此外，偏见的持续还与个人遭受的挫折以及个人的尊严和地位受到严重威胁有关。
>
> 资料来源　周晓虹. 现代社会心理学［M］. 上海：上海人民出版社，1997.

4.1.3　态度的形成过程

人的态度不是生下来就有的，而是在一定的社会环境中形成的。刚出生的婴儿无所谓态度，在其发育成长过程中不断接触周围事物，在大脑中形成了各种印象、看法，获得了相应的情绪体验，就逐渐形成了对事物的态度。

心理学家H.C.凯尔曼提出，态度形成有三个阶段，即服从阶段、同化阶段、内化阶段。

1）服从阶段

人为了获得物质与精神的报酬或避免惩罚而采取的表面顺从行为称为服从。服从阶段的行为不是个体真心愿意的行为，而是一时的顺应环境要求的行为。其目的在于获得奖赏、赞扬、被他人承认，或者为了避免惩罚、受到损失等。当环境中奖励或惩罚的可能性消失时，服从阶段的行为和态度就会马上消失。

服从行为和态度，在日常生活中非常普遍。比如，刚入学的大学生面对学校规定的出早操的要求，有些学生由于没有早起的习惯，刚开始觉得非常别扭，甚至觉得学校是多此一举。可是学校的规定必须执行，否则就要受到惩罚，无奈只能出早操。这种不愿早起又不得不早起的行为，就是服从行为。

2）同化阶段

这一阶段的特点是个体不是被迫而是自愿地接受他人的观点、信念，使自己的态度与他人的要求相一致。同化阶段的态度不同于服从阶段的态度，它不是在环境的压力下形成或转变的，而是出于个体的自觉或自愿。如一个人想加入某个有吸引力的社会团体，他就会承认该团体的章程，愿意以该团体的规范约束自己的行为，接受团体对他的要求和指导，并以该团体一份子的态度对待工作与生活。以大学生出早操为例，某学生坚持了一段时间以后，由于出早操给他的身体和精神都带来了好处，即使不出操没有任何惩罚，他也会主动遵守学校的这一规定。

3）内化阶段

内化阶段是指人们从内心深处真正相信并接受他人的观点而彻底转变自己的态度，并自觉地指导自己的思想和行动。在这一阶段，个体把那些新思想、新观点纳入了自己的价值体系，以新态度取代旧态度。一个人的态度只有到了内化阶段，才是稳固的，才能真正成为个人的内在心理特征。

态度的形成从服从阶段到同化阶段再到内化阶段，这是一个复杂的心理过程。当然，并不是所有的人对所有事物的态度的形成都要完成这个过程。人们对一些事物的态度的形成可能完成了整个过程，但对另一些事物可能只停留在服从或同化阶段。

4.2 态度与旅游行为

态度与行为是什么关系？态度与行为是一对一的决定关系吗？了解了旅游者的态度就可以预测他们的行为了吗？

4.2.1 态度对行为的影响

有关态度与行为之间关系的探讨几乎和态度本身的研究历史一样长久。大多数学者对态度和行为之间的关系基本上持肯定的意见，即认为一个人的态度决定了他的行为。比如，你觉得不该发展烟草工业，你就不可能抽烟。这也正如前文所说，态度是行为的内在准备状态，因而可以通过态度来预测行为。

然而，也有人通过研究认为，在一些情况下，态度和行为会出现不一致。早在20世纪30年代初，美国学者R.T.拉皮尔就在一项著名的研究中对态度与行为相一致的看法提出了异议。在这项研究中，拉皮尔与一对年轻的中国留学生夫妇做了一次环美旅行。由于当时美国人对东方人普遍持歧视态度，拉皮尔和同伴们行前预料很难得到旅馆和饭店的良好接待。但是，在万余英里的行程中，他们光顾的184家饭店和66家汽车旅馆只有一家拒绝接待。6个月以后，拉皮尔给他们光顾过的旅馆、饭店和一些他们没有光顾过的旅馆和饭店寄去了调查问卷。问卷共有两种：一种是只就中国人提问；另一种是分别就中国人、德国人、法国人、日本人等提出类似的问题。因为拉皮尔担心只就中国人的提问会引起怀疑，而得不到确切结果。两种问卷都包括这样的问题："你愿意在你那里接待中国客人吗？"结果如表4-1所示。

表4-1　　　　　　　　对"你愿意在你那里接待中国客人吗"的回答

项　目	光顾的旅馆		未光顾的旅馆		光顾的饭店		未光顾的饭店	
回答总数	47		32		81		96	
	①	②	①	②	①	②	①	②
回答数	22	25	20	12	43	38	51	45
否定的回答	20	23	19	11	40	35	47	41
回答看情况	1	2	1	1	3	3	4	3
肯定的回答	1	0	0	0	0	0	0	1

注：①只就中国人提问；②分别就中国人、德国人、法国人和日本人等提问。

也就是说，尽管上面那对中国夫妇在实际旅行中受到了很好的接待，但开饭店或旅馆的美国人对中国人依然怀有极大的偏见和歧视。拉皮尔和其他一些研究者依此得出了态度和行为之间有时存在着很大的不一致性的结论。

拉皮尔的研究引起了人们对态度与行为的关系问题的重视，人们更注意研究在什么情况下，以及在什么样的前提下，态度与行为具有相关关系。但不管怎样，要想通过态度来预测行为，所测量的态度必须与所考察的行为相一致。

同步思考4-1

问题：知觉理论中的一个论断是：当问一个人对某事的态度时，人们通常首先回忆他们与这事有关的行为和经历，然后根据过去的行为推断出对该事的态度。这个论断表明了什么？

理解要点：如果某人被问到他从事某工作的态度，由于他已经干了好多年了，他就会说喜欢这个工作。自我知觉理论认为，态度是在事实发生之后，用来使已经发生的东西产生意义的工具，而不是在活动之前指导行为的工具。这种倾向是非常强的。此理论表明，我们擅长为自己的行为寻找理由，而不擅长去做应该做的事。

同步思考4-2

问题：拉皮尔的研究结果为什么出现态度与行为的不一致现象？

理解要点：美国人对中国人的态度是对待某类事物的一般态度，而没有拒绝接待眼前的中国人，这种行为是具体条件下的具体行为，这种行为与对具体对象的具体态度是一致的，就像某人喜欢鲜花，这是他对鲜花的一般态度，但这并不意味着他会喜欢每一种具体的鲜花，后者是具体态度，也可以称为特殊态度。

4.2.2　行为对态度的影响

态度对行为有影响既有大众观念的支持，也有许多研究结果的支持。结论是人们常常言行不一，态度对行为的影响不是简单的一对一的关系。那么反过来，行为和态度是什么关系，前者对后者有什么影响？研究表明，不但态度会影响人的行为，同时行为也会影响态度。那么行为在什么条件下影响态度呢？

1）角色扮演

"角色"这个词来源于戏剧，它指的是那些处于特定社会位置的人被期望表现出的行为。当人们扮演一种新的社会角色时，起初可能觉得很虚假，但很快就会适应，并表现出符合"身份"的行为。

一项相当具有说服力的角色试验是由斯坦福大学心理学家菲利普·津巴多（Philip Zimbardo）和他的同事完成的。他们在斯坦福大学心理系办公楼的地下室建起了一座"监狱"，以每天15美元的价格雇用24名大学生参加试验。这些学生情绪稳定、身体健康、遵纪守法，在各项人格测试中的得分均属"正常"。试验者给这些学生随机分配了角色：一部分人为"看守"，另一部分人为"犯人"，并制定了一些基本规则。

为了让试验有一个"逼真"的开始，津巴多得到了帕洛阿尔托市警察署的协助。警察们在事先没有通知的情况下进入扮演"犯人"的学生家中，在朋友和邻居的面前逮捕了该学生，给他们戴上手铐，并塞入警车。然后，把这些学生带到警察署，录了口供并按压了手印后，才送入"斯坦福监狱"。

模拟试验原定两周时间。刚开始时，被分配做看守的学生和被分配做罪犯的学生之间没有多大差别。而且，做看守的学生也没有受过专门训练来看守犯人。他们只是被告知要"维护监狱的法律和秩序"，不理会犯人的胡言乱语（例如，犯人说的"禁止使用暴力"）。为了更真实地模拟监狱生活，犯人可以像在真正的监狱那样接受亲戚和朋友的探视。不过，模拟看守可以每8个小时换一次岗，而模拟犯人除了吃饭、锻炼、上厕所以及办些必要的事情之外，必须全天待在牢房里。

犯人没有多长时间就承认了看守的权威地位，或者说，模拟看守就适应了自己的新的权威角色。特别是在试验的第二天，看守们"粉碎"了罪犯试图进行反抗之后，犯人的反应更为消极。不管看守吩咐什么，罪犯们都唯命是从。犯人们真的开始相信，正如看守经常提醒他们的，他们低人一等、无力改变现状。而且，在模拟试验的过程中，每一名看守都做过虐待罪犯的事情。例如，一位看守说："我觉得不可思议……我让他们互相谩骂，还让他们擦洗厕所。我真的把罪犯当成畜生，而且我一直在想：'我必须看住他们，以防他们做坏事。'"另一位看守补充说："我一到犯人的牢房就心烦，他们穿着脏衣服，牢房里臭气熏天。在我们的命令下，他们相互撕扯打斗。他们已经不觉得这是一次试验，一切好像都是真的，尽管他们还努力保持自己原来的身份，但我们向他们灌输我们才是老板，这使他们的努力收效甚微。"令人诧异的是，在整个试验过程中——甚至在遭受虐待的日子里，没有一个犯人站起来说："不许这样。我和你一样是学生，这只不过是一个试验而已。"

模拟试验相当成功地证明了个体学习一种新角色是多么迅速。由于参加试验的学生在试验中表现出了病态反应，研究人员不得不在试验进行了6天之后终止了试验。请注意，参加这次试验的人都是经过严格挑选的神志正常、情绪稳定的人。

这个试验能够告诉我们许多东西：首先，一个人进入新角色是多么迅速，尽管新角色可能离他原有的角色非常远。其次，一个人表现出的行为似乎更靠近自己的角色而非自己的心灵。道德、修养在角色要求面前显得多么微不足道。这样的解读似乎让人感到悲哀。管理上的启示是：我们更应该关注制度、环境条件，而不是寻找具有某种品质的人，前者要比后者更具确定性。可见，在生活中，我们要试图改变一个人的态度，一个有效的办法是赋予他相关的角色，随着他做出相应的角色行为，他的态度就会随之发生变化。

在美国士兵侮辱伊拉克战俘的事件发生之后，菲利普·津巴多写道："这与斯坦福模拟监狱里狱卒的行为有着惊人却令人不快的相似。"他说："这种行为源于一个罪恶的环境，他可以把好人变成罪恶的替身。如果我们把好苹果放进一个劣质的桶里，这个桶会使所有接触它的东西腐烂。"

通过角色扮演改变个体的态度，这种策略在近年来逐渐兴起的红色文化弘扬热潮中受到越来越多的重视。例如，现在很多学校都有戏剧社，这些社团通过编排红色剧目并组织学生参与进来，使学生在戏剧中直观体会角色的心理状态，从而达到改造学生精神世界，塑造学生价值观的作用。一些爱国主义教育基地也开始采用角色扮演的方式，使游客产生"沉浸式体验"，以达到让游客启智润心的目的。

2）语言会变成信念

生活中常有这种现象发生，人们在尝试说服他人的时候，却说服了自己。人们在向其他人表达自己看法的时候，有时会按照听众的喜好来修改自己讲话的内容。

托里·希金斯与其同事的研究证实了语言是如何变为信念的。他让一些大学生阅读有关某人的人格描述，然后让被试对另一个人总结该描述，这个听众喜欢此人，或者不喜欢此人。当听众喜欢此人时，这些学生会总结一个更积极的评价。说过好话以后，他们自己会更喜欢这个人。让他们回忆自己读过的内容，他们会记起比实际更多的积极描述。简而言之，人们似乎倾向于根据自己的听众来调整自己的讲话内容，并且在说过之后也会相信这些歪曲的信息。

当然，语言与态度之间的微妙关系远不止于此。例如，"默认选项效应"就深刻揭示了语言上的措辞对人们态度甚至行为的影响作用。所谓"默认选项效应"，是指当存在默认的选项时，人们就更倾向于选择这个默认的选项而不做出改变的现象。例如，约翰逊等人就在人们购买保险的过程中发现了"默认选项效应"。在美国的宾夕法尼亚州，消费者购买汽车时默认的保险是一种昂贵的保险；而在新泽西州，消费者购买汽车时默认的保险则是一种较为便宜的保险。约翰逊等发现，在宾夕法尼亚州，消费者购车后最终选择购买那种默认的昂贵保险的比例高达75%，可在新泽西州，消费者购车后选择该保险的比例却只有20%。这在一定程度上证明了，人们有一种选择默认选项而不愿意改变的倾向。这一现象可以给我们带来很多启示。例如，如果你希望人们对你介绍的某个旅游目的地做出正面的评价，就可以这样安排问题的措辞："你大概觉得这个地方还蛮不错的，是吗？"如果你希望人们对你介绍的某个旅游目的地做出负面的评价，就可以这样安排问题的措辞："你可能觉得这个地方还蛮糟糕的，是吗？"无论在哪种措辞下，人们很可能都会做出"是"的回复。

3）得寸进尺现象

心理学实验表明，如果想让别人帮你一个大忙，一个有效的策略就是：先请他帮一个小忙。这就是得寸进尺现象（Foot-in-the-door Phenomenon），要想"进尺"，首先要"得寸"，"得寸"之后，"进尺"的可能就非常大了。也就是说，要想"上炕"，先越过"锅台"，如果没有遭到反对，成功就在眼前了。

研究者（Freedman & Frasser，1966）假扮安全驾驶的志愿者，他们请求加利福尼亚人在院子前面安置巨大的、印刷粗糙的"安全驾驶"标志。结果只有17%的加利福尼亚人答应了。然后，研究者请求其他人先帮个小忙：在窗口安置一个3英寸的"做一个安全驾驶者"的标志。几乎所有的人都答应了。两周后，76%的人同意在他们的院子前面树立大而丑陋的宣传标志。

其他一些研究也证明了得寸进尺现象的存在。研究者（Gueguen & Jacob，2001）通过邀请法国的互联网使用者签署反地雷的请愿书，从而使他们为儿童地雷受害者组织募捐的比率达到原来的3倍多（从1.6%到4.9%）。

需要注意，人们最初的顺从行为（小的帮忙），都是自愿的。这些研究可以得出这样的结论：当人们承诺公众行为并且认为这些行为是自觉做出的时候，他们将更加坚信自己的行为。

在市场营销领域，即使顾客意识到了销售者的动机，上述法则仍然有效。一个最初没有任何损失的承诺，如返还一张有更多信息的卡片和一件礼物，答应去做免费美容等，常常会使人做出更大的承诺。预约式销售常常会发生撤销现象，为了减少撤销现象的发生，在签署预约协议的时候，非常重要的步骤是让顾客自己填写合约，这么简单的方法就能保证很多协议。让顾客自己填写完了以后，他们通常会坚持自己的承诺。

今天，到处存在试图诱导我们顺从的现象。从被影响者的视角，我们有这样的建议：在答应某一个小要求之前，考虑一下后果是什么。

同步案例4-1

红色革命教育过程重视着装

背景与情境： 有这样一则新闻报道：无论是在井冈山黄洋界，还是在井冈山博物馆，抑或是在茨坪毛泽东旧居等红色旅游景点，处处可见头戴八角军帽，身穿灰色军服，腰扎皮带，佩戴鲜红的帽徽、领章和袖章的红军服的游客，这已经成为井冈山除红色和绿色外最亮丽的一道风景线。

2010年11月7日上午，在参观完井冈山革命博物馆和茨坪毛泽东旧居后，"发现江西人文魅力——全国网络媒体行"的网媒记者们还穿上红军服，在茨坪毛泽东旧居合影留念。"这么多人喜欢穿这种朴实的红军服，说明了人们对那个激情燃烧岁月的向往，我觉得红军服是井冈山最漂亮、最时尚的衣服。"中广网陈江南说道。"这几天在井冈山，处处可以看到身着蓝色红军服的行人，让人好像又回到了那个战火纷飞的年代。井冈山不仅是红色圣地和绿色宝库，红军服的蓝色也应该算得上是井冈山的一种有代表性的颜色，值得大力推广。"

问题： 为什么井冈山的红色革命教育过程非常重视着装？

分析提示： 使个体刻意地模仿某一种社会角色，是使其形成与该角色相匹配态度的重要方法之一。在井冈山接受红色革命教育的游客，穿着当年红军的军服，就会更投入地将自己融入红军的角色当中，这样就会更加深入地体会和认可红军的精神，达到教育的目的。

4.2.3　态度与旅游决策

态度对旅游者行为的影响直接体现在对旅游决策的影响上。旅游决策与人的其他决策一样，要求决策者经历一系列的心理步骤，图4-1是对这一决策过程的一种认识。

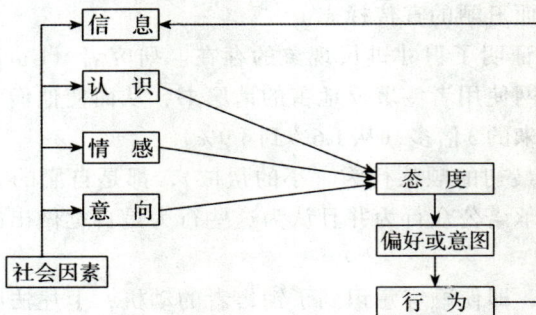

图4-1　态度与旅游决策过程

图 4-1 表明，态度是由认知、情感、意向三种成分构成的一种内在心理结构。在旅游决策过程中，旅游者的某种态度一旦形成，就会导致某种偏好，进而影响人们的旅游决策。当然，某种偏好能否导致某种行为，还取决于各种社会因素的影响。

4.3　旅游偏好

4.3.1　旅游偏好概述

态度在预测人们的实际旅游行为上效率并不高，旅游偏好则是更具效率的概念。所谓**旅游偏好**，是指人们趋向于某一旅游目标的心理倾向。心理倾向的核心是个性特征，个性特征更多地用于描述一种状态，而倾向性更多地用于解释为什么会有这样那样的行为。旅游偏好与旅游行为之间有着直接关系，这就是我们探讨旅游偏好的原因。

人们在进行具体旅游决策的过程中有主观和客观两大影响因素。也就是说，既受到感知环境差异的影响，例如从外部获得的相关信息、参照群体等，还受到个性特征的影响，例如个人的兴趣、爱好与性格差异。而国情、民俗习惯、个体成长过程中的重大经历在其与旅游决策相关的个性特征形成中影响很大。对旅游决策影响重大的那些个性特征就构成了旅游偏好。旅游偏好对决策者的影响，可以从居住环境、年龄、职业、学历等人口统计方面去研究，还可以从其成长经历方面进行研究。

旅游者的行为的一个构成部分就是消费行为。在经济学中，研究消费者行为的模型是很简单的，即人们总是选择他们能够负担的最佳物品。"能够负担"就是在预算约束之内，"最佳物品"就是能给消费者带来最大效用的物品。在维多利亚女王时代，哲学家和经济学家把效用作为人们福利的指标。所谓效用，就是指人们的满足程度。"最大效用"的"最"字表示是通过比较排序得来的，也就是说，除了要实现效用最大化以外，效用的概念并没有其他独立意义，因此序数效用论者否定了基数效用论者提出的效用的绝对数值，效用只是用来描述偏好的一种方法，消费者行为理论是在消费者偏好的基础上完全重新阐述的。

偏好，就是爱好或喜欢的意思。在消费者行为的经济模型中，偏好被认为是人们按照自己的意愿对可供选择的不同商品组合的排序。排序的对象是商品组合，偏好的关系是一种运算的概念。在模型中，也给出了关于偏好的基本假设：完备性、传递性、反身性。在经济学"理性人"的假设下，偏好也有行为良好的假设，也就是理性的假设：单调性和凸性。模型中的商品组合是包括所有商品的，也就是说，消费者根据偏好排序的商品组合中没有商品的差别，只有数量的差别。偏好是消费者行为理论中的一个重要概念，然而在经济模型中的许多结论，如消费者均衡、边际替代率递减规律等都是在假设偏好给定的条件下得出的。经济模型中并没有研究对商品的偏好，也没有研究偏好是如何形成的，有什么样的个人差异。

旅游中的"偏好"并不完全是理性的，不单纯依据数量排序。在旅游者进行决策的时候，偏好是一个很重要的影响因素，不能看作是给定的。旅游中的偏好实际上是潜藏在人们内心的一种情感和倾向，引起偏好的感性因素多于理性因素。以往关于旅游偏好的研究都只停留在偏好什么的层面上，一些研究给出了偏好的个体特征和群体特征。

从某种意义上说，消费者行为学研究的内容就是消费者的决策过程和影响决策过程的因素。这些影响因素可以分为三大类：个人因素、环境因素和营销因素。其中环境因素和营销因素都是通过个人因素起作用的。心理学家认为人类几乎所有的行为都包括某种形式的学习，因此，学习是影响人们行为的一个非常重要的因素。行为主义的学习观把学习看成部事件引起的反应，持此种观点的心理学家强调可以观察到的行为，提议把内心过程看成"黑箱"，也就是所谓的"刺激-黑箱-反应"理论。认知理论则强调内部心理过程的重要性。在皮亚杰的认知发展理论中有一个核心概念即图式。图式这一概念最初是由康德提出的，他把图式看作"潜藏在人类心灵深处的"一种技术和技巧。皮亚杰把图式看作动作或活动的结构和组织，在皮亚杰看来，图式是主体内部的一种动态的、可变的认知结构。他反对行为主义的刺激→反应公式，提出刺激→（AT）→反应的公式，即一定的刺激被个体同化（A）于认知结构（T）之中，才能做出反应。个体之所以能对各种刺激做出这样那样的反应，是由于个体具有能够同化这些刺激的某种图式。皮亚杰认为，图式虽然最初来自先天遗传，但在适应环境的过程中，图式不断变化、丰富和发展。图式的发展通过同化和顺应两种形式进行。同化是指将环境中的刺激纳入并且整合到已有的图式中，顺应则是指按照刺激的要求改变原有的认知结构或创造新的认知结构。简单地讲，图式就是人脑中已有的知识经验的网络。图式可以影响记忆、对注意对象的选择、对自我和他人的知觉。

学习微平台

延伸阅读 4-2

4.3.2　旅游魅力

目前旅游学术界对旅游目的地评价多采用旅游满意度指数和笼统的所谓旅游指数概念，它们在现实中和理论的内在逻辑自洽方面都存在严重问题。另外，旅游目的地吸引力表述效能低，在此我们提出旅游魅力和旅游魅力指数概念。

旅游偏好与旅游魅力是什么关系？首先，偏好是魅力的基础，也就是说，魅力通常是基于偏好而生，魅力是偏好的一种表现；其次，它们在描述旅游现象的不同方面时效能不一样，都具有不可替代性。

1)　旅游魅力理论

（1）旅游魅力的概念

魅力，是一种自然流露出的令人喜欢的感觉，是一种能吸引人的力量。

旅游魅力可以定义为人们对旅游对象物吸引力的感知。旅游对象物是指旅游者为完成旅游体验过程而从外部世界中主观选择出来并与之发生互动的客观存在。作为旅游魅力的载体，旅游对象物所散发出的吸引力即为旅游魅力。旅游对象物根据存在形态的不同可以分成旅游资源和旅游产品。因此，旅游资源相应地可以界定为能被旅游产业开发或者被旅游者所利用的客观实在。旅游魅力能影响旅游者选择前往某地旅游的意愿；与此同时，由于旅游者在兴趣、认知、能力、经历等方面存在差异性，不同旅游主体对旅游魅力的感知亦不同。

管理学中的赫兹伯格的双因素理论可以为旅游魅力概念提供理论支撑。该理论认为引起人们工作动机的因素主要有两个：一个是保健因素；另一个是激励因素。其中，保健因素是指使员工感到不满意的因素，主要与工作环境或工作条件有关，如公司的政策、工作条件、薪水、地位、安全以及各种人事关系处理不善；激励因素是指能够使员工满意的因素，主要与实际工作内容有关。人们一般认为满意的对立面是不满意，但是赫兹伯格打破常规，指出满意的对立面是没有满意，不满意的对立面是没有不满。在此基础之上，赫兹伯格提出保健因素不会让员工满意，但能消除员工的不满；而激励因素会对员工起到激励作用，使员工满意。

根据这一理论，在对某一旅游目的地进行评价时，必须分清楚作为旅游魅力载体的旅游对象物与旅游支持系统各自对旅游者的作用。与双因素理论相对应，旅游魅力要素对旅游者而言相当于激励因素对员工的激励作用，是旅游决策的充分条件；而支持系统相当于保健因素，是旅游决策的必要条件。前者对旅游者而言解决的是值不值得去的问题。旅游支持系统虽不能吸引游客前往某地，但如果不完善或达不到旅游者的要求，就会导致旅游者对该目的地的不满意。另外，后者解决的是可行性问题，就是能不能去；属于旅游目的地可进入性范畴。从这个角度来说，旅游支持系统就是阻力因素，好坏程度就是阻力的大小，越好则阻力越小。

（2）旅游魅力的特征

旅游魅力由两方面决定：一方面是旅游目的地的旅游对象物自身的质量；另一方面取决于旅游者的感知。

旅游魅力具有以下特征：

①旅游魅力具有客观性。旅游魅力的载体是旅游对象物，它是一种客观存在；对于旅游者而言，旅游对象物自身的品质和数量在很大程度上决定了其对旅游者的吸引

力大小。

②旅游魅力具有主观性。旅游对象物对具体旅游者的价值大小与个体的人格因素相关。

以上两点与美学中关于美的主客观性是同理的。

不同旅游目的地的旅游魅力大小可以比较，它就是旅游魅力指数。

③旅游魅力有先在性。在旅游者实际前往某地进行旅游之前，他们心目中就已经有了对旅游目的地的相关评估，即行前感知。

④旅游魅力可改变。当旅游者实际去往某一旅游目的地之后，他们可以通过自己的亲身经历来重新对某地进行评价，即游后感知。

2）旅游魅力指数与旅游满意指数

旅游指数由两部分构成：旅游魅力指数和旅游满意指数（如图4-2所示）。

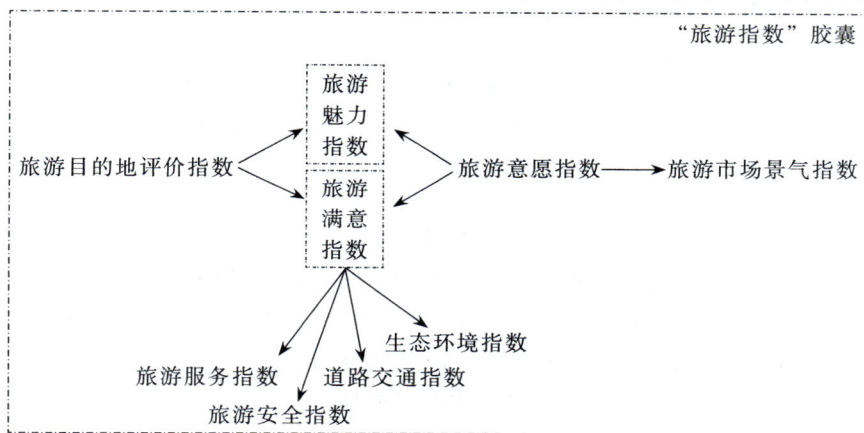

图4-2　旅游指数框架图

（1）旅游魅力指数

旅游魅力指数是旅游指数的核心，是专门衡量旅游魅力大小的标尺。

（2）旅游满意度的界定

在所有与旅游活动发生相关的要素中，将旅游对象物自身所具有的魅力要素从所有要素中剥离开来，是为了突出其旅游价值的核心地位；而其他相关要素皆归入旅游支持系统之中。旅游支持系统界定为旅游目的地所拥有的所有与旅游活动相关的辅助设施和支持条件，即餐饮住宿、交通运输、旅行社、社会治安、生态环境等。与之相对应，旅游满意度是指旅游者对旅游目的地的旅游支持系统的客观存在情况的满意程度；旅游满意指数则是旅游者对旅游支持系统的满意度的测量尺度。根据双因素理论，旅游者对旅游支持系统的满意度是保健因素，也可理解成阻碍因素，支持系统中的某一项要素能否令旅游者满意，其判断的简单标准为是否对旅游者前往某地有阻碍作用。对旅游者而言，旅游支持系统能起到的最大效用就是无障碍，而非从客观上比较其完美程度。因为交通系统等旅游支持系统并不因旅游的存在而存在，它们是为方便当地居民的日常生活而建，所以旅游支持系统只是旅游活动的一个必要条件。旅游对象物系统、旅游支持系统、旅游魅力及旅游满意度四者之间的关系如图4-3所示。

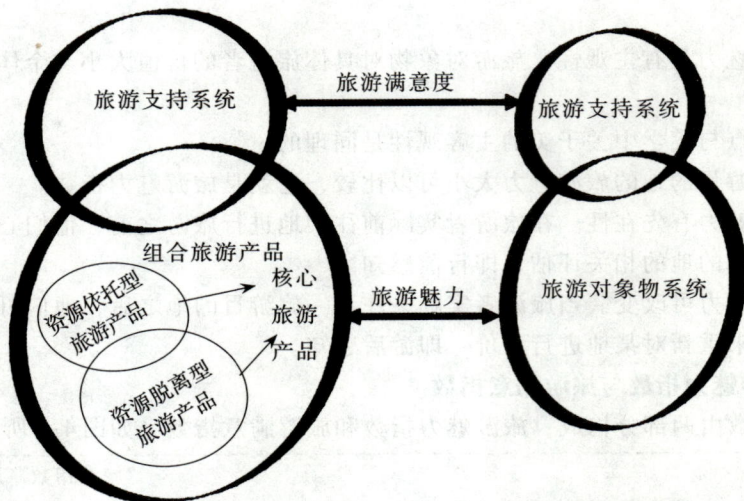

图4-3 旅游对象物系统、旅游支持系统、旅游魅力及旅游满意度关系图

基于以上论述，新的旅游目的地评价指标体系的整体架构可以简单地表述为：

旅游目的地评价指标体系=旅游魅力指标+旅游满意度指标

旅游目的地评价指数=旅游魅力指数+旅游满意度指数

（3）旅游魅力和旅游支持系统在游客满足感产生过程中各自的作用

旅游魅力和旅游支持系统在游客满足感产生过程中发挥的具体作用是不同的。旅游魅力是旅游动机的启动者，它还造就核心旅游体验。在此我们将旅游者与旅游对象物互动所产生的体验称为核心旅游体验，将旅游支持系统产生的体验称为配属旅游体验。旅游对象物的魅力大小直接决定了旅游目的地发展空间以及存在价值的大小。旅游活动需要多个行业的相互配合才能实现；旅游魅力的引力作用和造就核心旅游体验作用，并不否定住宿、娱乐、交通、通信等设施的支持价值，它们是相辅相成的关系。前者是旅游活动的充分条件，后者是必要条件。旅游支持系统既有保障旅游者活动的作用，也对原住民的日常生活提供支持。

（4）指标的选取与指标要素的权重分配

以往旅游满意度评价体系对带来满意的要素和带来不满意的要素在理论上未加区分，划分权重时也就一视同仁了，与经济指数区分度不大，另外，还存在内涵模糊、实际应用价值不大，甚至带来混乱，与旅游者经验常识相悖等缺陷。以2009年3月中国旅游研究院和国家旅游局质量监督与管理司联合开展的"全国游客满意度调查"项目为例，参照为调研而编制的问卷以及近五年来的各季度报告，会发现每一季度的排名或多或少都存在一定的问题。比如，2011年第一季度，宁波在满意度排名中居榜首，紧随其后的依次为北京、成都、无锡、上海；2012年第二季度，排名前五位的是上海、南京、黄山、苏州、沈阳。面对这样的结果，人们根据经验常识即可判断其并不准确。对于2011年宁波位居榜首，有解释说宁波虽然不是每个指标排名都靠前，但是综合起来排名居首。有学者为了回避此类指数存在的严重缺陷而认为不同旅游目的地不能相互比较，这实际上已经否定了这类指数存在的价值和意义。大家知道，经济学中的各种指数可以在全世界互相比较，这就是它的科学性和实际价值。

携程网从 2009 年发起百万网友评选"最佳旅游目的地"活动，2012—2014 年的评选结果见表 4-2。

表4-2 携程"最佳旅游目的地"评选结果

年份	中国十大最佳旅游目的地
2012	三亚、丽江、北京、厦门、桂林、杭州、九寨沟-黄龙、上海、成都、青岛
2013	三亚、成都、厦门、杭州、北京、拉萨、上海、青岛、西安、大连
2014	三亚、杭州、成都、厦门、桂林、青岛、北京、苏州、上海、西安

比较网友的评选结果和"全国游客满意度调查"结果（见表 4-3），前者似乎更符合常识。

表4-3 中国旅游研究院全年城市游客满意度排名前10

年份	游客满意度年度排名前 10 城市
2012	苏州、上海、黄山、南京、成都、厦门、宁波、杭州、无锡、重庆
2013	苏州、黄山、成都、无锡、青岛、宁波、厦门、杭州、北京、桂林
2014	无锡、杭州、青岛、成都、宁波、苏州、黄山、重庆、厦门、珠海

在考察并评价旅游目的地时，要想避免重蹈覆辙，就必须强调旅游魅力的主体地位，弱化旅游支持系统对旅游活动的作用，以此来避免由于地区经济发达而使得旅游支持系统的作用被夸大的情况。

旅游目的地评价体系要始终坚持以旅游对象物所投射出的旅游魅力为核心的原则，再考虑旅游支持系统在旅游活动中所起到的辅助作用。任何与旅游相关的评价体系都应该以旅游自身所特有的魅力为主体。

4.3.3 旅游偏好形成的心理机制

旅游偏好研究的另一个重要路径是探索其个性层面形成的心理机制以及旅游偏好的类型。

1）心理印刻的基本理论

（1）概念的起源

1910 年，德国行为学家海因罗特在实验过程中发现一个十分有趣的现象：刚刚破壳而出的小鹅，会本能地跟在它第一眼看到的自己的母亲后边。但是，如果它第一眼看到的不是自己的母亲，而是其他活动物体，它也会自动地跟随其后。1935 年，奥地利生物学家康拉德·劳伦兹对灰腿鹅进行了一项不寻常的实验。他把灰腿鹅生的蛋分作两组孵化。第一组由母鹅孵化，孵出的雏鹅最先看到的活动物体是它们的母亲，于是母亲走到哪儿，它们就跟到哪儿。第二组鹅蛋放在人工孵化器里，雏鹅出世后不让它们看见自己的母亲，而让它们最先看到劳伦兹本人，于是劳伦兹走到哪儿，小鹅也跟到哪儿，小鹅把劳伦兹当作"妈妈"了。随后劳伦兹把两群小鹅放在一起，扣在一只箱子下面，让母鹅在不远的一边看着。当劳伦兹把箱子提起时，受惊吓的小鹅朝两个方向跑去：记住母亲的那些小鹅朝母鹅跑去，记住劳伦兹的那些小鹅朝劳伦兹跑来。劳伦兹把幼鹅的这种学习行为命名为"印随"，指刚出生的幼小动物追随环境中第一个看到的物体学习的现象，也叫作"印刻"。①

印刻现象不仅存在于动物界，也存在于人类社会。按照印刻现象的定义，动物向出生后看到的第一个活动物体学习，也就是沿袭这个物体的习性。但是在后来的研究中渐渐发现，印刻现象的发生会有一个关键期，而且不同的动物的关键期会不同，一般认为，越是高级的动物关键期来得越晚，持续的时间越长。因此，人类的印刻和动物的印刻是不同的，是需要一个较长时间的学习过程的。本书在印刻的基础上提出心理印刻。

（2）心理印刻的定义

心理印刻是指人生中的重大事件或者在关键时期对个体心理倾向的形成产生重大影响的经历的深刻记忆。

印刻现象的发生通常具有关键期，即个体生活中对印刻有最高敏感性的某一时期，对某些物种来说，它还是印刻得以发生的唯一时期。同样，心理印刻也有关键期，这个关键期通常是儿童期（包括幼儿期、童年期、青春期）。对于儿童来说世界是新奇的，刚出生的婴儿的大脑是一张白纸，写上什么就会明晰什么。所以，人们对儿童期的记忆异常深刻，而这种记忆又常常被埋藏到潜意识中，难以被意识到，但是残留在他的心里并在无意识中形成一些特殊的观念，这些观念总是影响着他的思想、感觉和生活，但他自己又很少能够意识到这种记忆对自己行为与情感的支配。

童年期的思维发展有质的飞跃。青春期是成长中的矛盾期，是生理发展与心理发展的不平衡期，这个时期是心理断乳的重要时期。也就是说，这个时期是对外界刺激的敏感期，也就是心理印刻形成的关键期。这个时期发生的事情对人格的形成有重大影响，人格一旦形成就具有相对稳定性，而人格常常又是影响人们的态度、倾向及行为的决定性因素。因此，这个时期记忆的影响会贯穿整个人生。

所谓重大事件，是指对当时的个体来说具有重要意义的事件，并不一定是社会上发生的重大事件，也就是说，是否重大的判断标准并不是客观的，而是主观的，对自己来说重要就是重大的。

（3）心理印刻的形成和唤起

心理印刻的定义中包含两个重要因素：关键时期和重大事件。也就是说，心理印刻的形成要么是在关键时期，要么是有重大事件，或者二者兼而有之。关键时期形成心理印刻是带有一定的生理基础的，因此也可以称为生理印刻，主要是记忆的空白、思维发展的飞跃和身心发展的矛盾，使心理印刻的形成成为可能。

心理印刻的唤起实际上就是眼前的场景与心中印刻发生共鸣。共鸣的原意是指发声器件的频率与外来声音的频率相同时，将由于共振的作用而发声的现象。这里的共鸣是指眼前场景与心中印刻产生共振与感应的情形。共鸣离不开对场景的深入感受和理解，是情感、想象等多种心理功能达到强烈程度的表现。因此，心理印刻一旦被唤起就将对人产生强大的影响力。

---

① 李长峨. 印刻：心理学上的新见解 [J]. 西南师范学院学报（自然科学版），1982（3）：115-118.

①场所依恋（Place Attachment）。

"场所"或者"地方"（Place）是很热门的研究对象。"场所"是相对于"空间"（Space）提出来的。空间只包括地理位置和物质形式，两个都没有文化的成分。段义孚于1976年首次提出"场所"的概念，并将"场所"作为人文地理学的研究中心。他认为场所是"在世界活动的人的反映，通过人的活动，空间被赋予意义"。也就是说，场所具有文化因素，是使社会模式在空间范围内运作具体化的一个概念。场所是人类生活的基础，其在提供所有人类生活背景的同时，给予个人或集体以身份感和安全感。对于"场所"这个概念，现存的所有相关概念基本包括三个部分：地理位置（Location）、物质形式（Material Form）以及它拥有的价值和意义（Value and Meaning）。

场所依恋实际上包括功能性依赖和精神性依赖。功能性依赖体现资源及其提供的设施对想要开展的活动的重要性。精神性依赖则指个体与客观环境的依赖关系是依靠一个与该环境有关的个人有意或无意的想法、信仰、偏好、感觉、价值观、目的、行为趋向和技巧综合形成的复合体而形成的。因为场所依恋中感情因素是第一位的，也就是说，场所依恋更强调精神性依赖，或者说功能性依赖也会逐渐增加感情的因素而不再仅仅是对功能的依赖了。

心理印刻的唤起可以形成场所依恋，这可以用心理学中的"刺激-反应"理论来解释。但是个体对环境的反应需要中间阶段的分析来解释，因为这个中间阶段赋予了人们所接受到的环境刺激以个人的意义。实现刺激与反应的中间阶段是人的主观心理因素，也就是说，人的反应是在特定环境中客观因素刺激与主观心理因素相互作用的结果。据此，场所依恋可以用以下公式来表示：P（场所刺激：自变量）→O（中介变量）→A（依恋反应：因变量）。公式中P和A都很明了，要弄清楚这个公式关键就是要知道这个中介变量是什么。从前文的论述中不难得出结论，这个中介变量就是心理印刻。场所依恋是由场所刺激引起的，即场所唤起了心理印刻，而"依恋"是人的心理印刻被唤起后的反应。因此，从"场所刺激"到"场所依恋"实际上经历了一个相当复杂的中间过程，即心理印刻被唤起，并且对人的认知和情感起到强烈的影响作用。

②仪式依恋。

仪式起源于古典神话和宗教，所以早期的人类学中对仪式的研究也是从古典神话和宗教渊源开始的。虽然学术界对仪式还没有一个统一的定义，但通过学者的研究可以得出仪式的以下特征：

群体性：仪式一定是在群体中发生的，个体的活动不能成为仪式；

符号性：仪式中一定包含各种具有象征意义的符号，这些符号成为仪式的核心要素，缺少了这些符号，就不会是完整的仪式；

象征性：仪式中的符号都是具有象征意义的，而且一个群体的仪式是可以象征这个群体的文化的；

重复性：仪式具有传承文化的作用，这种作用正是依靠仪式的重复进行而一代一代传下去的；

时间、地点的特定性：仪式只有在属于它的时间、地点才有意义；否则，仪式就将只是一个活动，失去了它的文化意义。

根据以上特征，本书采用如下定义："仪式是指充满象征性符号的热闹激情的画面，是一个群体在重大事件和重要时刻形成的一种程式化的活动形态。"不同的群体有不同的仪式，因此，仪式可以成为识别群体差异的标志。从群体内部来说，仪式也是群体中自我认同的标志，认同了一个群体的仪式，就说明融入了这个群体。

日本的石川荣吉在《现代文化人类学》中将仪式分为三种：一是每年例行节日和活动（Annual Calendric Ritual）；二是通过礼仪或人生礼仪（Rites of Passage，Life-cycle Calendric Ritual），如诞生、命名、成人、结婚、丧葬等；三是状态礼仪（Ritual of Circumstance），即消除灾祸的仪式。

仪式最核心的功能在于能够传承文化。另外，仪式还具有其他社会功能，例如，仪式可以创造民族集体感、群体归属感和群体认同感，仪式可满足人的社交需要。除了这些社会功能以外，仪式能对人产生一种心理层面的影响，重复进行的仪式可以印刻在人们的心理，使人们形成心理印刻。

"仪式依恋"是相对于"场所依恋"而言的。虽然场所中也包含文化因素，但是场所还是主要强调地理位置和物质形式。仪式依恋主要强调文化因素，指人们的活动。仪式依恋与场所依恋的形成机制是类似的，可以用公式R（仪式刺激：自变量）→O（中介变量）→A（依恋反应：因变量）来表示。只不过这里的刺激变成了"仪式"，中介变量依然是心理印刻，只不过是依赖于仪式产生的心理印刻，当人们参与仪式时会和心中依赖于仪式形成的印刻发生共鸣，也就是心理印刻被唤起，然后对人产生影响进而产生依恋。

很多中年人对童年时过年的情景都有非常深刻的记忆，而那种记忆就会影响他现在过年时的行为与情感，也就是他们童年时过年的仪式形成了一种心理印刻，而年轻人对过年的记忆就淡化了很多，等到现在的小孩子长大之后可能就对过年没什么特殊的记忆了，因为现在过年的仪式已经不那么隆重了，表现为仪式消失和仪式弱化。弱化体现在形式和内容两方面。也就是说，它缺乏仪式性，就难以在人们心中产生仪式感，导致这些孩子不能对过年形成心理印刻。

在旅游体验章节，我们将对旅游仪式感进行深入探讨。

2）心理印刻的分类

可以从不同的维度对心理印刻进行分类：

（1）按照个体性和群体性可以分为个体印刻和群体印刻

① 个体印刻是指由于每个个体的成长经历不同而形成的不同的印刻。个体印刻强调个性。

② 群体印刻是指同一生活背景下人们的共同成长经历而形成的心理印刻。群体印刻强调共性。

（2）按照心理印刻形成的文化、空间、时代等因素的不同可以分为地域印刻、时代印刻、组织印刻和特殊群体印刻等

① 地域印刻是指生活在同一地域的人们的共同印刻，也就是亚文化印刻。比如中国人的心理印刻、美国人的心理印刻，或者南方人的心理印刻、北方人的心理印刻等。

② 时代印刻是指一个时代背景下的人们的共同印刻。比如知青的心理印刻、奥运印刻、超级玛丽现象等。

③ 组织印刻是指在同一组织文化的熏陶下，经过类似的训练所形成的印刻。比如大学生的印刻、解放军的印刻等。

④ 特殊群体印刻是指一些生活背景比较特殊的群体的印刻。比如"富二代""红二代""星二代"等心理印刻。

⑤ 文化印刻。成长和生活在同一文化背景下，文化就会使这个群体形成共同的文化印刻。如"不到长城非好汉"对国人旅游的影响，江西婺源"梦里老家"广告就是依托国人共同的文化记忆。

（3）个体心理印刻按照形成时期的不同可以分成成长印刻和成年印刻

① 成长印刻，顾名思义，就是在成长过程中形成的印刻，包括童年（含婴幼儿期）印刻、青春印刻。

其中，童年和青春期是形成心理印刻的关键时期，又可称为关键期印刻。童年是形成记忆的初始时期，已知的世界是空白，从童年期开始逐渐填补这个空白，刚刚填补进去的往往是记忆最深刻的，对以后的人生观、世界观的形成起到关键作用。也就是说，这个时候很容易形成心理印刻，如"妈妈的味道""年味"等。

青春期是个体成长的矛盾时期，身体发育的重大变化，使他们有了"成人感"——以为自己已经成熟，但是这时身心发展并不平衡，他们在知识、经验、能力方面并未成熟，只处于半成熟的状态，这就造成了成人感与半成熟现状之间的矛盾。青春期的心理状态还不成熟，青春期是心理断乳的重要时期，从心里想要摆脱对长辈的依赖，但是心理能力又明显滞后于自我意识，所以这时候的个体就是一个矛盾体。青春期情感、人格都处于不稳定的状态，容易受到外界的影响而出现波动，因此在这段成长经历中的事情很容易形成印刻，影响整个人生，如不忘的初恋、知青情结等。

② 成年印刻，也就是人成年之后的印刻。人成年后分成两个阶段，即青年期和中年期。到了这个时期，身心发展都已经成熟，人格也相对稳定，不会再因为一些小事就出现较大的波动，因此这时候形成的心理印刻也会相对较少。但是，如果发生一些重大事件，比如战争、地震、恐怖袭击等，同样会深刻地埋藏在记忆中，可能也会影响以后的人生轨迹，所以这时候也会形成心理印刻。应该说，这两个阶段的心理印刻通常都是一些重大的突发事件引起的。

（4）依据内容构成成分可以分为认知印刻、情感印刻、意志印刻

① 认知印刻是指由于对某事物的特殊认知而形成的印刻。认知就是人们认识外界事物的过程，或者说对作用于人的感觉器官的外界事物进行信息加工的过程。它包括感觉、知觉、思维、想象等心理现象。因为童年期和青春期是对外界事物认知的重要时期，所以认知印刻也多发生在这两个时期。也就是说，认知印刻多是关键期印刻，如对中国符号的认知。

② 情感印刻是指由情感积聚而形成的印刻。典型的是明星依恋，李宁、姚明、刘翔等人之所以拥有巨大的影响力，是因为他们承载了国人期望的情感。另外，体育俱乐部拥趸等现象也属情感印刻。

③ 意志印刻，也可以称为行为印刻，是指通过对意志行为的完成而形成的印刻。

意志行为就是有意识、有目的并且通过克服困难才能完成的行为。意志行为需要确定行为目标、选择行为方案并做出决策。在确立目标的时候常常会遇到一些动机冲突，比如双避式冲突、双趋式冲突、趋避式冲突、双重趋避式冲突。一般这个时候遇到的冲突越激烈、矛盾越尖锐、选择越困难，越容易形成心理印刻。在确立目标之后，就要制订计划并执行来实现目标，这一过程常常会遇到各种挫折，这时就需要勇气去面对困难，需要智慧去灵活地调整计划，以便实现目标。在这一过程中，付出的努力越多，越容易形成心理印刻。

（5）按照形成的时间和发生方式可以分为初始印刻和反复印刻

① 初始印刻是指首次见到某一事物留下的深刻印象所形成的印刻，也就是平常所说的首因效应、第一印象效应。当官的总是很注意烧好上任之初的"三把火"，就是力图给别人留下良好的"第一印象"。另外，童年经历、初恋等能让人一生难忘，也是初始印刻的结果。

② 反复印刻是指某一事物反复出现从而使人形成的印刻。比如机械记忆就属于反复印刻，通常所说的日久生情也是反复印刻。某一事物在一个人生活的某一段时间总是反复地出现，会使人对此留下深刻的印象，甚至会改变以后的生活习惯、人生方向。

3）心理印刻与旅游

不同的心理印刻使人们形成不同的旅游偏好，而旅游偏好通常又是旅游决策中的决定性因素，因此可以说心理印刻引发人们不同的旅游行为。由于心理印刻存在个体差异，所以旅游决策和旅游体验是非常个性化的，又因为心理印刻有一定的群体特征，所以旅游行为也具有群体性。在设计旅游目的地时要把握旅游行为的群体特征，为具有相同心理印刻的一类人提供针对性服务。旅游项目和项目内容的设定，都直接与人们的心理印刻高度相关。心理印刻应该成为旅游规划、策划的科学依据。

心理印刻不但为解释和了解旅游偏好提供了正确路径，还是旅游体验品质高低的重要影响因素。在旅游中，旅游目的地或者旅游项目就是唤起心理印刻的刺激。学者研究普遍认为旅游中的参与程度是衡量体验品质的一个重要因素，心理印刻被唤起的程度越高，旅游者的介入程度也就越深，其旅游体验就越强烈。如果眼前的场景没有与心中的印刻产生共鸣，那么旅游者心理介入程度就会相对较低，得不到高质量的旅游体验。

例如，怀旧旅游就是旅游企业以旅游者心理印刻为依据营造的旅游项目，以此招徕客人。怀旧（Nostalgia）一词来源于希腊。Nost 源自希腊语 Nostos，意思是回家；Algia 源自希腊语 Algos，表示痛苦忧伤，连在一起的意思是因思慕回家而陷入忧伤、痛苦的状态。在 17 世纪时，怀旧被医生诊断为一种致命的疾病。19 世纪早期到 20 世纪初，怀旧被认为是一种心理症状。后来"怀旧"一词逐渐远离医学范畴，慢慢融入社会，开始指向个人意识和社会文化趋势。怀旧就是缅怀过去，指怀念往事或故人。旧物、故人、老家和逝去的岁月都是怀旧最通常的主体。古往今来，留下了许多带有"怀旧"的诗句或话语。

汉班固《西都赋》："愿宾摅怀旧之蓄念，发思古之幽情。"

唐杜甫《秦赠萧二十使君》："结欢随过隙，怀旧益沾巾。"

唐元稹《赠吴渠州从姨兄士则》诗："泪因生别兼怀旧，回首江山欲万行。"

元刘壎《隐居通议·礼乐》："余亦六十有六矣，老冉冉至，怀旧凄然。"

廖承志《致蒋经国先生信》："人到高年，愈加怀旧。"

怀旧是一种情绪，或许还是一种哲学，有时也是一种时尚。1959年苏联的斯维特兰娜·博伊姆（Svetlana Boym）博士在其著作《怀旧的未来》中将怀旧行为分成两大类：修复型怀旧和反思型怀旧。

（1）修复型怀旧

修复型怀旧注重于"旧"，总是试图恢复旧有的物、观念或习惯等。这一类人并不认为自己或其行为是在怀旧。

（2）反思型怀旧

反思型怀旧则关注于"怀"。形象地讲，更像一个人在废墟上徘徊，试图在脑海里重构那逝去的时光，再现旧物、人、观念或习惯的形象。

怀旧是一支镇痛剂，抚慰喜新厌旧的本性带给人类的煎熬。"旧"，对处于新时代的都市人是另一层意义上的"新"。

随着怀旧越来越成为被关注的社会现象，其原始的心理学意义开始淡化，而社会学意义逐渐凸显出来。现代意义上的怀旧是人们对过去生活的一种情感记忆。在大多数人的心中，怀旧总被想象成一种不言而喻的感觉。它是某种朦胧的、有关过去的审美情愫，不仅象征了人们对那些美好的却又一去不复返的过往的珍视和留恋，还隐含了人类的某种情感需求。

"乡愁"是今天中国被广泛认同的概念。怀旧旅游是纾解乡愁的最佳方式。快速推进的中国现代化进程、剧烈的生存环境变化、迅速的社会身份改变，使得人们的乡愁愈发强烈，同时又使乡愁变得无处安放。回不去的家乡（家乡早已物非人非）、解不开的乡愁成为现代中国人普遍的心结。这恰恰为旅游产业提供了方向和契机。根据国人的乡愁营造相关旅游项目，其口号是"解乡愁，来旅游"。何以解乡愁之忧，唯有旅游。它既是旅游界的目标，也是旅游界的社会责任。人们前往与本人的人生历程具有某种特殊联系的地点参观探访，是一种怀旧之旅。怀旧是因为某种刺激唤起了心中的印刻，使人产生深刻的感受。怀旧在某种意义上支撑着人们的存在感。现在，怀旧旅游在中国大行其道，相关产业已经成为中国旅游产业重要的构成部分。美中不足的是，旅游学术界对怀旧旅游的理论研究并没有跟上。

如果说具体旅游项目是手，心理印刻就是弦，找到旅游者的心弦，用对应的旅游项目和内容之手拨动，就会奏出美妙的旅游体验之音，进而迎来旅游业的春天。

4.4 旅游者态度的改变

了解旅游者的态度是为了对其施加影响，从而最终影响旅游者的行为，所以了解和掌握改变态度的知识和方法是本章的核心。

4.4.1 影响旅游者态度改变的因素

态度的改变有两种情况：一是方向的改变；二是强度的改变。比如，原来不喜欢某种交通工具，后来变得喜欢了，这是方向的变化。原来对某旅游地有犹豫不决的态度，后来坚定不移地表示要去或不去，这就是强度的变化。当然，方向与强度也有关系，从一个极端转变到另一个极端，既是方向的改变，又是强度的改变。

影响旅游者态度改变的因素主要有以下几个方面：

1）旅游者本身的因素

旅游者的需要、性格特点、智力水平、受教育程度以及社会地位等，对态度的改变都会产生影响。

（1）需要

态度的改变与旅游者当时的需要密切相关，如果能最大限度地满足旅游者的需要，则容易使其改变态度。

（2）性格特点

从性格上看，凡是依赖性强、暗示性高或比较随和的人，都容易相信权威、崇拜他人，因而容易改变态度；反之，独立性强、自信心高的人则不容易被他人说服，因而不容易改变态度。

（3）智力水平

一般而言，智力水平高的人，由于具有较强的判断能力，能准确分析各种观点，不容易受他人左右；反之，智力水平低的人，难以判断是非，常常人云亦云，因而容易改变态度。

（4）自尊心

自尊心强的人，心理防卫能力较强，不容易接受他人的劝告，因而态度改变也比较难；反之，自尊心弱的人则敏感易变。

其他如受教育程度高和社会地位高的人要想改变他们的态度也比较难。

2）态度的因素

态度的强度、态度的价值性、构成态度的三种成分之间的关系以及原先的态度与要求改变的态度之间的距离等都能对旅游者态度的改变产生影响。

（1）态度的强度直接影响旅游者态度的改变

旅游者态度的强度指旅游者对某一旅游对象赞成或反对、喜爱或厌恶的程度。一般来说，旅游者受到的刺激越强烈、越深刻，态度的强度就越大，因而形成的态度越稳固，也越不容易改变。例如，旅游者在旅途中发生重大车祸，或在投宿过程中贵重物品被损或丢失，会使旅游者产生强烈的恐惧或不满，因而对某种交通工具或某家旅馆产生强烈的否定情绪。这种态度一经形成就难以改变。

（2）态度形成的因素越复杂，越不容易改变

例如，一个客人对某旅馆的否定态度如果只依据一个事实，那么只要证明这个事实是纯偶然因素造成的，客人的态度就容易改变；如果态度是建立在很多事实的基础上的，那么要改变态度就比较难。

（3）构成态度的三种成分之间的关系影响旅游者的态度

构成态度的三种成分（认知成分、情感成分、意向成分）一致性越强，越不容易

改变；如果三者之间直接出现分歧、不一致，则态度的稳定性较差，也就比较容易改变。

同步思考 4-3

问题： 甲认为北京是个好地方，名胜古迹很多，去北京旅游会使人增长见识，于是在假期非常高兴地赴北京旅游。乙虽然也认为北京是个好地方，游览名胜古迹会使他增长见识，但他无法忍受北京拥堵的交通，他讨厌那里熙熙攘攘的人群，于是乙没有利用同样的假期去北京旅游。运用态度理论解释这种不同。

理解要点： 从构成态度的三种成分之间的关系进行分析。甲对北京的态度中认知、情感和意向三方面是一致的，所以态度的稳定性好，因而直接影响人的行为。乙的态度的三种成分之间出现了分歧，认知和情感不一致，即使他有条件去北京旅游，他也不一定去，这时他的态度是摇摆不定的。

（4）态度的价值性也对旅游者的态度产生重要影响

态度的价值性是指态度的对象对人的价值和意义的大小。如果态度的对象对旅游者的价值很大，那么对他的影响就会很深刻，一旦形成某种态度后就很难改变；反之，态度的对象对旅游者的价值小，则他的态度就容易改变。

（5）旅游者原先的态度与要改变的态度之间的距离影响旅游者的态度

心理学家采用态度的主观量表来表示态度之间距离的大小，如表 4-4 所示。

表4-4　　　　　　　　　　态度间距离的主观量表

−1		0		+1
1	2	3	4	5
0		50%		100%

从表 4-4 中可以看到，第一行中"−1"与"+1"表示两个极端，"0"表示中间；第二行中"1、2、3、4、5"表示态度的等级；第三行中"0、50%、100%"表示态度强弱的百分比。

主观量表上的任何两点都可以表示原先态度与要改变的态度之间的差距。如果两点落在尺度的两端，则表明两者差距很大；反之，两者靠得很近，则表明差距很小。

态度转变的难易要看两者差距的大小而定。这说明要转变一个人的态度取决于他原来的态度如何，如果两者差距太大，往往不仅难以改变，反而会更加坚持原来的态度，甚至持对立的情绪。例如，要让一个恐高症患者或在空难中死里逃生的人乘飞机旅行几乎是不可能的事。

3）外界条件对态度改变的影响

除了旅游者和态度本身的因素影响态度的改变以外，一些外界条件也能改变旅游者的态度。这些外界条件有：

（1）信息的作用

从某种意义上说，旅游者的态度是他们在接受各种信息的基础上形成的。旅游者在行动前，会主动搜集各种有关的信息。各种信息间的一致性越强，形成的态度越稳固，因而越不容易改变。

（2）旅游者之间态度的影响

态度具有相互影响的特点。这在作为消费者的游客之间表现得尤为明显，因为旅游者之间的意见交流，不会被认为是出于个人的某种利益，也不会被认为是有劝说其改变态度的目的，因而不存在戒备心理。此外，由于旅游者之间角色身份、目的和利益的相同或相似性，彼此的意见也容易被接受。事实证明，当一个人认为某种意见是来自与他自己利益一致的一方时，人们就乐于接受这种意见，有时甚至主动征询他人的意见，以作为自己的参考。

（3）团体的影响

旅游者的态度通常是与其所属团体的要求和期望相一致的，这是因为团体的规范和习惯力量会在无形中形成一种压力，影响团体内成员的态度。如果个人与所属团体内大多数人的意见相一致，他就会得到有力的支持；否则，就会感受到来自团体的压力。比如，虽然某游客非常想去看看异国风光，但由于他所在团体的成员都在国内旅游，所以他也就打消了去国外旅游的念头。这就是所谓的"群体压力"。

课程思政 4-1

导游工作态度与职业道德

背景与情境： 几位年轻的游客参加旅行社组织的某地八日游活动，按照旅游合同规定，游客用餐自理，往返行程为"一飞一卧"（去时乘飞机，返时乘火车）。游客抵达目的地后，他们对当地导游员的讲解及安排游览活动等都有意见，时常当着大家的面，向地陪提意见。为此，地陪心里憋着一股气。随着游客对地陪的意见越来越大，双方矛盾越来越尖锐。一天，这几位年轻的游客在吃午餐时喝了一点酒，错过了集合时间。地陪趁机采取"报复"手段，不等他们吃完饭，就擅自让旅游车开走，致使他们只能报警，通过当地公安部门的帮助才找到旅游车。

问题： 导游的这种做法和对待游客的态度符合旅游职业规范吗？

资料来源 佚名. 导游工作态度与职业道德［EB/OL］.（2013-02-20）［2013-05-17］. http：//www.worlduc.com/blog2012.aspx？bid=897.

研判提示： 导游服务态度恶劣，严重违反职业道德。工作态度不好，不良情绪主导了职业行为，而其行为则违反了旅游职业道德。

4.4.2 改变旅游者态度的策略

旅游者的态度是旅游者在旅游活动中形成的对旅游商品或服务的肯定或否定的心理倾向。对旅游商品或服务持积极肯定的态度会推动旅游者完成旅游活动，而消极否定的态度则会阻碍旅游者完成旅游活动。所以，要促进旅游者产生旅游行为，完成旅游活动，就必须把旅游者的消极态度转变为积极态度，把否定态度变为肯定态度。那么如何改变旅游者的态度呢？

1）更新旅游产品，提高旅游产品质量

旅游产品是旅游者在旅游过程中所购买的各种物质产品和服务的总和。从某种意义上讲，更新旅游产品是改变旅游者态度的最基本的有效方法。只有不断更新旅游产品，提高旅游产品质量，才能长期占有稳定的市场，保持源源不断的客源。

2）重视旅游宣传

态度的形成依赖于旅游者对态度对象的认识，通过旅游宣传，向旅游者传送新的知识和新的信息，有助于旅游态度的改变。在旅游宣传的过程中，要注意以下几个方面的问题：

① 要进行全方位宣传。

② 要有针对性地组织宣传的内容。

③ 要逐步提出要求。

本章概要

□ 内容提要

本章介绍了态度的概念、内在结构和特征以及态度的形成。态度由三种成分构成，即认知成分、情感成分、意向成分。态度具有以下特点：对象性、社会性、内隐性、稳定性和可变性、价值性、调整性。态度和行为之间的关系是复杂的，通常只有特定的态度才能预测其相关行为。态度是可以改变的，但其改变依赖于多种因素。有关态度形成的理论介绍了凯尔曼的态度形成阶段说，他提出了新态度的形成经历"服从""同化""内化"三个阶段。行为与态度之间存在相互影响的关系。旅游魅力是人们对旅游对象物吸引力的感知。心理印刻引发人们不同的旅游行为，还是旅游体验品质高低的重要影响因素。影响旅游者态度改变的因素有旅游者自身的因素、态度的因素以及外界因素。

□ 主要概念和观念

▲ 主要概念

态度　旅游偏好　旅游魅力　心理印刻

▲ 主要观念

态度改变理论

□ 重点实务

改变旅游者态度的策略

基本训练

□ 知识训练

▲ 复习题

（1）旅游态度能否改变？为什么？试举例分析。

（2）根据生活经验，你认为具有什么特征的人容易说服他人改变态度。

▲ 讨论题

（1）态度决定人的行为吗？

（2）通常情况下，人们的态度是容易改变的吗？

□ 能力训练

▲ 理解与评价

如何理解态度与行为的关系？

▲ 案例分析

【训练项目】

案例分析-Ⅳ。

【相关案例】

同一度假地的不同旅游偏好

背景与情境：有两名在大连金石滩国家旅游度假村度假的旅游者，在相互交谈时道出了完全不同的度假理由。A来这里的理由是基于自然风光和气候；B则是被一流的高尔夫球场所吸引。

问题：不同的旅游偏好为什么会指向同一度假地？

【训练要求】

同第1章"基本训练"中本题型的"训练要求"。

▲ 实训操练

【实训项目】

改变旅游者态度的策略运用。

【实训要求】

将班级学生分成若干小组，到旅游景区做志愿者，运用"改变旅游者态度的策略"影响旅游者，与之进行良性互动，并完成实训课业。

【实训步骤】

（1）将班级学生分成若干组，每组确定一人负责。

（2）各组学习和讨论"重点实务"的教学内容，作为本次实训的知识准备。

（3）各组分别到本地旅游景区做志愿者，为旅游者服务。

（4）各组在提供旅游服务的同时，运用"改变旅游者态度的策略"影响旅游者，记录客人的反应。

（5）各组事后进行总结，并撰写实训课业。

（6）在班级讨论、交流各组关于"改变旅游者态度策略运用"的操作体验和实训课业。

（7）教师点评各组的操作体验和实训课业。

（8）在校园网的本课程教学平台上展示经过教师点评的各组实训课业。

【实训课业】

《"改变旅游者态度的策略运用"实训报告》。

□ 课程思政

【训练项目】

课程思政-Ⅳ。

【相关案例】

变相强制游客参加自费项目、乱收费

背景与情境：行程第一天，在成都至九寨沟途中，导游向游客推销二选一自费项目（藏家风情烤羊晚会150元/人，藏羌歌舞晚会180元/人），但导游根本只字不提二选一之事，要求大家两个项目都要参加，并用优惠条件加以诱惑，说都参加者给予优惠价300元/人，并赠送两个景点门票（一个寺庙+汶川映秀镇地震遗址）。

　　我们一行两人并不想两个项目都参加，只想参加藏家风情烤羊晚会，但导游还是极力要求两项活动都要参加，我说我只参加烤羊晚会一项，然后她说："只参加这一项的话就是180元/人。"我与她进行理论："合同上面写得清清楚楚，藏家风情烤羊晚会150元/人，藏羌歌舞晚会180元/人，我只参加藏家风情烤羊晚会，我为什么要出180元/人？"她说："合同是死的，人是活的啦！你看我们车上还有几个四川人，司机和我出来一趟都很辛苦的。"她的意思就是多要的30元钱是给她和司机的辛苦费！可我出的团费里面已经包含了导游费和车辆的费用。所以我们还是不同意，说："合同上怎么写的就怎么算，是多少就是多少。"她这时候脸马上沉了下来，还朝我们翻白眼，并说："好啊，如果你非得要用合同说话的话，从现在开始我们就不要说话啦，这几天你有什么事都不要问我了，我不管你们了！"她气冲冲地走开了，去做另一对小年轻的工作了（她们也不想都参加）。

　　我们从这以后就一直没给她钱，她也没来找过我们，直到下午到了藏民家，我们先参加了这个活动，到活动结束时她叫我把150元/人的钱直接交给了女老板。在回九寨沟宾馆的路上，导游还用极其讽刺的语气变相侮辱我们两项没都参加的，她是这样说的："我们全车98%的朋友都参加了两个项目，我相信你们的快乐是不会打折扣的……"我们不参加是我们自己的决定，用得着你说三道四？

　　资料来源　佚名. 变相强制参加自费项目、乱收费［EB/OL］.（2012-11-22）［2013-05-17］. http：//www.tianya.cn/techforum/content/843/1.

　　问题：

　　（1）导游员可以在合同之外随意增加旅游项目吗？

　　（2）如果旅游者不同意参加导游员建议的新项目，导游员就表现出恶劣态度，这违背了哪些旅游职业道德规范？

　　（3）通过这个案例，我们怎样理解旅游工作者的态度与职业操守之间的关系？

　　【训练要求】

　　同第1章"基本训练"中本题型的"训练要求"。

第5章　旅游者人格

● 学习目标

通过本章学习，应当达到以下目标：

职业知识：学习和把握人格的含义与理论，旅游者人格的类型、结构及与旅游行为的关系，以及"延伸阅读"等"旅游者人格"的理论与实务知识；能用其指导本章"同步思考"、"同步业务"、"教学互动"和"基本训练"的"知识训练"中各题型的认知活动，正确解答相关问题。

职业能力：就"遗传、环境、成熟和学习这四个因素在人格形成过程的作用"点评"引例"，训练专业理解力与评价力；运用本章知识研究相关案例，训练对其特定情境下当事者行为的"多元表征"专业能力和"与人交流"通用能力；参加"自主学习－Ⅲ"的训练，通过搜集、整理与综合关于"旅游者的人格特征与旅游行为"的前沿知识，并依照"文献综述格式、范文及书写规范要求"撰写、讨论与交流《"旅游者的人格特征与旅游行为"最新文献综述》，培养"旅游者人格"中"自主学习"、"团队协作"和"与人交流"等通用能力。

课程思政：结合本章教学内容，依照相关规范或标准，对"课程思政5-1"和章后"课程思政－Ⅴ"中的企业及其从业人员行为进行思政研判，培养高尚的道德情操，树立社会主义核心价值观。

学习微平台

思维导图5-1

引例：面对玻璃栈道，有人心惊胆战，有人谈笑风生

背景与情境： 现在很多景区为了增加旅游的刺激性，都建造了玻璃栈道，例如张家界天门山的玻璃栈道，每年都有很多游客踏足。而面对着脚下的万丈深渊，不同的游客反应有着极大的差别。有些游客直接吓得坐在了上面不敢起身，但也有些游客谈笑风生，一点都不觉得可怕。

问题：

（1）现实生活中人与人之间真会存在这么大的差异吗？

（2）为什么面对相同的场景，游客的行为存在这么大的差异？

人格存在个体差异是常识，但对人格差异的研究需要更多的经验和学术支撑。本章的内容对我们系统理解旅游者的人格差异是很有帮助的。当然了解个体和群体之间的人格差异既是实用的，也是有趣的。

5.1　人格概述

在上一章中，我们探讨了旅游者的动机。其实，动机和人格是两个很难分割的概念。因为动机揭示的是人们行为的原动力，比如人们为什么要旅游？为什么有人要到南方去旅游而有人却愿意到北方去旅游？要回答这一问题，就要涉及旅游者的人格。人格差异是造成行为差异的一个主要原因，它是一种复杂的心理现象，是由学习、认识、动机、情绪和角色等很多因素综合而形成的。

5.1.1　什么是人格

人格（Personality）一词来源于拉丁语 Person，原意是指舞台上演员戴的假面具，它代表着剧中人的身份。心理学把它引用过来，以表示在人生大舞台上每个人扮演的不同角色以及表现出的相应行为。

心理学家对于人格是什么曾经做过大量探讨，提出过很多的定义。人格心理学家阿尔波特曾综述过 50 个定义。在阿尔波特以后也有不少心理学家综述或分析过人格的定义。虽然时代改变了、科学发展了，但对于人格的概念问题一直没能达成统一。这里我们介绍一个比较具有综合性的定义：**人格是个人在适应环境的过程中所表现出来的系统的、独特的反应方式。它是由个人在其遗传、环境、成熟、学习等因素交互作用下形成的，并具有很大的稳定性。**

这个定义首先强调了人格是人对环境做出的一种反应，而这种反应在不同的人之间是不同的，带有浓重的个人色彩；其次，这种独特的反应方式具有系统性、完整性和稳定性；最后，人格的形成主要受四种因素的影响，即遗传、环境、成熟、学习。

遗传素质构成了一个人心理发展的基本前提。这就像一件玉石艺术品必然要受玉石原料材质特点的影响和制约一样，人的心理发展受个人遗传素质的影响，如个人的神经类型、感官特点、智力潜能、内分泌系统的特点、体貌特征等都构成了个人心理发展的影响因素。

环境是指人出生后所处的社会环境，如社会历史条件、文化、学校、家庭等因素。这些因素对一个人的人格发展的内容、方向、水平等构成影响，同时它也

使遗传所提供的潜能转化为现实。如果没有环境条件，遗传潜能是不能自动实现的。

成熟本身就是遗传和环境二者的产物，其中遗传的作用是主要的，环境起到保证作用。人的心理发展受到个人成熟度的制约，不同的成熟度与人格发展的各阶段相对应，也就是说，不同的成熟度，对应于人格发展的不同主题。成熟规定了人格发展的一些规律性的东西。

学习是人的一种主动行为。在个人成长过程中，随着个体独立性的增强，在自我意识的支配下，人可以主动地选择和获取来自环境的信息，并因此带来自身行为的变化。学习行为的主动性以及它对人格形成构成的影响，使它成为影响人格发展的独立变量。

研究旅游者人格的目的，就是要了解旅游者行为的差异性，这是预测和调节旅游者行为的重要途径。

同步链接 5-1

二十大报告
摘录之五

同步思考 5-1

问题："江山易改，本性难移"的说法对吗？

理解要点：在此"本性"可以称为人格。人格是个人在适应环境的过程中所表现出来的系统的、独特的反应方式。它是由个人在其遗传、环境、成熟、学习等因素交互作用下形成的，并具有很大的稳定性。由此我们知道人格一旦形成就很难改变，所以"江山易改，本性难移"的说法是正确的。

5.1.2 人格理论

由于人格一词的定义并不统一，范围也相当广泛，因此有关人格问题的研究也是五花八门，各有千秋。大多数研究集中在对人格的形成、结构、功能以及与外显行为的关系等方面。心理学家们从各自的生活经验和实验研究出发，对人格问题提出了各自的见解，形成了不同的理论学派。其中最有影响的三种理论是：特质论、精神分析理论、大五人格理论。

1）艾森克的特质论

艾森克认为一个人是在多维空间生活着，他的人格也必然和空间维度有关，因此他认为人格可以从两方面描述：一方面是外倾与内倾。外倾是指变化的一端；内倾是不变的另一端。另一方面是神经质，表现为情绪稳定的一端和情绪不稳定的一端。

图 5-1 是艾森克在大量相关的测验中用统计方法得出的情绪稳定性-情绪不稳定性和内倾-外倾两方面变化的相互制约关系，可以从中找出人格特质。例如，一个人在健谈性的特质上得分高，就可以认为他在稳定性和外倾方面相关性高，这是稳定外倾性的人；一个人在被动性和有思想性方面得分高，就可以认为他在内倾和稳定性方面相关性高，这是稳定内倾性的人。

特质论的最大影响是它采用了科学的分析方法来研究人格，这种方法对以后人格测验的发展有很大的贡献。但是，由于特质论缺乏对人格的整体观，因而不能给予人格普遍性与原则性的解释。

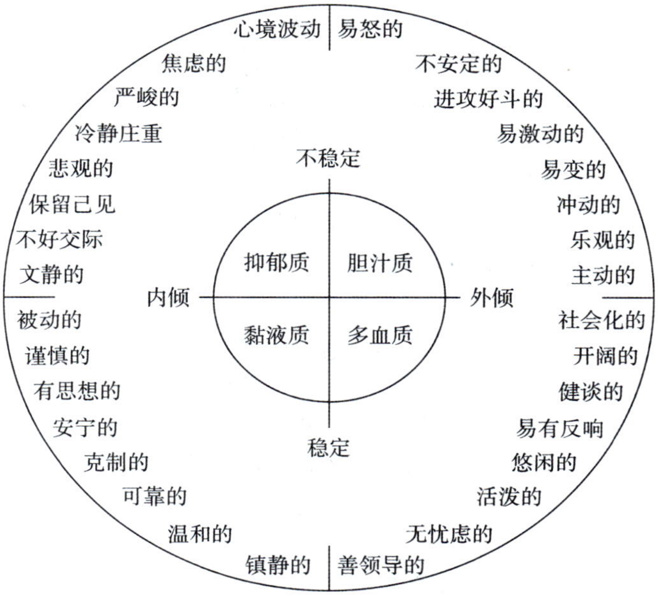

图5-1 从两个维度来分的人格特质图示

2）精神分析理论

在所有的人格理论中，内容最复杂而且影响最大的是弗洛伊德创立的精神分析理论（也称心理分析理论）。弗洛伊德的精神分析理论不仅对心理学本身产生了巨大的影响，甚至可以说，20世纪人类文化的每一个方面，几乎都受到精神分析理论的影响。精神分析理论的影响太大，但该理论本身也存在局限性，引起了很多学者们的批评与研究，并形成了所谓新精神分析学派。所以，后人把精神分析理论分为经典的（即弗洛伊德的）精神分析理论与新精神分析理论两种。这里我们主要介绍弗洛伊德的人格理论。

弗洛伊德的人格理论主要可以分为两大主题：人格结构与人格发展。

（1）人格结构

在弗洛伊德看来，人格是一个整体，在这个整体之内包括彼此关联且相互作用的三个部分，分别称为本我、自我和超我。由于这三个部分的交互作用而产生的内驱力，支配了个人所有的行为。

①本我

本我是人格结构中最原始的部分，是遗传下来的本能。本我之内包含着一些生物性的或本能性的冲动（最原始的动机），其中又以性的冲动和破坏性冲动为主。这些动机就是推动个人行为的原始动力。弗洛伊德把这种原始动力称作"里比多"。外在的或内在的刺激都有可能促使里比多增加，而里比多增加时个人的紧张与不安也会增加。为了减低紧张，本我要求立即满足需求以发泄原始的冲动。所以，本我支配的一切都是潜意识的。弗洛伊德认为生物需要在人的一生中持续存在，是人格的一个永存的部分，在人一生的精神生活中，本我起了最重要的作用。

②自我

自我是个体在与环境的接触中由本我发展而来的人格部分。在本我阶段因为个体的原始性冲动需要获得满足，就必须与周围的现实世界相接触，从而形成自我适应现实环境的作用。例如，因为饥饿而使本我有原始性的求食冲动，但是哪里有食物以及如何取得食物等现实问题必须靠自我与现实接触才能解决。因此，人格的自我部分是受现实原则支配的。自我介于本我与超我之间，它的主要功能有以下几方面：一是获得基本需要的满足以维持个体的生存；二是调节本我的原始需要以符合现实环境的条件；三是管制不为超我所接受的冲动；四是调节并解决本我与超我之间的冲突。由此可见，自我是人格结构中的主要部分。

③超我

超我是在人格结构中居于管制地位的最高部分，是由于个人在社会化的过程中将社会规范、道德标准、价值判断等内化之后形成的结果。平常所说的良心、良知、理性等，都是超我的功能。本我寻求快乐，自我考虑到现实环境的限制，超我则明察是非善恶。所以，超我是本我与自我的监督者，它的主要功能有：管制社会所不接受的原始冲动；诱导自我使其能以合乎社会规范的目标代替较低的现实目标；使个人向理想努力，达成完美的人格。

本我、自我、超我三者不是完全独立的，而是彼此交互作用而构成人格整体。一个正常的人，其人格中的三部分经常是彼此平衡而和谐的。本我的冲动应该有机会在合乎现实的条件下和社会规范许可的范围内，获得适当的满足。

（2）人格发展

精神分析理论关于人格发展有两个前提：第一，强调发展，认为成人的性格是由婴幼儿时期的各种经验塑造而成的；第二，性力是一生下来就有的，并随着个体心理的发展而发展。弗洛伊德认为，在儿童发展的不同时期，里比多投放集中于身体不同的特定部位。这些部位对维持生存起着重要的作用，而且也是快乐的来源。按照里比多投放的主要部位，人格的发展可以分为以下五个时期：

①口唇期

婴儿出生后第一年，里比多主要投放在口唇部位，口唇刺激（吸吮、咬手指、咬东西等）是快乐的来源，因为这样能减轻饥饿产生的紧张感，并引起吸吮产生的快感。如果在这个时期内婴儿的口腔活动受到过分的限制，使口唇期本能发展不顺利，就会影响以后的发展而产生"滞留现象"。若"滞留现象"出现在口唇期，将来长大后可能保留一种"口唇性格"。按照弗洛伊德的说法，具有"口唇性格"的人，在人格上常偏向悲观、依赖、退缩、猜忌、苛求，甚至对人仇视等。

②肛门期

儿童1~3岁是人格发展的肛门期。幼儿由于排泄粪便解除内急压力而获得快感经验，因而对肛门的活动产生满足。这个阶段对儿童进行卫生训练很重要，训练的好坏可以影响儿童以后性格的发展。如果训练过分严格，儿童在情绪上受到威胁恐吓时，可能导致其将来性格冷酷无情、顽固、吝啬、暴躁，甚至生活秩序紊乱。按照弗洛伊德的解释，这种现象是由于肛门期不能顺利发展所产生的滞留作用影响而形成的，因此，弗洛伊德称之为"肛门性格"。

③性器期

儿童长到四五岁左右，开始产生恋母（男孩）或恋父（女孩）情结。这一时期的儿童在行为上有了性别之分，并且开始模仿父母中的同性别者，但以父母中的异性作为爱恋的对象。与此同时，他们惧怕双亲中与自己同性别的，"并努力使自己成为双亲中同性的那样，于是就产生自居作用"。这导致儿童采取父亲或母亲的行为和评价。这样，超我就发展起来了。

④潜伏期

弗洛伊德认为，儿童到6岁以后，其兴趣不再限于自己的身体，而是注意周围环境中的事物。因此，从儿童性的发展看，6岁以后进入潜伏期。性潜伏期一直延续到12岁左右，这段时间正是儿童的小学阶段。在这一时期，由于儿童生活范围的扩大和接受系统的知识，因而他们人格中超我的部分得到发展。同时，儿童与异性间的交往比较少，团体活动时常常是男女分开。这种现象一直维持到青春期后才发生转变。

⑤青春期

儿童到了青春期以后，开始对异性产生兴趣，喜欢参加两性组成的活动，而且在心理上逐渐发展，有了与性别关联的职业计划、婚姻理想等。

从理论的观点看，弗洛伊德的精神分析理论是人格理论中内容最完善的。它不但解释了人格结构，而且也详述了人格的发展，尤其是他对潜意识历程的研究，不但扩大了人格心理学的研究范围，而且对整个心理学界产生了巨大的影响。不过，弗洛伊德的理论也有局限性。首先，他的理论大多是以心理失常者的行为为基础，因而未必能适用于解释一般人的行为。其次，资料多是根据个人的观察经验，缺乏实验性的量化研究。最后，他过分重视人类本能的性冲动对行为的支配作用，而忽视社会文化对行为发展的影响。也正是由于这最后一点，他不断地受到批评，甚至他的学生和继承者也表示反对，因而产生了"新精神分析理论"。

3）大五人格理论

在目前的人格理论中，"大五人格理论"是最具有说服力的。在该理论中，人格被划分为五个独立的基本维度，它们是所有其他维度的基础，并包含了人格特质中最重要的变量。通过对这五个因素的分析，我们可以很好地预测个体在现实中的行为反应。这五个因素分别是：

①外倾性：用来描绘个体对关系的舒适感。外倾者喜欢群居，善于社交；内倾者倾向于封闭内向，安静少语。

②随和性：用来描绘个体服从的倾向性。高随和性的人合作、热情、信赖他人；低随和性的人则冷淡、敌对。

③责任心：用来描绘个体的可靠性。高责任心的人是负责的、有条不紊的，值得信赖；低责任心的人则注意力分散，做事缺乏规划。

④稳定性：用来描绘个体的抗压能力。高稳定性的人平和、自信；低稳定性的人则容易紧张、焦虑，缺乏安全感。

⑤开放性：用来描绘个体对新事物的兴趣。高开放性的人富有创造性，有好奇心；低开放性的人较为保守，只对熟悉的事物感兴趣。

4）迈尔斯-布里格斯人格类型

迈尔斯-布里格斯（MBTI）是应用非常广泛的人格类型假设之一。在这一假设中，个体被按照"外倾（E）-内倾（I）"、"感觉（S）-直觉（N）"、"思维（T）-

情感（F）"、"知觉（P）－判断（J）"四个维度进行区分，共分为16种人格类型。

① 外倾－内倾：外倾型的人喜欢社交，时间多花在行动上；内倾型的人喜欢独处，时间多花在思考上。

② 感觉－直觉：感觉型的人喜欢实用的具体的事物，注重局部；直觉型的人喜欢抽象的事物，注重整体。

③ 思维－情感：思维型的人思考问题力图站在客观事实的角度；情感型的人思考问题力图站在他人感受方面，以自己的价值观作为导向。

④ 知觉－判断：判断型的人做事目的性强，做事有板有眼；知觉型的人做事随心随性，跟着感觉走，很少做缜密的计划。

需要指出的是，MBTI尽管在很多企业中被用来对员工的人格做区分，但目前依然缺乏足够多的证据，只能作为一个假设存在。

5.2 旅游者的人格特征与旅游行为

旅游者的人格特征与旅游者的行为之间的关系既十分复杂又紧密相关。分析旅游者的人格类型和人格结构，有助于旅游工作者更好地预测和引导旅游者的行为。

教学互动 5-1

背景资料：飞机、火车经常会有不同国籍者同飞共乘，因此了解东西方人的性格和思维方式很有必要。东方人含蓄、内向，善于控制感情，往往委婉表达意愿，思维方式一般从抽象到具体，从大到小，从远到近。西方人开放、爱自由、易激动，感情外露，喜欢直截了当地表明意愿并希望得到肯定的答复。他们的思维方式一般由小到大，由近及远，由具体到抽象。

其实这仅仅是一般情况，就像中国人，不同地区、不同民族的性格、思维方式有很大差异，社会阶层、职业、性别、年龄不同，心理特征、生活情趣也各不相同。同样西方人也一样，英国人矜持、幽默，绅士派头十足；美国人开朗大方，爱交朋友；法国人爱自由，易激动，爱享受生活；德国人踏实、勤奋、不尚虚文；意大利人热情，无拘无束，热爱生活。

互动问题：这种差异是真实存在的吗？在旅游工作中如何照顾到这种情况？

要求：同"教学互动1-1"的"互动要求"。

5.2.1 旅游者的人格类型与旅游行为

关于人格类型的划分有两种方式：一种是基于纯心理学理论研究的成果，如内倾或外倾、男性气质或女性气质、内控型或外控型、自尊或自卑等；另一种是出于应用的需要而划分出的人格类型，例如，经济学家从消费行为特点的角度把人划分为多虑型、文静型、不拘礼节型、性情急躁型、友好型等。

1）心理学研究中划分的几种人格类型

从心理学的角度，有以下几种人格类型：

（1）内倾、外倾

最早在心理学领域内规范化地使用内倾和外倾这一概念的是心理学家荣格。他认为人在与周围世界发生联系时，人的心灵一般有两种指向：一是指向个体内在世界，叫内倾；另一种是指向外部环境，叫外倾。具有内倾性格特点的人一般比较沉静、富于想象、爱思考、退缩、害羞、敏感、防御性强；而外倾者则爱交际、好外出、坦率、随和、轻信、易于适应环境。内倾和外倾实际上是个连续体，而不是各自独立的两个极端。大多数人处于内倾和外倾这一连续体中的某一位置上，绝对内倾或外倾的人并不多见。

从旅游工作的特点看，在选择不同工作岗位的员工时就要有所区分。例如，导游员、餐厅服务员、从事公关或营销工作以及大堂的一些工作人员，就应该选择具有外倾性格特点的人；而客房服务员、物品保管员、收银员等就应该选择那些有内倾性格特点的人。

（2）男性气质、女性气质

男性气质指的是有进取心的、喜欢专断和控制人的，而且独立性较强；而女性气质指的是温和的、能容忍的、细腻的，有依赖性。一般而言，男人更多地具有男性气质，女人更多地具有女性气质。但这并不是绝对的，有的男人具有女性气质，如较温和、能容忍，同样，有的女人具有男性气质，有进取心、爱控制人。

依据酒店工作的特点，服务人员更多地选择女性，这主要是基于女性有更多的女性气质，而这种特点是适合于服务工作的。需要注意的是，有些女性也具有男性气质，所以仅仅依靠性别这一生物特性来选择服务员是不够的，还要考察其心理气质。

（3）内控型、外控型

内控型的人坚定地认为自己是命运的主宰。这种人独立性强，不容易受外界影响而改变自己的行为。这种人如果碰到了好事，则认为是自己努力的结果；如果遇到倒霉事，也只怪自己，认为是自己造成的。因此他们从不怨天尤人。外控型的人则相反，认为一切事情都是命运主宰的，自己只是处于被动地位。因此，无论成功或失败，他们总认为是外力的结果。比如，面对一次升迁机会，如果没能如愿，内控型的人会认为自己还不合格，可能是自己工作干得还不太出色或资历不够；而外控型的人则可能会骂领导，认为是领导不公正。

学习微平台

延伸阅读5-2

同步案例5-1

从领导者的人格看中国共产党为什么"能"

背景与情境： 在遵义会议纪念馆，导游声情并茂地讲述着遵义会议在中共党史上的重要意义，并将同时期共产党和国民党的政治行为做了详细的对比，使游客深刻认识到共产党心系人民的本质特征和国民党的腐败无能。之后，导游向游客提出了这样一个问题："历史唯物主义告诉我们，历史是由人民创造的，但我们也决不否定杰出人物在历史中所起到的作用。我们都知道，早期中国共产党的成功，离不开毛泽东的出色领导。那么大家可以想一想，与同时期国民党的领导人蒋介石相比，毛泽东在人格方面与其最本质的区别是什么？"这个问题立刻引起了很多游客的兴趣，他们七嘴八舌地开始发表自己的观点，导游都微笑着给予了适当的回应。最后，导游感慨地说："毛泽东一生坚持中国要走独立自主的发展道路，一切问题都要依靠中国人民自己的力量给予解决。他一生相信人民，依靠人民，也因此得到了人民的尊敬和爱戴。而蒋介石却时时处处想依靠外部力量实现自己的权力野心，早期依靠苏联，中期依靠美国，哪怕败退台湾以后，还幻想着依靠日本。大家想想，这两种人做领导的党派，哪个党派最终会被历史和人民所选择，哪个又会被历史和人民所抛弃，这不是显而易见吗？"游客们都被导游别具一格的视角和分析所打动，纷纷为她鼓掌，表示了由衷的认可。

问题： 从人格心理学的角度分析导游的讲解内容。

分析提示： 导游从微观的、心理学的视角切入，将国共两党领导人的人格归入"内控—外控"这一维度当中。这一视角是比较新颖的，更容易吸引游客的注意力并使之主动思考中国共产党为什么"能"这一重要问题，从而更可能达到对游客进行思想政治教育的目的。

（4）自卑、自尊

把人分为自卑、自尊两大类型也是一种心理学的基本观点。所谓自卑，就是认为自己软弱、无能，对自己评价较低；自尊则是自视较高，认为自己了不起，对自己估计过高。

人们有时会有自卑感，这并不意味着这个人有问题或不正常，相反它会构成一种追求卓越的力量，促使人做出更大的努力，最终获得成功并因此而产生优越感。但是如果过于自卑的话，就可能摧垮一个人，整日唉声叹气，最终一事无成。

有时人们为了掩饰自卑心理以求得心理平衡，会显出很高傲的样子，表现出强烈的自尊。但这种高傲假象很容易被识破，因为这种高自尊的人比较敏感、脆弱，而且攻击性较强，一有机会就会贬低别人以抬高自己。这种人通常不会有所作为，只是小心翼翼地把自己笼罩在高傲的幻象中，欺骗自己以求自安。

恰当的自尊是必要的，它是维护个人心理的完整性、保持心理健康的重要前提。但一个人优越感过强、自视太高就可能变成一个专横跋扈、自吹自擂、傲慢无礼、爱贬低别人的人。

旅游服务工作者有一定的自尊感是必要的，保持自尊是维持与他人正常和谐交往的前提，也是做好服务工作的心理条件。自卑心强，会表现得敏感、攻击性强，容易与客人发生冲突；而自尊心太强则很难"低下头来"为客人服务，难以履行自己的角色职责。所以，旅游服务工作者既不能过分自卑，也不能优越感太强。

同步业务 5-1

旅游者个性与服务策略

①急躁型——胆汁质

急躁型旅游者喜欢新奇的、场面热闹且富于刺激性的旅游活动项目；对人热情、说话快，好争辩；不喜欢等待，较粗心；易丢失东西；购物时比较冲动。

服务策略：

A.不要主动刺激他们，不要与他们争辩是非曲直。

B.不要计较他们的冲动语言。

C.如出现矛盾，应避其锋芒。

D.在为他们办事时，应尽可能迅速。

E.在更换旅游地点时，随时提醒他们不要遗忘自己的物品。

②活泼型——多血质

活泼型旅游者生性好动，喜欢参与变化大、花样多的旅游活动项目；乐于与人打招呼；对事乐观，往往笑声不断；易于激动，但情绪不强烈；容易交友，但交情不深；购物时主意拿得快，变得也快。

服务策略：

A.服务时要热情大方、积极主动。

B.与其相处要办事迅速、说话简短。

C.介绍娱乐场所或食谱时，要注意多样性选择。

D.当他们购物后又改变主意或要求退货时，要尽量做好解释工作。

③稳重型——黏液质

稳重型旅游者表现安静，不主动与人交谈；自制力强，感情不易外露；遇事不易受感动，也不易发脾气；办事稳妥，反应较慢。

服务策略：

A.为其服务时，说话要慢，重点之处要重复一下。

B.不宜主动、过多交谈。

C.住宿、就餐应尽可能安排在僻静的环境。

D.购物时切勿催促，让他们深思熟虑后再做决定。

④忧郁型——抑郁质

忧郁型旅游者通常少言寡语，不喜欢交际；不喜欢热闹场所；感情不易外露；自尊心较强；敏感而好猜疑。

服务策略：

A.为其服务时，要尊重他们。

B.与其相处要有耐心，多关照。

C.尽量为其提供富有文化内涵、表现手法细腻的旅游产品。

D.不要说与他们无关的话，不宜与他们开玩笑。

E.住宿尽可能安排在清静的环境中。

F.购物时应让其自由挑选，不可催促。

资料来源：佚名.旅游者个性与服务策略［EB/OL］.（2012-10-02）［2013-05-24］.http：//wenku.baidu.com/view/4a7c432ae2bd960590c67792.html.引文经过改编。

2）旅游者的人格类型分析

人格类型的划分，可以从不同的角度来进行。为了更好地理解旅游者的人格和旅游行为的关系，我们这里从多个侧面来进行分析。

课程思政 5-1

有偏见的游客

背景与情境： 做导游这一行的，最难服务的或许就是那种带有偏见而又十分固执，甚至有心理障碍的游客了。导游小张接了个中国台湾团，旅游团中有位游客总是如同影子一样紧随小张身后，并且有问不完的话题。他不断地问走出校门不久的小张一些政治敏感问题。虽然小张一再婉言拒绝谈论这些话题，但那位游客仍继续问他，甚至还"有声有色"地讲述他的所谓"绝对实事"的"真相"。依照小张平时的性格，他会毫不客气地顶一句："你有完没完？"然而，此时他毕竟是旅游团中的一位游客，训斥游客总是不在理的，甚至会像压弹簧一样，你压得越使劲，他越会往上跳。怎么办呢？小张采取了应付的办法，能离这位游客远一点就尽量远一点；当这位游客问起有关政治话题时，他就搪塞一下。

资料来源　佚名．旅游者的人格［EB/OL］．（2011-01-11）［2016-04-10］. http：//www.docin.com/p-116608313.html.

问题： 从思政角度研判本案例。

研判提示： 这位旅游者把旅游变成了政治活动，使导游处于进退两难的境地。顺着游客，则可能犯政治错误；逆着游客，则违反职业规范，甚至制造事端。小张采取躲避、敷衍策略是完全正确的，游客的激情会慢慢减弱。

（1）根据旅游者的性格倾向来划分

与内倾、外倾的分类方法相近的一种分类方法是把人分为心理中心的和他人中心两大类。心理中心的人计较小事，考虑自己，一般忧心忡忡，心情有些压抑，不爱冒险。他人中心的人喜欢冒险、自信、好奇、外向，急于与外界接触，喜欢在生活中做新的尝试。

在一项专为调查旅游目的地受人们欢迎的程度为什么出现大幅度变化而设计的研究中，人们发现心理中心的人和他人中心的人在旅游行为的许多重要方面存在明显的差别（见表5-1）。

表5-1　　心理中心人格和他人中心人格的旅游行为特点

心理中心人格	他人中心人格
选择熟悉的旅游目的地； 喜欢旅游目的地的一般活动； 选择晒日光浴和游乐场所，包括适度且无拘无束的休息； 活动量小； 喜欢能驱车前往的旅游点； 喜欢正规的旅游设施，如设备齐全的旅馆、家庭式的饭店以及旅游商店； 喜欢家庭的气氛、熟悉的娱乐活动，不喜欢外国的气氛； 准备好齐全的旅行行装，全部日程都要事先安排妥当	选择非旅游地区； 喜欢在别人来到该地区前享受新鲜经验和发现的喜悦； 喜欢新奇的、不寻常的旅游场所； 活动量大； 喜欢坐飞机去目的地； 旅游设施只要包括一般或较好的旅馆和伙食，不一定要现代化的大型旅馆，不喜欢逛吸引旅游者的商店； 愿意会见和接触具有他们所不熟悉的文化或外国文化背景的居民； 旅游的安排只包括最基本的项目（交通工具和旅馆），留有较大的余地和灵活性

从表5-1中可以看到，心理中心的人显然要求他的生活具有可测性，他们最强烈的旅游动机是休息和松弛一下。而他人中心的人则希望生活中有一些预计不到的东西，他们喜欢去那些比较偏远的、不太为人所知的地方旅游，如能去一些没有听说过的地方，体验一些新的经历，他们会感到十分满意。

（2）根据生活方式来划分

生活方式是指社会生活的形式，它作为一种综合性的人格特征，与人的日常生活中的各种行为关系密切。按照生活方式来划分，旅游者的类型大致有以下几种：

①喜欢安静生活的旅游者

这类旅游者重视家庭，关心孩子，维护传统，爱好整洁，而且非常注意身体健康。尽管他们也有足够的钱用来旅游，但他们更愿意将较多的钱用来购置家具，花更多的时间维修和粉刷房屋等。当然，他们对于一次幽静的度假也会十分期待。一般情况下，他们选择的旅游目的地大多是环境宜人的湖滨、海岛、山庄等旅游区。他们喜欢这里清新的空气、明媚的阳光，喜欢去狩猎、钓鱼、与家人野餐。这类人喜欢平静的生活，不愿意冒任何风险，而且对广告从来都抱怀疑态度——尤其是报纸和杂志上面的广告。

了解了这类旅游者的特点以后，我们就可以知道哪些产品和哪些产品宣传方式符合这一类人的需要、价值观、爱好和态度。因此，在激发这一部分人的旅游动机、引导他们的旅游行为时，就应该着重强调该旅游目的地能够提供全家在一起度假的机会，这里有助于培养孩子们对户外活动的兴趣，比如告诉他们这里的空气有多么清新，环境多么清洁，等等。

②喜欢交际的旅游者

这类旅游者活跃、外向、自信，易于接受新鲜事物，他们喜欢参加各种社会活动，认为旅游度假的含义不能局限于休息和放松，而应该把它看成结交新朋友、联络老朋友、扩大交往范围的良好时机。他们还喜欢到遥远的、有异国情调的旅游目的地去旅游。总之，他们敢作敢为，对新经历充满兴趣。

③对历史感兴趣的旅游者

对历史感兴趣的旅游者认为，旅游度假应该过得有教育意义，能够增长见识，而娱乐只是一个次要的动机。他们认为，旅游度假是了解他人、了解其他习俗和文化的良机，是丰富自己对形成今天这个世界产生过影响的历史人物和事件的了解的良机。

对历史感兴趣的旅游者之所以对受教育和增长见识如此重视，是因为他们把自己的家庭和孩子看成生活中最重要的部分，认为教育孩子是做家长的主要责任。因此，他们认为假期应该是为孩子安排的，并且认为全家能在一起度假的家庭是幸福的家庭。所以，要想吸引这一类人去旅游，在旅游景点的宣传上就要突出其所能提供的受教育、长知识的机会，并强调全家可以在一起度假。

（3）根据旅游者的其他因素来划分

斯太瓦特（Sitewart，1993）对英国度假旅游者需求和愿望的变化进行了研究，提出了一个度假行为模型。该模型建立在实际观察的基础之上，比如人们越富裕就越愿意外出旅游，这样旅游的经历就越丰富；旅游经历越丰富，他们就越想去旅游；而且随着他们的富裕程度不断提高和旅游经历的不断丰富，他们会更具冒险精神、更加自信。

根据人们的富裕程度和旅游经验将个体旅游者的度假分为四个层面，在每个层面中，不同的旅游目的地所受欢迎程度有所不同，而潜在的旅游动机和对旅游产品的需求也有不同。

①第一层面——纯观光型旅游者

这是最初级的旅游者，其特征是富裕程度较低，缺乏旅游经验。他们旅游主要是出于好奇，传统的包价旅游是理想的选择。斯太瓦特借用厄里提出的"透明罩旅游"概念，即旅游者可以一睹外国文化却不必深入其中。"透明罩"使游客免遭来自异国环境的不同生活方式的干扰，并给予他们旅游的基本信心。

②第二层面——追求理想经历的旅游者

这个层面的旅游者富裕程度稍高并且具备了跨国旅游的基本经验。这使他们更自信，表现得更加冒险、更加灵活和更具自主性。他们倾向于选择文化和地域差异更为明显的度假地。

③第三层面——开阔眼界的旅游者

旅游者的富裕程度和跨国旅游经验都有较大提高。他们有信心去尝试更大范围的文化体验，无论对环境熟悉与否。他们对独立和自由的渴求表现为更加以自我为导向的、范围更大的旅行。

④第四层面——完全沉浸的旅游者

这一类旅游者几乎达到超越旅游的层次。他们的旅游动机不是感受地道的外国文化，而是创造出犹如该国本地人的文化体验，完全融入该国的语言、文化、传统和生活方式中。

5.2.2 旅游者的人格结构与旅游行为

加拿大临床心理医生埃里克·伯恩博士在其专著《人们玩的游戏》一书中提出了一种新的人格结构理论。该理论把人格分成三个部分，或者说人格是由三种自我状态构成的，它们分别是儿童自我状态、成人自我状态和父母自我状态。

1) 人格结构

埃里克·伯恩博士的这三种自我状态大体上和本章人格理论部分提到的弗洛伊德的"本我""自我""超我"相对应。每种状态都是思维、感情和行为的单独来源。在任何情况下，人的行为都受到这三种人格状态或其中之一的支配。

（1）儿童自我状态

一个人最初形成的自我状态就是儿童自我状态。儿童自我状态由自然的情感、思维和行为构成。一个人按他的儿童自我状态行动时，他或者想怎么干就怎么干，这称为自然儿童自我状态；或者按他小时候所受的训练来行动，这称为顺应儿童自我状态。

儿童自我状态是一个人的人格中感受挫折、不适当、无依无靠、欢乐等情感的那一部分。此外，儿童自我状态也是好奇心、创造性、想象力、自发性、冲动性和新发现引起的激动等的源泉。儿童自我状态负责人们完全不受压抑的、表面可笑的行为，天真烂漫的行为以及自然的言行。

儿童自我状态是人格中主管情感和情绪的部分。人们的欲求、需要和欲望大部分也由儿童自我状态掌管。每当一个人感到自己需要什么东西时，他的儿童自我状态就表达了他的愿望，比如，"我还想吃一块糖"或者"我还没玩够"。可见，儿童自我状态表现出来的多是原始的、具有动机或动力性的东西。如果一个人的儿童自我状态疲弱，那么他就是一个缺乏活力的、刻板的人。

（2）成人自我状态

成人自我状态是人格中支配理性思维和信息的客观处理的部分。成人自我状态掌管理性的、非感情用事的、较客观的行为。当一个人成人自我状态起主导作用时，他待人接物比较冷静，处事谨慎，尊重别人。这种状态支配下的人，说话办事逻辑性强，喜欢探究为什么、怎么样等。

（3）父母自我状态

父母自我状态是人们通过模仿自己的父母或其他在其心目中具有与父母一样权威的人物而获得的态度和行为方式。父母自我状态提供一个人有关观点、是非、怎么办等方面的信息。

父母自我状态以权威和优越感为标志，是一个"照章办事"的行为决策者，通常以居高临下的方式表现出来。父母自我状态具有两面性：一方面是慈母式的，如同情、安慰；另一方面是严父式的，如批评、命令。父母自我状态告诉人们应该怎么样，也帮助人们分清功过是非。

在一个心理健康的人身上，这三种自我状态处在协调、平衡的关系中，三者都在发挥作用。在不同的情境中，有时是儿童自我状态起主导作用，有时是成人自我状态起主导作用，而有时是父母自我状态在支配着行为。哪种自我状态起主导作用，要视当时的具体情况而定。

如果一个人的行为长期由某一种自我状态支配，那么他的人格就出现问题了，也就是说，他是个心理不健康的人。一个主要由父母自我状态支配自己行为的人，往往把周围的人都当成孩子看待。常定成人自我状态的人通常被视为惹人生厌的人，他跟周围的人可能相处得很僵甚至格格不入，因为他人格中关心他人的父母自我状态和天真活泼的儿童自我状态的侧面都被抑制了，未能发挥作用。常定儿童自我状态的人一辈子都像个孩子，永远也不想长大。这种人从不独立思考，从不做出自己的决定，从不对自己的行为承担责任。

人格的三种自我状态必须相互平衡、协调，当它们共同有机地负担起支配行为的职责时，这个人才是正常的、健康的。当然，在日常生活中有的人虽然以某一种自我状态占优势，但他也是正常的，比如我们常见的，有的人较富理性，有的人更具责任感，而有的人更浪漫些。

同步思考 5-2

"咪蒙"的倒掉

背景资料：2019 年 2 月 21 日，著名"网红"咪蒙的微博永久关停，她也正式注销了公众号"咪蒙"。随后，各大网络平台也先后封禁了咪蒙及旗下的相关账号。从几年前她火爆网络，圈粉千万，到今天公众号黯然关闭，甚至人人喊打，众多网友亲眼见证了一出"眼看她起高楼，眼看她宴宾客，眼看她楼塌了"的网络闹剧。现在，也只有由她引申出来的"田园女权癌""容咪率"等新词汇成为人们茶余饭后调侃的对象。2019年2月1日，人民日报官微就咪蒙事件发表评论："咪蒙发道歉信，避实就虚，避重就轻，暴露出一贯的擦边球思维。当文字商人没错，但不能尽熬有毒鸡汤；不是打鸡血就是洒狗血，热衷精神传销，操纵大众情绪，尤为可鄙。若不锚定健康的价值坐标，道歉就是暂避风头，承担起相应的社会责任就变成一地鸡毛。"

问题： 从人格结构理论的角度看，咪蒙的支持者群体在处理生活问题尤其是感情问题时更可能暴露出哪种人格状态？

理解要点： 儿童自我状态是人格中主管情感和情绪的部分。人们的欲求、需要和欲望大部分也由儿童自我状态掌管。所以，我行我素、极度以自我为中心、严重双标等都是儿童自我状态的具体体现。

2）人格结构与旅游行为

人格结构理论把人格分成了三个独立的部分，每个部分都分别支配着不同类型的行为，这为我们分析旅游者的消费行为和旅游服务行为提供了非常有价值的角度。

人们是否要去旅游，到什么地方旅游，乘坐什么样的交通工具，游览什么样的旅游景点？人格的每一种自我状态都会提出自己的看法。一般来说，人们的旅游动机主要存在于儿童自我状态中，也就是说，儿童自我状态最容易被诱惑、被激发。所以在旅游促销活动中，首先要激发旅游者的消费欲望，激发起他们的快乐情感，使其处于"跃跃欲试"的状态；然后对旅游者进行理性说服，让其成人自我状态得出"可以""还合适""做得到"的结论；最后要提出一个高尚的或有意义的理由，以满足父母自我状态的一些原则性要求，比如"这样做合乎身份、有利于工作"或打动父母自我状态的关心、爱护的一面。只有全面满足了自我状态的三方面要求，才能最终使旅游者采取消费行动。总之，在旅游促销过程中，要做到"打动""意义化""合理化"。

在旅游服务过程中，人格结构理论同样具有启发性。在服务过程中必须对旅游者的三方面要求予以满足，这样他们才会感到旅游消费行为是成功的，经历是美好的。如果旅游者处于父母自我状态，颐指气使，盛气凌人，作为旅游服务人员不能对以父母自我状态，要避免冲突，最好先以儿童自我状态接受下来，避其锋芒，同时使客人的自尊心得到一定程度的满足，然后再设法调动客人的成人自我状态，与其讲理。如果旅游者处于儿童自我状态，表现出刁蛮无理或发泄情绪时，旅游服务人员就要对以父母自我状态中慈爱的一面，展现出宽容、忍让，先予以缓冲、消气，然后再唤起其成人自我状态，进行平等、理性的交往。

◤ 本章概要

□ 内容提要

人格在心理学中是一个非常重要的研究范畴，这方面的成果也很多。本章主要介绍了艾森克的特质论、弗洛伊德的精神分析理论。在旅游者的人格特征与旅游行为部分，主要介绍了旅游者的人格类型与旅游行为之间的关系，以及加拿大临床心理医生埃里克·伯恩提出的人格状态理论在旅游领域的运用。

　　□ 主要概念和观念
　　▲ 主要概念
　　人格　本我　自我　超我
　　▲ 主要观念
　　人格结构　特质论　自我论　人格类型
　　□ 重点实务
　　旅游者的人格类型与旅游行为　旅游者个性与服务策略

基本训练

　　□ 知识训练
　　▲ 复习题
　　（1）根据生活方式可以把旅游者划分为哪些类型？每一类型的旅游者的人格特点是什么？
　　（2）旅游态度能否改变？为什么？试举例分析。
　　（3）根据人格状态理论，你应该向某人的父母自我状态、成人自我状态和儿童自我状态分别传递哪些信息？
　　▲ 讨论题
　　（1）"江山易改，本性难移"的说法对吗？为什么？
　　（2）中国传统文化对国民性格影响体现在哪些方面？
　　□ 能力训练
　　▲ 理解与评价
　　点评本章"引例"，说明遗传、环境、成熟和学习这四个因素在人格形成过程中的作用。
　　▲ 案例分析
　　【训练项目】
　　案例分析-V。
　　【相关案例】

老寿星的尴尬

　　背景与情境：某市有一家三星级饭店，因一贯对客人服务质量较好，满足客人心理需求主动、灵活，在该市久负盛名，每天都是客人爆满，生意兴隆。

　　一个星期天的中午，大餐厅里喜气洋洋，十几桌的寿宴，正在人们的碰杯和欢笑中进行着。在餐厅正中间墙上挂着的大红"寿"字，映着八十周岁老寿星红光满面的脸庞，四世同堂的子孙和亲友们激情高昂，欢声笑语响成一片。

　　老寿星的子孙和亲友们在碰杯、祝寿的同时，不断地品尝着二十多道菜的美味。不到一个小时，有的餐桌上菜盘就见底了，有的餐桌上把服务员送上来的点心和水果也"一扫而光"了。

　　这个场面印证了一句俗语，"心情高，食欲好"。可是当老寿星和亲友们还沉浸在互相碰杯的欢乐之中，"祝您长命百岁"的祝寿语还在不断响起，十几桌的客人们都还团团坐着的时候，却没有菜肴下酒了。老寿星的儿子看到这个场面很尴尬，命令仆立在餐桌旁的服务员赶快上菜。

　　这个服务员是刚进饭店半个月的实习生，听到这句话后，马上怒气冲冲地说：你们的菜已经上完了。在座的客人听到后，欢笑声顿时消散，纷纷离席而去，老寿星觉得太丢面子，也不高兴而去。老寿星的儿子在结账的时候，向餐厅经理投诉了这个服务员。

　　第二天，这个服务员就被餐厅经理调离了工作岗位，并且扣发了当月奖金。

　　问题：

　　（1）案例中老寿星的儿子在与服务员沟通中处于哪种自我状态？

　　（2）这种自我状态的主要特点是什么？

　　（3）此案例中的服务员面对客人的表现，与客人沟通中应该处于哪种自我状态？

　　【训练要求】

　　同第1章"基本训练"中本题型的"训练要求"。

　　▲ 自主学习

　　【训练项目】

　　自主学习-Ⅲ。

　　【训练步骤】

　　（1）将班级同学组成若干"自主学习"训练团队，每队确定一人负责。

　　（2）各团队根据训练项目需要进行角色分工。

　　（3）通过校图书馆、院资料室和互联网，查阅"文献综述格式、范文及书写规范要求"和近三年关于"旅游者的人格特征与旅游行为"研究的前沿学术文献资料。

　　（4）综合和整理"旅游者的人格特征与旅游行为"研究的前沿学术文献资料，依照"文献综述格式、范文及书写规范要求"，撰写《"旅游者的人格特征与旅游行为"最新文献综述》。

　　（5）在班级交流各团队的《"旅游者的人格特征与旅游行为"最新文献综述》。

　　（6）在校园网的本课程平台上展出经过修订并附有教师点评的各组《"旅游者的人格特征与旅游行为"最新文献综述》，供学生相互借鉴。

　　□ 课程思政

　　【训练项目】

　　课程思政-Ⅴ。

　　【相关案例】

<h3 style="text-align:center">一只"残疾"的鸡</h3>

　　背景与情境：武汉的王先生，在该市一家饭店宴客，菜端上来后，整只鸡居然只有一条腿。王先生连忙把服务员叫来。

　　"你们的鸡怎么只有一条腿？"

　　"真不好意思，这只鸡有残疾。"

　　"啥？开玩笑吧！"

　　"这只鸡确实生下来就残疾。"

　　"你把我当傻子哄吧！"

　　"你这人怎么蛮不讲理。人这么宝贵都有残疾，何况是只鸡。"

"你不讲理，还是我不讲理？我付足额的钱却少给我一条鸡腿。"

在王先生的再三抗议下，服务员才给补了一条鸡腿。

这是报纸报道过的真实事件，服务员的解释荒唐可笑，把顾客当三岁孩子哄。其实，有"残疾"的是服务员自己，他少了一颗诚信的心。

问题：

（1）如果事先知道鸡是"残疾"的，还能提供给客人吗？

（2）如果事先没有发现鸡是"残疾"的，客人发现了并就此提出了质疑，店家该怎么处理？

（3）店家的辩解合乎旅游职业道德规范吗？

（4）谈谈该案例对你的启示。

【训练要求】

同第 1 章 "基本训练" 中本题型的 "训练要求"。

第6章　旅游者情绪情感与体验

● 学习目标

通过本章学习，应当达到以下目标：

职业知识： 学习和把握情绪与情感的概念、两极性和分类，积极情绪体验，情绪认知学说，影响旅游者情绪和情感的因素，旅游者情绪的特征，情感和情绪对旅游者行为的影响，旅游体验，以及"延伸阅读"等"旅游者情绪情感与体验"的理论与实务知识；能用其指导本章"同步思考"、"同步业务"、"教学互动"和"基本训练"中"知识训练"各题型的认知活动，正确解答相关问题。

职业能力： 点评"旅游体验是旅游活动主体和客体互动和主体的主动心理建构过程"的论断，训练专业理解力与评价力；运用本章知识研究相关案例，训练对特定情境下当事者行为的"多元表征"专业能力和"与人交流"通用能力；通过"'旅游体验营销策略'运用"的实践操练，训练相应专业技能和"团队协作"、"解决问题"等通用能力。

课程思政： 结合本章教学内容，依照相关规范或标准，对"课程思政6-1"和章后"课程思政－Ⅵ"中的企业及其从业人员行为进行思政研判，培养高尚的道德情操，树立社会主义核心价值观。

学习微平台

思维导图6-1

引例："巴铁"，不同的旅游选择

背景与情境： 在一次旅游心理学课上，老师组织课堂讨论，请同学们谈一谈在预算足够的前提下，自己最喜欢去哪个国家旅游。不出所料，大多数同学都把目的地圈定在了欧洲，也有些同学说喜欢到加勒比海。在大家七嘴八舌的讨论过程中，小刘一直没有说话。老师注意到了这一情况，和蔼地问小刘最喜欢的旅游目的地是哪里。小刘犹豫了一下，轻声地说："我……其实想去巴基斯坦。"有些同学听到这，忍不住笑出了声。老师严肃地批评了他们，接着继续问小刘为什么想去巴基斯坦。小刘说："我经常看到网上有人把巴基斯坦称为'巴铁'，就是中国的铁哥们，说这个国家的人对中国人特别友好。所以我就特别喜欢那个国家，想去看看是不是真的如网上所说的那样。"老师肯定了小刘的选择，并对所有同学说："旅游目的地的选择，一定是多种多样的。有些同学喜欢欧洲，有些同学喜欢加勒比海，甚至有些同学喜欢南极。但大家有没有发现，无论你最终选择去哪个国家旅游，首先都是因为你对那个国家有一种情感，这种情感本身，是无所谓对错的。"

问题： 对旅游目的地的特殊情绪和情感，在旅游决策的过程中扮演着何种角色？

在旅游活动中，旅游工作者既要帮助旅游者体验好的情绪情感，还要帮助其调整负面情绪。要做到这点，一要把握好自己的角色，二要掌握相关的知识。

6.1　情绪情感与积极情绪体验

情绪和情感是人类行为中最复杂的一面，也是人类生活中最重要的一面。试想，若一个人没有情绪地生活，这个丰富多彩的世界对他将毫无意义，无所谓悲伤忧愁，无所谓幸福快乐，不需要友谊的慰藉，也体验不到爱情的温馨。在平常人的生活中，随时随地都有喜怒哀乐等情绪的起伏与变化。

6.1.1　情绪和情感的概念

所谓**情绪和情感**，是人对客观世界的一种特殊的反映形式，是人对客观事物是否符合自己需要的态度的体验。

对上述定义，可以从三个方面来分析：

第一，情绪和情感是人对客观现实的一种反映形式。客观现实中的对象和现象与人们之间的关系是情绪与情感的源泉。因为人同各种事物的关系不完全一样，人对这些事物所抱的态度也不一样，所以人对这些事物的情绪和情感的体验也就不同。

第二，人之所以对自己对客观现实是否符合需要的态度有所体验，是因为人在与客观事物接触的过程中，客观现实与人的需要之间形成了不同的关系。例如，有些对象和现象，如清新的空气、悦耳的歌声、高尚的品德等，一般都符合人的需要，就使人产生趋向于这些事物的态度，从而产生满意、愉快、喜爱、赞叹等情绪和情感体验。另一些对象和现象，如卑鄙自私、庸俗虚伪、凶恶狠毒等，不符合、不满足人的需要，就使人产生背向于这些事物的态度，从而产生不满意、烦恼、忧虑、厌恶等情绪和情感体验。

第三，在现实生活中，并不是所有事物都可以产生情绪和情感。例如，我们每天要接触很多事物，固然有很多事物引起我们的爱好或厌恶的情绪和情感，也确实有不少事物是无所谓的，对我们来说既不讨厌也不喜欢。这里必须指出的是，与我们的需要具有这样或那样关系的事物，才能引起我们的情绪和情感。

6.1.2　情绪和情感的两极性

人的情绪和情感是多种多样的，我们把情绪、情感的表现形式分为彼此相对的两类，即所谓情绪、情感的两极性。其表现形式有以下几个方面：

1）肯定性和否定性的两极对立

满意和不满意、快乐和悲哀、敬慕和蔑视、热爱和憎恨、兴奋和烦闷、轻快和沉重等都是两极对立的情绪、情感。当然，构成肯定或否定这一种两极的情绪、情感不是绝对互相排斥的，对立的两极性在一定条件下可以互相转化，如乐极生悲、苦尽甘来等。

2）积极（增力的）和消极（减力的）的对立

积极的情绪如愉快、热情等能增强人的活动能力，促使人积极地行动。消极的情绪如烦恼、不满等能降低人的活动能力。在有些情况下，同一情绪可以既有积极的性质又有消极的性质，例如，在危险情境下产生的恐惧情绪，既会抑制人的行动，减弱人的精力，又可以驱使人动员自己的能量同危险情境做斗争。

3）紧张和轻松的对立

紧张和轻松一般与人所处的情境、面对的任务、对个人需要的影响等相联系。当人所处的情境直接影响个人重大需要的满足，以及面临重大任务需要完成时，人的情绪就会紧张起来；反之就比较轻松。一般来说，紧张的情绪与人的活动的积极状态相联系，人们进行任何活动，都需要激发起一定的紧张情绪；否则，情绪处在很低的水平而松松垮垮，甚至处在半睡状态，是无法适应任务和活动的要求的。但过度的紧张情绪也会引起抑制，造成心理活动的干扰和行为的失调。

4）激动和平静的对立

激动的情绪表现为强烈的、短暂的、爆发式的心理体验，如激愤、狂喜、绝望。激情的产生，往往与人们在生活中占重要地位、起重要作用的事情的出现有关，而且这些事件违反原来的意愿并以出乎意料的形式出现。与激动的情绪相对立的是平静的情绪。人们在大多数情况下是处在平静的状态之中的，在这种状态下，人们能从事持久的智力活动。

5）强和弱的对立

许多类别的情绪都有由强到弱的等级变化，如从微弱的不安到强烈的激动，从愉快到狂喜，从担心到恐惧等。情绪的强度越大，人自身被情绪卷入的程度越大。情绪的强度决定于事件和活动对人的意义的大小，以及人的既定目的和动机是否能够实现。

上述每一对对立的情绪之间，都存在强度不同的中间情绪状态，如非常满意与非常不满意之间有很满意、满意、不满意、很不满意。

情绪、情感的两极性是相反相成的。没有满意，就无所谓失望；没有快乐，就无所谓悲伤；没有紧张，就无所谓轻松；没有爱，就无所谓恨。情绪、情感的两极性是相互联系的，同时也可以在一定条件下相互转化。

6.1.3　情绪和情感的分类

情绪和情感是作为对事物的一种反映形式存在的，世界上绚丽多彩的事物构成了人与客观事物之间关系的丰富多样性，使情绪、情感产生了极为丰富和复杂的内容。为了便于理解和把握，根据情绪和情感的性质、状态及包含的社会内容，可以做出如下三种不同的分类：

1）依照性质分类

（1）快乐

快乐是一种在追求并达到所盼望的目的时所产生的情绪体验。比如，人们在旅游中一路顺利，而且欣赏到优美的自然风光，参加富有情趣的活动，就会产生愉快的情绪体验。快乐的程度取决于愿望的满足程度和满足的意外程度。快乐的情绪从微弱的满意到狂喜，分成一系列程度不同的级别。

（2）愤怒

愤怒是由于妨碍目的达成而造成紧张积累所产生的情绪体验。比如，人们外出旅游时交通工具出故障，或者飞机不按时起飞、火车不正点到站等，都能引起人们的不满情绪。如果旅游工作者不能及时地化解这种不满情绪，或者对游客的询问置之不理甚至不屑一顾，就会引起游客的愤怒。愤怒的程度取决于对妨碍达到目标的对象的意识程度。愤怒从弱到强的变化是：轻微不满—愠怒—怒—愤怒—暴怒。

（3）恐惧

恐惧是企图摆脱危险情境时产生的情绪体验。引起恐惧情绪的重要因素是缺乏处理可怕情境的能力。比如，单独一个人到一个人迹罕至的地方去探险，如果中途迷路或遇见可怕的情景，他就会体验到恐惧。消除恐惧情绪要靠镇定和勇敢，以及战胜一切困难和危险的信念。

（4）悲哀

悲哀是指失去自己心爱的对象或自己所追求的愿望破灭时所产生的情绪体验。比如，游客由于一时疏忽或其他原因，把一路上的旅游风光照片丢失，他的悲哀可想而知。悲哀的程度取决于所失去的对象和破灭的愿望对个人或社会的价值的大小。悲哀按程度的差异表现为：失望—遗憾—难过—悲伤—哀痛。

（5）喜爱

喜爱是指对象满足需要而产生的情绪体验。喜爱表现为接近、参与、欣赏或获得。事物、活动、艺术品和人，都可以是人们所喜爱的对象，引起人们喜爱的情绪体验。

2）依照发生的强度、速度、持续时间分类

（1）心境

心境是一种比较微弱、平静且持续一定时间的情绪体验。它平静而微弱，持续而弥散。心境由于有弥散的特点，所以，某种心境在某一段时间内影响着一个人的全部生活，使人的语言、行动及全部情绪都染上了这种心境的色彩。一个人在愉快、喜悦的心境中，仿佛一切都染上了"快乐的色彩"，看什么都那么顺眼，对一切都感到满意。而处在忧愁悲伤心境中的人，在一段时间里就表现得无所不悲，仿佛一切都染上

了"忧伤的色彩"。心境的特点是没有特定的对象，即不是关于某一事物的特定的体验，它是具有弥散性的情绪状态。

心境分为暂时心境和主导心境两种。由当前的情绪产生的心境，叫暂时心境。例如，人们在欣赏艺术表演时会产生愉快的心境，当演出结束后，这种心境还会持续一段时间，但不会很长。随着其他情境和事物的出现，这种心境就会逐渐消失。由一个人的生活道路和早期经验所造成的个人独特的、稳定的心境，叫作主导心境。主导心境是以一个人生活经验中占主导地位的情感体验的性质为转移的。主导心境决定着一个人的基本情绪面貌。一个具有良好主导心境的人，总是朝气蓬勃，具有乐观的情绪，对这样的人，别人就比较愿意并容易和他交往。一个具有不良主导心境的人，就会经常表现为失望、忧愁和情绪消沉，别人也不太容易和他交往。但是，对主导心境不好的人，更需要给以热情的关心、帮助并予以谅解。

心境的产生总是有原因的，其原因也是多种多样的。个人生活中的重大事件，事业的成败，工作的顺利与否，与周围人相处的关系等都能引起某种心境。此外，有机体的健康程度，时令季节的变化等自然界的事物，甚至记忆中的事物的回忆有时也会影响一个人的心境。

（2）热情

热情是一种强有力的、稳定而深厚的情绪体验。热情有两个基本特征：第一，热情是强有力的，它影响人的整个身心，是鼓舞人去行动的巨大力量；第二，热情是深厚的、稳定而持久的，它使人长久地、坚持不懈地去从事某种活动，并对这种活动产生愉快、满意等积极肯定的情感体验。

（3）激情

激情是一种猛烈的、迅速爆发而短暂的情绪体验。例如，狂喜、恐惧、绝望等都属于这种情绪状态。

激情是由对人具有重大意义的强烈刺激所引起的，这种刺激的出现及出现的时间往往出人意料。激情发生时伴有内部器官的强烈变化和明显的表情动作。例如，愤怒时，紧握拳头，全身发抖；恐惧时，毛骨悚然，面如土色；狂喜时，手舞足蹈，欢呼雀跃。

激情有积极和消极之分。积极的激情与理智和坚强的意志相联系，它能激励人们克服艰险，成为正确行动的巨大动力。例如，运动员参加国际性比赛时，为国争光，打出国威，夺取胜利，这就是激励他们力量的源泉。而消极的激情对有机体活动具有抑制作用，使人的自制力显著降低。例如，在绝望时目瞪口呆，或者引起冲动的行动，如打人、摔东西等。

3）依照情感的社会内容的性质分类

人的情感是多种多样的，其中有一类是与人的社会需要直接有关的，由人的社会需要是否获得满足而产生的情感，主要有道德感、理智感和美感。这种情感是人对社会生活现象与人的社会需要之间的关系的反映。

（1）道德感

道德感是人们根据一定的道德标准，评价自己和别人的言行、思想、意图时产生的情感体验。

道德感是对客观对象与一个人所掌握的道德标准之间关系的心理体验。当思想、行为符合这些标准时，就产生肯定的情感体验，感到满意、愉快；反之，则痛苦不安。当别人的思想、意图和行为举止符合这些标准时，就对他肃然起敬；反之，则对他产生鄙视和愤怒的情感。例如，看到或听到别人做了一件好事，我们就会对此产生一种复杂的情感：对做好事的人有一种敬慕之感；自己与人家一比，有一种惭愧之感。这就是一种道德感。或者，自己做了好事，感到安慰；做了坏事，感到后悔、内疚，甚至痛恨自己。这也是道德感。道德感取决于复杂的情感对象是否符合我们的道德信条，它具有一定的稳定性。

（2）理智感

理智感是由客观事物间的关系（包括由别人揭露出或由自己揭露出的）是否符合自己所相信的客观规律所引起的情感。客观事物所表现出来的关系，如果出乎自己所相信的客观规律之外，就会感到困惑不解，甚至痛苦。如果别人发现的客观规律与自己所相信的不符，或自己不懂，也会感到痛苦。在这些情况下，都会感到不愉快。经过调整，消除了认识上的矛盾，才能感到愉快。

人在认识过程中有新的发现，会产生愉快和喜悦的情感；在不能做出判断而犹豫不决时，会产生疑惑感；在科学研究中发现未知的现象时，会产生怀疑感或惊讶感；在解决了某个问题而认为依据充分时，会产生确信感。这些情感都属于理智感。

理智感是在认识事物的过程中产生和发展起来的，它是认识活动的一种动力。热爱真理、追求真理，是发展认识和科学研究的重要条件之一。所以，当一个人的科学活动与深刻的理智相联系时，往往能在科学上做出应有的成就。

（3）美感

美感是对客观现实及其在艺术中的反映进行鉴赏或评价时所产生的情感体验。

美感是由一定的对象引起的，美感的对象包括自然界的事物和现象、社会生活和社会现象以及各种艺术活动和艺术品。美感受对象的外在形式的特点的影响，同时受对象的内容制约，还受人的主观条件的影响。人们的审美需要、审美标准、审美能力不同，对同一个对象的美感体验就不同。同一个对象，有的人感觉是美的，有的人不认为美，就是由于受审美标准和对美的鉴赏能力的影响。

爱美之心，人皆有之。在人类长期的生活实践中，人的爱美之心在不断的演化过程中已沉淀为人的一种本能，支配着人的行为。旅游是一种综合性的审美活动，它集自然美、社会美、艺术美于一身，能极大地满足人们的审美需求。虽然旅游者由于文化背景、社会地位、生活阅历等存在着很大的差异，但审美动机始终贯穿在旅游活动的全过程之中。

6.1.4　积极情绪体验

1）对积极情绪体验的理解

积极情绪体验是新近盛行于心理学情绪研究领域的概念，过去对情绪的研究主要集中在消极方面，现在人们开始关注其积极方面，提出了积极情绪体验概念。对积极情绪体验的理解有两种：

一种观点认为，积极情绪体验就是一种具有正向价值的情绪；另一种观点认为，积极情绪体验不一定具有正向价值，它指的是能激发人产生接近性行为或行为倾向的一种情绪。按照这种标准，一些价值中性化的情绪被划入积极情绪体验范畴。如兴趣是中性化价值的情绪，但它能产生接近性行为或行为趋向，因此就属于积极情绪体验。而另外一些具有正向价值的情绪则不属于积极情绪体验，如满足、放松等。前者是从价值功能上定义，具有明显的价值意义，容易与生活常识接轨；后者具有操作意义，便于研究和应用。

2）影响积极情绪感受性的因素

人类积极情绪的感受性与人格特质的关系密切，就是说它有一定的先天成分。有研究表明，积极情绪的感受性与"大五人格"中的"外倾性"特质有关，而消极情绪的感受性与"大五人格"中的"情绪稳定性"有关。它们的相关程度在0.4~0.6。而其余的原因就是环境因素了。有一项为期6年的研究发现，31%的研究对象的积极情绪感受性会由于他们具有了满意的工作和满意的物质财富后而得到改善，二者之间是一种双向作用：积极情绪感受性高的人在工作中会产生更多的快乐，而工作中得到更多的快乐又会进一步提高一个人的积极情绪的感受性。

3）积极情绪体验的分类

（1）从情绪状态焦点划分

从情绪状态焦点划分，积极情绪体验可以分为积极情感（如愉快、欣喜等）和积极心境（如福乐、心醉神迷等）。这种分法没有把积极的行为特性表达出来。

（2）从积极的不同特性划分

依据积极的不同特性划分，积极情绪体验可以分为感官愉悦和心理享受。

感官愉悦（Sensory Pleasure）是指机体消除自身内部紧张力后的一种主观体验，它来自某种自我平衡的机制，是人类感官放松的结果，属于生理需要范畴，如饥、渴、性等得到满足后的体验。

心理享受（Psychological Pleasure）来自对个体固有平衡的打破，即超越个体自身的原有状态后所获得的情绪体验，多属于心理需要范畴。与感官愉悦比较，心理享受更有利于个体成长和积极品质的培养。

感官愉悦和心理享受的区别：

① 心理享受由相互关联的多个成分组成，它的产生必须要有主体的认知评价为先导，是一种知觉类的心理现象。感官愉悦则没有认知评价过程，它是由外在刺激引发的一种直接感官反应，是感觉类的心理现象。

② 心理享受持续的时间长，不同的外在刺激可能引起同一种心理享受，而同一种外在刺激也可能引起不同的心理享受。感官愉悦持续时间短，具有专门化特性，一般随着外在刺激的消失而消失，随着外在刺激的改变而改变。

③ 心理享受多与心理需要相联系，感官愉悦则与生理需要相关。

感官愉悦和心理享受的联系：

① 心理享受与感官愉悦很多时候是同时发生的，而且它们之间相互促进。

② 感官愉悦在一定条件下能转化为心理享受，特别是某种感官愉悦与个体的自我实现需要相匹配时，这种转化就能形成。

（3）从时间状态划分

按照时间状态，积极情绪体验可以分为针对过去的积极情绪体验，如满意感、满足感、成就感、骄傲感和宁静感；针对现在的积极情绪体验，如福乐感、快乐感和愉快感等；针对未来的积极情绪体验，如乐观、期待等。

4）积极情绪体验的扩建功能

增进个体的积极体验是发展个体积极人格和积极力量的一条有效途径。当个体有了更多的积极体验之后，他就会对自己提出更高的要求。

美国心理学教授弗雷德里克森提出了"积极情绪扩建理论"。多数情绪都有自己相对应的、特别的行为，心理学称为特定行为倾向。特定行为倾向可以分为两类：逃避倾向、接近倾向。与逃避倾向相伴随的情绪称为消极情绪，当消极情绪产生后，会限制个体在当时情境下的思想和行为，其伴生的行为有逃跑、攻击、躲避等。这些行为是人类在漫长的进化过程中形成的一种生存本能。

从进化角度看，消极情绪及其伴生的行为倾向具有生存意义而获得了进化优先，在人类解决了生存问题之后，活得更好就变成了主要问题，这时积极情绪就应运而生了。积极情绪对行为的影响与消极情绪正好相反，它扩大了个体在当时情境下的思想和行为，促使人冲破一定的限制而产生更多的思想，表现出更多的行为和行为倾向。当个体能用各种方式表达自己积极情绪的时候，对情绪的体验会更深刻、更彻底，这又会促使个体不断地想去创造条件复制这种积极情绪体验。

弗雷德里克森在2001年通过实验证明了自己的理论。实验表明，积极情绪能扩建个体的行为和思想，而消极情绪会缩小个体的行为和思想。情绪的强度对扩建或者缩小的程度有影响。

积极情绪和消极情绪建构起不同的心理资源。消极情绪通过收缩，集中起已有资源（生理、心理、社会）以求自保。这时的资源被称为应激资源。积极情绪则是在无生存之忧的情况下，向外开拓，增加新的资源，这种资源被称为发展资源。个体每一次的积极情绪体验都会使他的思想和行为模式上升到一个新的高度。

另外，积极情绪还可以缓解甚至消除由消极情绪造成的紧张，从而在生理和心理上提供正面的影响。

旅游者的情绪情感应该属于积极情绪范畴，它是完全脱离了自保而向外寻求的一种心理状态，而其积极情绪体验又主要是高级形态的心理享受。这些结论能够帮助我们增进对旅游者情绪体验的理解。著名旅游学者谢彦君在其《基础旅游学》一书中关于旅游本质部分，把旅游愉悦划分为"审美愉悦"和"世俗愉悦"（借用美学观点）两种，现在看来心理学的这种将积极情绪体验分为"心理享受""感官愉悦"的表述更恰当。

6.1.5　情绪认知学说

美国心理学家阿诺德在20世纪50年代提出：情绪与个体对客观事物的评估相联系。她给情绪下的定义是：情绪是趋向知觉为有益的，而离开知觉为有害的东西的一种体验的倾向，这种体验的倾向被一种相应的接近或退避的生理变化模式所伴随。这种模式在不同的情绪中是不同的。很明显，她强调了来自外界环境的影响，要经过人的评价与估量才产生情绪，这种评价与估量是在大脑皮层上产生的。情绪是由这种评价和估量所引起的。例如，在森林里看到一只猛兽，必然引起人的恐惧，而在动物园里看到一只关在笼子里的猛兽并不会引起恐惧。之所以有这样的区别，是因为人们对当时情景的估计不同。

同步案例 6-1

认知、行为对情绪和生理反应的影响

背景与情境： 我们介绍一个相关实验（Bradyet 等，1958）。两只猴子分别被困在能通电的架子上。一个架子有一个杠杆，猴子每蹬一下，电流中断 20 秒。猴子为了避免受到电击，就必须不断地蹬杠杆，否则就会受到电击。另一个架子则没有杠杆，这只猴子只能被动地忍受电击。由于两个架子的电流是串联的，所以，两只猴子受电击的机会相等。长期、剧烈的情绪紧张以及焦虑能引起生理疾病，如胃溃疡，过了一段时间检查发现，两只猴子都得了胃溃疡，但蹬杠杆的那只猴子胃溃疡严重，而无可奈何的那只猴子胃溃疡反倒轻些。

资料来源　孙喜林. 现代心理学教程［M］. 2版. 大连：东北财经大学出版社，2000.

问题： 个体认知、行为对其情绪和生理反应的影响是怎样的？

分析提示： 造成这种结果的原因是：在主动的状态下，认知成分多，为了避免受电击，其注意力要时刻保持高度集中，精神和肉体总是处于紧张状态，导致其焦虑水平高，因而对生理的影响大。那只被动的猴子则因为无力自救而无须付出更多的精力和体力，结果焦虑水平低，对生理的影响小。许多研究和常识都告诉我们，情绪对认识产生影响。这个实验则告诉我们，认识同样对情绪有很大影响，同时，情绪有相应的生理反应。

同样强度的痛苦刺激，若对其强度有准确的预知，比没有预知引起的焦虑弱。换句话说，即将到来的痛苦刺激的不确定性越大，焦虑越强。实验证明了这一点：让三组被试数数（从 1 数到 15），告诉他们数到 15 时将受到一次电击。一组事先给予一次电击示例（强度大），另一组也给予一次电击示例（强度小），第三组不给示例。结果如图 6-1 所示，越接近受电击的时间，焦虑水平越高；电击的不确定性越大（无电击示例），引起的焦虑水平越高。

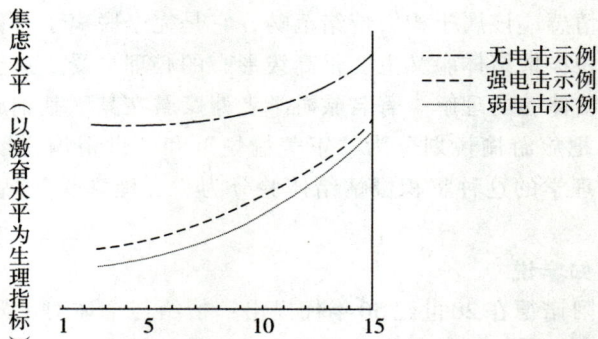

图6-1　电击实验结果

美国心理学家斯凯特等人于 1962 年提出了"情绪归因论"。他们同样认为个人对自己情绪状态的认知性解释是构成情绪的主要因素，经刺激所激发的生理变化是构成

情绪的次要因素。斯凯特等人设计了实验以验证他们的观点。

以自愿参加的大学生为实验对象，把被试分成三组。各组同样接受一种药物（肾上腺素，但大学生不知道）注射，在注射时，实验主持者向三组做出了不同的药效说明。第一组得到的是正确说明，由实验主持人告知注射后将会产生心悸、手颤、面部发热等现象（这类现象是注射肾上腺素的正常反应）。第二组得到的是错误说明，实验主持人告诉被试：注射后会感到身上有点发痒，手脚有点发麻，此外没有其他兴奋作用。第三组只注射药物，不做任何说明。注射后三组被试分别进入预先设计的实验情境休息：一种情境是惹人发笑的愉快情境（有人做滑稽表演）；另一种情境是惹人发怒的情境（强行要求被试回答一些烦琐的问题，并吹毛求疵、强词夺理、横加指责）。这样的设计，就产生 6（3×2）种不同的结果。实验的目的是要了解：当个人了解自己身体将因注射药物而产生反应并且处于不同情境时，个人的情绪经验是由生理反应决定，还是由情境因素决定。根据主试观察与被试自述报告发现，在愉快的情境下，第三组与第二组的被试大多显示愉快的情绪，第一组因为自认为受生理激动的影响而表示愉快。同样，在愤怒的情境下，也是第二组与第三组受环境因素的影响而感到愤怒，而第一组则不是这样。这个结果就可以说明，即使个体内部因为刺激而产生的激动状态相同（三组同样注射肾上腺素），而个人在不同情境下却是靠自己对生理反应的认知来决定情绪经验。也就是说，在决定个体情绪经验的因素中，心理的因素大于生理的因素。

它和詹姆士－兰格学说的不同之处在于：詹姆士－兰格学说的反应序列为：情景—机体表现—情绪；而阿诺德学说的反应序列为：情景—评估—情绪。因为阿诺德认为情绪的来源是对情景的评估，而认识与评估都是大脑皮层的过程，因此，大脑皮层的兴奋是情绪的主要原因。所以，阿诺德的学说被称为情绪的评估－兴奋学说。

学习微平台

延伸阅读 6-1

同步思考 6-1

背景资料： 我国古代官员审案时有这样的方法，在被告的嘴里放上一把干燥的米饭。如果在审讯之后，他吐出的米饭仍是干燥的，他就被认定为有罪。

据说，从前印第安人也有类似的审案做法。法官向偷窃嫌疑人讲述与案情有关的词句，诸如"偷钱""钱袋""被害人的姓名""钱的数量"等。被告必须不加停顿地回答，同时，还要很轻微地敲锣，敲出的声音只能让法官听到，站远一点的人听不到。他在回答法官的问话时，如果语无伦次，并不自觉地使劲敲锣，旁听者听到锣声就会指控他是贼。

资料来源　孙喜林. 现代心理学教程［M］. 2版. 大连：东北财经大学出版社，2000.

问题： 用情绪理论解释上述情况。

理解要点： 这一类"上天的判决"对那些深信这种方法的人作用最佳，对那些不做亏心事也怕鬼叫门的人则容易被冤枉。测谎器同样存在这种缺陷。其心理学依据是：当人恐惧、焦虑时的一个生理变化是唾液分泌减少，嘴会变得干燥。如果一个人真的有罪，由于恐惧和紧张，就会出现语无伦次现象，且在紧张思考（因为要说谎，必须紧张思考）的时候无法精细控制手的动作。

6.2　旅游者的情绪和情感

　　旅游行为是旅游者在旅游活动过程中满足某种需要的社会性活动。旅游者的情绪和情感影响着旅游者的行为，而旅游者的行为也受到情绪和情感的影响，二者具有相互制约的互动关系。

6.2.1　影响旅游者情绪和情感的因素

　　旅游者在旅游活动中所接触到的一切，都会引起情绪和情感的变化。具体来说，影响旅游者情绪和情感的因素主要有以下几个方面：

1）需要是否得到满足

　　人们外出旅游就是为了满足某种需要，比如，为了身体健康的需要、为了获得知识的需要、为了得到别人的尊重的需要等。需要是情绪产生的主观前提。人的需要能否得到满足，决定着情绪的性质。如果旅游能够满足人们的需要，旅游者就会产生积极肯定的情绪，如高兴、喜欢、满意等；如果旅游者的需要得不到满足，就会产生否定的、消极的情绪，如不满、失望等。

2）活动是否顺利

　　需要是动机的基础，为了满足需要，人们在动机的支配下产生行动，不仅行动的结果产生情绪，而且在行动过程中是否顺利也会引起不同的心理体验。在整个旅游过程中，如果一切活动顺利，旅游者就会产生愉快、满意、轻松等情绪体验；如果活动不顺利，旅途或游览过程中出现这样或那样的差错，旅游者就会产生不愉快、紧张、焦虑等情绪。我们应当特别加以注意旅游者在旅游过程中的情绪表现。因为旅游活动进程本身是一个很好的激励因素，其中就有情绪的产生，并反过来对旅游活动的继续产生积极或消极作用。

3）客观条件

　　客观条件是一种外在刺激，它引起人的知觉，从而产生情绪情感体验。旅游活动中的客观条件包括游览地的旅游资源、活动项目、接待设施、社会环境、交通、通信等状况。此外，地理位置、气候条件等也是影响旅游者情绪的客观条件。比如，优美的自然景色使人产生美的情感体验，整洁的环境使人赏心悦目；脏乱的环境、刺耳的噪音，使人反感、不愉快。

4）团体状况和人际关系

　　旅游者所在的旅游团队的团体状况和团体内部的人际关系也能对旅游者的情绪产生影响。一个团体中成员之间心理相容、互相信任、团结和谐，就会使人心情舒畅、情绪积极；如果互不信任、互相戒备，则会随时都处在不安全的情绪之中。在人际交往中，尊重别人、欢迎别人，同时也受到别人的尊重和欢迎，就会产生亲密感、友谊感。

5）身体状况

　　旅游活动需要一定的体力和精力作支撑。身体健康、精力旺盛，是产生愉快情绪的原因之一。身体健康欠佳或过度疲劳，容易产生不良情绪。因此，旅游工作者应该随时注意游客的身心状态，使其保持积极愉悦的情绪，以保证旅游活动的正常进行。

6.2.2　旅游者情绪的特征

旅游者在旅游活动过程中的情绪具有以下几个方面的特征：

1）兴奋性

从某种意义上说，旅游是人们离开自己所居住的地方，到别处去过一段不同于日常生活的生活。因此，外出旅游就给旅游者带来了一系列的改变：改变环境、改变人际关系、改变生活习惯、改变社会角色等。这种改变在给旅游者带来新奇的同时，还给他们带来情绪上的兴奋。这种兴奋性常常表现为"解放感和紧张感两种完全相反的心理状态的同时高涨"。外出旅游使人们暂时摆脱了单调紧张的日常生活，现实生活中对人的监督控制，在某种程度上也有所减轻，这给人们带来了强烈的解放感。另外，到异地旅游可能接触到新的人和事物，对未知事物和经历的心理预期使人感到缺乏把握感和控制感，人们难免会感到紧张。无论是"解放感"还是"紧张感"，其共同特征是兴奋性增强，外在表现为兴高采烈和忐忑不安。

2）感染性

旅游活动是一种高密度、高频率的人际交往活动。在这种交往活动中，既有信息的交流和对象的相互作用，同时还伴有情绪状态的交换。旅游服务的情绪和情感含量极高，以至被称为"情绪行业"。在旅游活动中，旅游者和旅游工作者的情绪都能够影响别人，使别人也产生相同的情绪。一个人的情绪或心境，在与别人的交往过程中，通过语言、动作、表情影响到别人，引起情绪上的共鸣。比如，旅游中导游员讲解时的情绪如果表现出激动、兴奋、惊奇等，游客就会对导游员的讲解对象表现出极大的兴趣；如果导游员表现得厌烦、无精打采，游客肯定会觉得索然无味。反过来也是一样，游客的情绪也会影响导游员的情绪。

3）易变性

在旅游活动中，旅游者随时会接触到各种各样的刺激源，而人的需要又具有复杂多变的特点，因而旅游者的情绪容易处于一种不稳定的易变状态。比如，旅游者对某个景物在开始的时候可能感到新奇，情绪处于积极状态，兴致很高。当到达顶点之后，接着便可能由激动趋向平静，兴致会逐渐减退。再后来感到疲劳，甚至厌倦。因此，导游工作为了尽可能地满足每个人的需要，使个人的情绪能保持积极的状态，就必须随时观察旅游者的情绪反应。

4）旅游倦怠

旅游倦怠是指旅游者在旅游中出现精力衰减、主动性丧失，甚至产生想要逃离旅游世界的行为和心理意向的消极状态。旅游倦怠的三个分类维度：身体倦怠、情感倦怠和心理倦怠。旅游情境的熟悉与陌生，旅游情境中的无聊以及旅游压力的应对都可能会造成游客身体、情感、心理的负面变化。累积的压力更容易引发倦怠。

旅游倦怠有时间变化特征。第一，游客在旅游中各个阶段都具有较高的积极情感水平，身体倦怠和心理倦怠表现不明显，其中，心理倦怠感知最低。第二，从动态来看，游客的身体、情感、心理三方面在旅游中都有着其独特的变化规律。游客情感水平在旅游的中前期迅速达到顶峰，随后下降。身体倦怠水平呈现阶段性增加的趋势。心理倦怠水平在旅游的中后期会有相对明显的高峰。倦怠水平在旅游的中前期最低，在结束旅游之前会达到最高，也是游客身心衰减到最高阶段，而后接近返程，游客倦怠水平稍有下降，准备回归"焕然一新"的生活世界。

影响旅游倦怠的因素有人口统计因素、个体生理心理因素、旅游者成熟度等。

课程思政6-1

坏事变好事

背景与情境：一位导游带团到五大连池，不幸遇到了百年不遇的龙卷风，宾馆停水停电。第二天早上，导游比客人早起了1个小时，带领宾馆的服务员去泉眼打了矿泉水给客人早上洗脸。本来挺不幸的事，到导游嘴里就变成了："亲爱的各位团友，我们可真幸运，五大连池从来都没刮过龙卷风，居然让我们在昨晚赶上了，今天早上的太阳多么美啊！经过昨晚那场暴雨的洗礼，这边的风景一定有别样的风味，特别是今天连电都没有了，想必我们可以在一个纯自然的环境里游玩了。早上我和工作人员为大家打来了矿泉水洗脸，这可是国家领导级的贵宾待遇，要不是停电我们还享受不到呢……"结果大家高高兴兴地玩了一天，没有发生游客投诉事件。

问题：从职业道德的角度评析本案例。

研判提示：带团旅游遇到突发的危机事件，怎样才能不砸团，关键在于导游在面对危机的时候怎样处理。首先不推卸责任，要本着旅游职业规范处理此类事件，尽最大努力把突发的危机事件的危害减小到最低。其次自己要乐观，把游客的情绪往积极的方面引导。最后要在危机中发现生机，任何事物都有两面性，有害处，通常也有好处。如果你做到了，结果通常会很圆满。因为旅游者大多是通情达理的，他们是来寻求快乐的，他们的情绪是容易被扭转和调动的。

6.2.3 情绪和情感对旅游者行为的影响

人的任何活动都需要一定程度的情绪和情感的激发才能顺利进行。情绪和情感对旅游者行为的影响，主要表现在以下几个方面：

1）对旅游者动机的影响

动机是激励人们从事某种活动的内在动力。人的任何行为都是在动机的支配下产生的。因此，要促使人们产生旅游行为，首先要激发人们的旅游动机。而喜欢、愉快等情绪可以增强人们活动的动机，增加选择的可能性；消极的情绪会削弱人们从事活动的动机。

2）对活动效率的影响

人的一切活动都需要积极、适宜的情绪状态，才能取得最大的活动效率。从情绪的性质来讲，积极的情绪，如热情、愉快，可以激发人的能力，助长动机性行为，提高活动效率；而消极的情绪，如烦恼、悲哀、恐惧等，则会降低人的活动能力，导致较低的活动效率。从情绪的强度讲，过高或过低的情绪水平都不会产生最佳的活动效率，因为过低的情绪不能激发人的能力，而过高的情绪会对活动产生干扰作用。

3）对人际关系和心理气氛的影响

人在良好的情绪状态下，会增加对人际关系的需要，对人际交往表现出更大的主动性，并且容易使别人接纳，愿意与之交往。因此，在旅游活动中，旅游工作者应该细心观察旅游者的情绪变化，主动引导他们的情绪向积极方向发展，并利用情绪对旅游者行为的影响作用，协调旅游者与各方面的人际关系，创设良好的心理气氛，达到旅游服务的最佳境界。

4）移情性

学习微平台

延伸阅读 6-2

旅游者的身份已经确定，他们就开始自动地进入角色。旅游者的角色主要体现在几个方面：

① 旅游者大都具有看戏心态，是超脱的、居高临下的、非功利的旁观者；

② 新奇美妙事物的寻找者；

③ 轻松快乐的心理准备状态和快乐的寻求者。

旅游者的这种心理定势和角色知觉使得他们在旅游活动过程中戴上了"有色眼镜"，有比较强烈的知觉偏差，会不自觉地将自己的情绪投注到所接触到的事物上，非常容易形成移情现象。在本地居民眼里稀松平常的事物，在旅游者眼中变得有趣和美好。另外，选择性知觉和愿望式思维更加大了这种偏差，只看到想看到的东西，并根据自己的心理定势建构眼中的世界。这样就形成了所谓的"旅游世界"。

同步思考 6-2

问题：我们都知道人在旅游世界和生活世界中的心理状态是不一样的，那么在心理角色定位上的不同表现在哪些方面？

理解要点：① 了解理论上的差别。② 在旅游实践中通过观察旅游者以及自我观察，发现并比较这些不同。

6.3　旅游体验

在国内，旅游体验研究正在成为旅游学术领域理论研究热点。似乎有这样一个趋势，用旅游体验概念体系来整合旅游理论，以此来拯救旅游无理论体系的尴尬。但综观已有研究成果，总体感觉就是凌乱而浅薄，无法让人乐观起来。可能是因为大家的研究来自不同的范式，各个成果之间很难对话。而一些心理学范畴的研究却因研究者缺乏相应的专业功底，而显得业余。

我们在本节主要介绍心理学对体验的一些研究。我们的理解是：旅游体验与其他体验（如审美体验、休闲体验）没有什么本质区别，而心理学所具有的自然科学性，使得这个领域的研究成果具有可信性。

6.3.1　旅游者的体验与主观幸福感体验

体验就是指人对外界各种刺激做出的一种心理反应，它常常以情绪的方式表现出来，所以又称情绪体验。体验是人类因经历而产生的感受，其感受主要体现为情绪的形式。**旅游体验**可以描述为：通过旅游主体与客体的互动，并由旅游主体主动建构的经历和主观感受。旅游者所追求和经历的体验多是正面的、快乐维度的，所以又可以把旅游者的旅游体验称为积极情绪体验。

积极情绪体验到底是什么？艾夫里尔（Averill，1997）曾经统计发现，仅描述情绪体验的英文单词数量就达 550~600 个，依此类推，积极情绪体验也会有上百种。在众多积极情绪体验中，有一种是最综合、最复杂、最核心的，就是主观幸福感体验（Subjective Well-being，SWB）。旅游者追求的就是主观幸福感体验。

6.3.2 幸福概述

要回答什么是主观幸福感体验，有必要先探讨一下幸福问题。什么是幸福？这个问题太难回答了，自有人类文明以来就有解释，它可以称得上人类历史上意义最混乱的概念之一。下到普通民众，上到政治家、宗教界、学术界都力图给出答案。我国《现代汉语词典》（中国社会科学院语言研究所词典编辑室，2015）把幸福解释为"使人心情舒畅的境遇和生活"，把幸福定性为一种主观体验。

人类对幸福的探讨大致可以分为三个阶段：

第一阶段：古代期。中国古代文化的主流是儒家文化，它强调人生最大的幸福是"内圣外王"完美人格的追求和实现。"内圣"指主体心性修养方面的要求，就是以追求"仁""圣"为目的，核心是美的德行。儒家文化把"格构、致知、正心、诚意"界定为"内圣"功夫，"齐家、治国、平天下"为"外王"功夫。简单地说，人生的最高境界就是：修身、齐家、治国、平天下。古希腊和古罗马时期的幸福观主要可以分为理性主义幸福观和感性主义幸福观。如苏格拉底、柏拉图等认为，幸福就是抑制自己的感性、情感和欲望而服从理性的要求，不贪图感官享受而追求道德的完善和精神的意义。赫拉克利特、伊壁鸠鲁学派强调幸福就是感性欲望的满足，但也指出这种满足必须符合道德的要求，精神是人类最大的生活乐趣。

总之，这一时期的主要观点都是从人性圆满的交代探讨幸福的，并把道德和精神作为幸福的核心。

第二阶段：启蒙期。以西方启蒙运动为标志，给过去的学说注入了人道主义思想，强调用理智审视信条和传统。

第三阶段：现代期。这一阶段始于 20 世纪后半期，强调幸福的本质在于生活的质量和生活的真实意义。这时的研究超越了抽象的哲学层面和现代社会的物质层面，用现实的观点、科学的方法对幸福做出更全面的评价，幸福从层面和类型上进行划分。

6.3.3 主观幸福感

1）主观幸福感的定义

心理学认为主观幸福感就是主体根据自己的标准对其生活质量进行综合评价后的一种积极体验。主观幸福感既是一个人对自我的生活状态、周围环境和相关事件的关于满意的认知和评价，同时也是一个人在情绪体验上对这些方面的主观认同。

2）主观幸福感的特点

第一，它存在于个体的体验之中，具有主观性。个体是否幸福主要依赖于个体自己的标准，而不依赖于他人或外界的标准，就是说各人有各人的幸福标准。

第二，不是说主体没有消极情绪体验，而是指主体要能体验到积极的情绪。

第三，主观幸福感不是个体对其某一个单独的生活领域评估后的体验，而是对其整个生活评估后的体验。

3）主观幸福感的实证研究

（1）快乐情绪与不快乐情绪的关系

布拉德本（Bradburn，1969）通过调查发现，人类的快乐和不快乐情绪是互相独立的，它们各自与不同的因素相关联。也就是说，快乐情绪的增加和减少并不意味着不快乐情绪的减少和增加，反之亦然。这告诉我们，人类不能借助去除社会所存在的各种问题来建设一个幸福社会，人类也不能通过消除自身存在的问题而获得幸福，而只有双管齐下才是获得幸福的不二途径。

新近神经科学的研究证明了这一点，研究发现，积极情绪和消极情绪分属于人前额皮层的不同部位控制。

（2）主观幸福感的构成

主观幸福感有三个衡量指标：体验到快乐情绪、较低水平的消极体验和较高水平的生活满意度。

主观幸福感的产生主要与一个人体验到的积极情绪和消极情绪的频度有关，特别是经常的积极情绪体验（与强度无关）既是产生主观幸福感的必要条件，也是充分条件。积极情绪体验的强度本身并不直接导致主观幸福感的产生。研究还发现，伴随着强烈的积极情绪体验之后，人们在心理上会产生一种失落感，甚至是痛苦感，并且这种强烈的积极情绪体验会造成个体对随后的事件或情形进行扭曲的理解或解释，这反而会降低个体已有的主观幸福感。这可以称为"曾经沧海难为水"现象。

4）主观幸福感生成理论

（1）实现论

长期以来，个体主观幸福感产生的原因是需要的满足或目标的达成的观点一直流行于心理学界。这种观点称为实现论。其核心观点就是认为幸福是个体各种紧张压力解除的结果。这些结果的相加就生成了个体的主观幸福感。后来有的心理学家又把个体自身或他人的潜在标准引进这个理论中，认为个体在目标实现后还要和自己主观标准或者他人拥有的进行比较，这些比较的差异性最终决定这个人的主观幸福感。

（2）认知论

信息加工认知心理学家提出了主观幸福感的信息加工判断模式。这个模式强调认知在主观幸福感形成中的作用，认为主观幸福感的产生不完全由外在刺激引起，它是个体的愿望或已有的经验与外在刺激相互作用的结果。

（3）人格特质论

人格特质论认为，实现论和认知论有合理性，但不全面。从人的社会生活实际来看，人的生活情景是暂时和多变的，过多考虑生活事件的做法所得出的主观幸福感是即时主观幸福感，而长期主观幸福感更应该得到关注。

确实存在这样两种主观幸福感吗？如果答案是肯定的，那么二者是什么关系？各个即时主观幸福感之间又是什么关系？

我们逐步进行解析。

第一，各个即时主观幸福感之间有关联性吗？狄纳和拉尔森在1984年研究发现，一个单独的即时性快乐与其他一些随机时间段的快乐之间的相关系数约为0.1，这意味着人们趋向于对即时袭击做出即时反应（体验），过后很快忘记，各即时体验之间没什么关系。这已经否定了主观幸福感是对各个生活事件体验的简单相加的结果的观点。

第二，怎样测量一个人的长期主观幸福感？目前心理学研究中使用的方法是把一个人在某一领域不同情境下获得的即时主观幸福感相加后进行平均。测量的时间通常要4年左右，所得到的即时主观幸福感平均值就是这个人的长期幸福感水平。

狄纳和拉尔森发现，一个人在工作和休闲两种情形下的平均主观幸福感指数相关系数达到0.74；在集体和个人独处情形下生活满意度的相关系数是0.92。进一步研究还表明，快乐、幸福或生活满意度的平均值有较高的稳定性。为什么个体在各个生活领域的长期主观幸福感会如此相关呢？心理学家的答案是，个体的长期主观幸福感很可能就是一个人先天就具有的主观幸福感基准点。

狄纳等人后来在一项10年跨度的研究中发现：不管一个人的收入是增加、是减少还是不变，其平均主观幸福感基本保持不变。另外一些研究发现，那些生活状态稳定的人的主观幸福感并不比生活状态动荡的人的主观幸福感更稳定，动荡的生活（离婚、丧偶、失业等）对人的长期主观幸福感似乎没什么影响。这些研究结论使心理学家相信，"尽管生活的特定事件能影响人们的主观幸福感，但人们最终都会适应这些变化并使自己回归到个体具有的生物性特点和适应水平上"。人的先天基因或人格素质是决定主观幸福感体验的根本因素。

人的主观幸福感体验是心理现象，具体说是一个心理过程，它的发生和发展有一定的规律性，也有无序性。目前心理学界一致的观点是，人的心理现象是多种因素综合作用的结果。所以，把上述三个理论结合起来应该更接近现实。用威尔逊的话说：一个幸福的人应该是"和有自尊的人结婚、年轻、健康、受过良好的教育、收入较高、外向、乐观、不烦恼、有职业道德、热情适度、性生活满意和多才多艺"。这也许是对主观幸福感体验生成的最好回答。

5）影响主观幸福感体验的具体因素分析

（1）经济因素

人的主观幸福感体验与经济因素是什么关系？通常有两种观点：一种观点认为物质决定意识，财富与主观幸福感体验是正相关的，拥有多少财富就拥有多少幸福。我们将这种观点称为物质幸福论，这种观点也是"常识"观点，拥有广泛的认同度。另一种观点认为幸福是独立于物质财富的精神现象，它们之间没有必然的联系。我们称其为精神幸福论。许多古圣和先贤持这种观点，而且做到了这一点，如中国的孔子、陶渊明、范仲淹，古希腊的柏拉图、苏格拉底、伊壁鸠鲁学派的人物。两种观点都能找到支持性例证，这个命题陷于公说公有理、婆说婆有理状态，一方人多势众，一方圣贤荟萃，双方难分伯仲。

"山重水复疑无路，柳暗花明又一村。"之所以出现这种情况还是方法论的问题。从简单决定论出发探讨这个问题是造成这种结果的主要原因。跳出简单决定论，进入过程论和条件论的思维路径，问题就清晰了。

迈尔斯在分析人均国民收入和幸福感的统计数据时发现，在最贫穷的国家，财富对主观幸福感的影响比较大，国家越富裕，人们越能感受到主观幸福感。当人均国民收入超过8 000美元时，这二者之间的关系就消失了，而平等、人权等指标的影响开始明显增大，西方发达国家都出现了这种情况。从对1985年《福布斯》杂志公布的前100位美国最富有的人调查看，这些人的幸福指数只比美国人均幸福指数略高。

迈尔斯研究了第二次世界大战后西方发达国家和地区经济发展水平和人民主观幸福感之间的关系，发现这些国家和地区在过去50多年里经济得到了巨大发展，而它的国民主观幸福感没有实质变化。以美国为例，到20世纪末，美国整个社会财富比1957年几乎翻了一番，中产阶级扩大了两倍。而报告自己非常幸福的人数却从1957年的35%下降到1998年的33%。其他一些社会不良现象却成倍增加。迈尔斯称这种物质增长而社会倒退的现象为"美国困惑"。当然整个世界都有这样的困惑。

狄纳调查了中了彩票大奖的人，发现中奖时非常快乐，但这种快乐只是暂时性的，大部分人到后来甚至还不如中奖之前快乐。狄纳对29个国家的平均生活满意度与其收入进行比较发现，各国的平均购买力与平均生活满意度之间的相关系数是0.62。这说明一个国家的经济条件对其国民生活满意度有影响，但这种影响不是直线式的，也不是很大。

2004年4月，《瞭望东方周刊》与奚恺元教授合作，对中国6个城市进行幸福指数调查。结果如下：第一，从高到低依次是杭州、成都、北京、西安、上海、武汉；第二，各城市人均月收入与幸福指数没有直接关系，上海人均月收入最高，幸福指数排倒数第二，成都人均月收入最低，但幸福指数排第二，杭州人均月收入居中，幸福指数最高；第三，在同一城市里，个体的月收入水平与幸福指数直接相关，收入越高，越感到幸福。

我国的调查结果与美国有差异，造成这种情况的原因可能有两个：第一，我国经济发展水平很低，远未达到人均月收入8 000美元，这属于硬缺失。另外，我国城市相对封闭，容易发生内部比较。第二，在财富与主观幸福感之间似乎存在一个中介影响因素，即民众的期望和目标。这种期望是按照水涨船高规律变化的。所以，人均月收入高的城市的居民并不一定比人均月收入低的城市的居民幸福感强。

从长远来看，人类本身在快乐与不快乐的追求上存在一种趋中倾向，瞬时的极端快乐和不快乐会逐渐消退，而恢复到平常状态。

（2）文化因素

文化因素对人们的幸福感有什么影响？一些跨文化研究给出了一些答案。

文化模式分为三类：个人主义文化、集体主义文化和介于二者之间的中间文化。个人主义文化把注意点放在个体身上，强调个体的独立性、独特性和自主性，追求独立、自主、自强、创造和探索。美国是这种文化的典型代表。集体主义文化则把关注点放在群体或社会上，强调人与人之间的和睦、相互依赖，强调个人对集体或社会的责任和义务，提倡个人对集体或社会做出牺牲，倡导个人对集体的忠诚和依赖。中国是这种文化的代表。中间文化则是在这个维度上居于中间位置。

研究发现，个人主义文化模式下的个体倾向于依据自身的内部情绪体验来判断自己是否幸福，而集体主义文化模式下的个体则更多关注他人对自己行为的看法和评价，他人外在的看法和评价常常决定了自己的幸福。幸福不幸福由社会说了算。部分中国人就是这样，他们要做的是让人觉得自己很幸福，至于自己是否真的感到幸福无所谓。他们的人生更像"演戏"，人生如戏是他们真实生活的最恰当比喻。人际和谐成了幸福的一个重要的指标性要素。好面子的人容易做出符合他人期望的行为，因此好面子是达到人际和谐的一个重要人格变量，也就可以得出这样的结论：在中国，好面子的人可能会感到更幸福。

研究还发现，自尊和外向性这两个人格特质对人幸福感的影响，在集体主义文化中比在个人主义文化中小。集体主义文化中的个体的自我容易分裂。

没有证据能够充分证明哪种文化对增加人们的幸福感更有价值。

另外，清明的政治、民主法治的社会、有效率的政府能增进人们的幸福感。

（3）生理因素

研究发现，乐观的人比悲观的人寿命平均长19%，体验到更多积极情绪的人其身体机能更好。如果有运动的习惯，每次运动之后人会感到愉快。这是因为运动之后身体释放了更多的内啡肽，内啡肽是类似于吗啡的生物化学物质，它能使人产生愉快的感受。

（4）人际交往因素

良好的友谊关系有利于主观幸福感的生成。狄纳（2002）等曾以222名大学生为被试进行研究，对其中10%感到最幸福的人进行了因素分析。研究发现，丰富多彩的业余生活是主要原因，这些人课余花大量的时间和他认为的朋友一起活动。

为什么良好的友谊关系有利于主观幸福感的生成？原因可能有以下几个方面：

① 人缘好的人可能拥有一些优秀的人格品质，如乐于助人、热情、活泼、开朗、幽默等，这一方面使他们受欢迎，另一方面他们可能是天性乐观的人；

② 归属需要得到了满足；

③ 感到随时会得到关怀和支持，这是一种愉快的感觉；

④ 和朋友在一起，经常进行一些感兴趣的活动，因而带来了快乐。

6.3.4　几种积极情绪体验介绍

前面已经对积极情绪体验的种类进行了划分，但对这部分没有展开探讨，现在进行详细介绍。

按照时间状态，我们把积极情绪体验分为针对过去的积极情绪体验，如满意感、满足感、成就感、骄傲感和宁静感；针对现在的积极情绪体验，如福乐感、快乐感和愉快感等；针对未来的积极情绪体验，如乐观、期待等。

1）对待过去的积极情绪体验——生活满意

（1）过去经历对以后的影响

过去对现在有很大影响，在某种意义上，一个人现在的状态很大程度上是他过去的经历的结果。这方面的研究主要集中在儿童早期不幸的经历上面。研究表明：个体童年期的不幸经历对其以后的人格有影响，但是不是决定性的。就具体个体而言，存在程度差异，有的影响很大，有的一般，有的几乎看不出来。

（2）生活满意点理论

生活满意点（Life Satisfaction Set Point，LSSP）指一个人的生活满意的基准线，这个概念最早由美国心理学家布里克曼和坎贝尔提出。生活满意的基准线高意味着这个人对自己的大部分生活满意；生活满意的基准线低意味着他对什么都不满意，是一个对生活苛刻的人。一些生活事件，快乐的或者沮丧的，会在短时间内影响人，但经过一段时间后，人们又恢复到这条基准线附近。

美国内华达大学的研究者发现，当一个人初次看到一张漂亮的脸时，他会产生愉快的情绪体验，但当他看习惯了时，愉快就逐渐消失了；看丑陋的脸也如此，不愉快感会在习惯后逐渐消失。这就证明了一句中国话——"习以为常"。资源无法平均分配给每一个人，但得到多的人和得到少的人都逐渐习惯，使多和少所造成的影响逐渐归零。

艾迪和狄纳研究发现，人在经历有重大影响的生活事件（如中奖或重大创伤性事件等）之后，他的生活满意点在事件过去 4 周后就基本恢复到原来的水平，但是有一些变化。这种恢复性变化 74% 来自个体先天差异，16% 由个体经历的特定情景决定，10% 左右是随机误差造成的。

不同的人有不同的生活满意点，首先它来自先天的生物因素不同，人们无法对其进行大的改变；其次就是生活经历，它会以某种方式整合到生活满意点中。

无法改变的就接受，能够改变的我们就努力。古人对待人生的态度——"尽人事，听天命"——是正确的。

2）对待现在的积极情绪体验——福乐

福乐（Flow）的概念最早由美国心理学家西卡森特米哈伊提出。他在 20 世纪 60 年代写博士论文时发现，一些画家在创作的时候可以废寝忘食、不辞辛劳，始终专心致志，表现出极大的兴趣和坚持力，而一旦完成，这一切马上就会消失，前后判若两人。西卡森特米哈伊研究后认为，这些人是被绘画本身所激励，绘画过程给人带来一种积极情绪，这种积极情绪如此强烈，使画家忘我工作，直到完成。

西卡森特米哈伊把这种情绪体验称为福乐体验。**福乐**是指对某一活动或事物表现出浓厚而强烈的兴趣，并能推动个体完全投入进去的一种情绪体验，它是包含愉快、兴趣、忘我等以及无理由的坚持等成分和状态的综合情绪，它由活动本身而不是任何外在的其他因素引起。孔子听韶乐而三月不知肉滋味就是进入了这种状态。

福乐在旅游领域也频频被提起，被奉为旅游体验的最佳状态。在旅游领域，福乐被翻译成"爽""畅"或者"畅爽"。但作者认为，福乐的译法更好，有"可口可乐"翻译之妙。

（1）福乐形成的心理机制

是什么促使人产生福乐体验呢？

人在生存过程中，生物要求和社会要求都对个体行为施加影响，而个体的意识在调节它们的关系，以便在限制条件下达到个体生存和发展的目的。在这个过程中，个体的自我就诞生了。当个体的自我产生后，自我在人意识中的地位不断增强，并最终占据意识的全部（无意识的大部）。因此，每个成年人的意识都是从其自我出发形成的意识，带有明显的自我特性。

独立的自我有两个倾向。

第一，存在性，就是自己的生存和延续，自我本身就是自我的目的。从这个角度讲，"人都是自私的"的命题就是正确的。自己的事无小事，他人的事无大事，这就是自我在作怪。

自我为了保持自己的存在，意识会主动地去除那些威胁自我存在的状态而保存有利于自我存在的状态。那些有威胁性的事物就产生消极的情绪体验，而有利于自我的事物就产生积极的情绪体验。

第二，自由性。自我形成后，它具有自由性，可以自私，也可以无私；可以积极，也可以消极。

在这两个倾向基础上又分化出愉快、能力和分享。在个体成长过程中，不同的人把三者进行了不同的组合，从而形成了不同的心理体验，有的以愉快为主，有的以能力为主，有的以分享为主。部分人逐渐把三者结合成一种新的形式，这就是福乐体验。福乐就是人意识中的一种自带目的的内在动机原型，它唯一的目的就是想体验行为本身，而不是行为所能带来的其他外在好处。福乐尽管不带外在目的性，但却常常伴随新思想和新发明的出现。

（2）福乐的特征和产生条件

福乐概念提出之后，学者们纷纷对不同领域的福乐体验进行了研究，当然也包括旅游福乐。在众多研究的基础上，我们总结出福乐的主要特征：

① 个体强烈地把注意力集中在当前从事的活动上。

② 意识与正在从事的活动合二为一。

③ 自我意识暂时失去，如忘了自己的社会身份。

④ 能意识到自己有能力掌控当前的活动。

⑤ 出现暂时性体验失真，如觉得时间飞快。

⑥ 活动体验本身成为活动的内在动机，完成它就是最好的理由。

通俗地说，要想进入福乐状态，要有孩子的单纯，就是所谓的赤子之心，全身心投入，物我两忘，当然还要胜任。不胜任、世俗功利心盛、三心二意、过分自我关注则是远离福乐状态的情况。

福乐产生的条件有三个：

第一，能力要与挑战匹配。具体来说，就是经过努力能够战胜挑战，福乐才能产生；否则，不胜任或太容易都"没劲"。太难则力所不及，无法把活动进行下去；太易则胜之不武，既无成就感，身心也不能进入状态。

第二，活动要有结构性特征，就是指一个活动应该具有确定的目标、明确的规则和相应的评价标准，也就是说活动要具有可操作性和可评判性。

第三，主体自身特点。有的人不容易产生福乐，有的人则容易产生福乐。西卡森特米哈伊把容易产生福乐的人格称为"自带目的人格"。这种人把生活看作享受，他们做事多是因为自我，而不是为了获得其他外在目的。他们对生活充满好奇和兴趣，比较有耐心和坚持性，非自我中心，行为多出自内在动机，并自我奖赏。另外，他们的注意力容易高度集中。

练习瑜伽、气功和太极拳等，其本质就是训练注意力的集中和投入，训练人能全身心地沉浸于当前的活动之中。而训练的结果能够帮助人从单调和不愉快的工作和活动中得到好的心情和快乐。佛教所追求的内心宁静也是同样的道理。

（3）两种非福乐状态

①分离体验与茫然体验

多数人在日常生活中难以得到福乐体验，主要原因是人们的工作和生活多带有外在的目的，很多事是被迫的。与福乐相对应的两种典型的非福乐状态是分离体验与茫然体验（见表6-1），也称为厌倦体验和焦虑体验。

表6-1　　　　　　　茫然体验、福乐体验和分离体验比较

茫然体验	福乐体验	分离体验
总的目标不确定	总的目标确定	总的目标明确
能力<机遇或职责要求	能力≈机遇或职责要求	能力>机遇或职责要求
主观体验	主观体验	主观体验
无目标性混乱	胜任	压抑性挫折
缺乏规范标准	自我就是目的	无助感
孤立无援	行为与意识的一致性	自我失去
行为动机		行为动机
寻求社会和经济的秩序		寻找个人自由
安全		挑战和创造自我
稳定和明确		表现
理解、控制		赏识、创造

"分离"是一种迫于外在目的而缺少自我创造的工作体验，因任务的简单容易而使个体能力得不到发挥，由于缺乏内在动机而使工作成为负担和苦差。马克思就针对工人在资本主义制度下的工作状况提出了"分离"概念。

"茫然"一词最早由法国实证主义社会学家涂尔干提出。在这里，茫然体验是指个体处于一个目标不明确、环境不熟悉的境地时产生的一种总觉得自己做什么都做不好的心理体验，外在要求高于个体能力时也会产生茫然体验。

如果说前者是因为太容易而使能力得不到发挥，那么后者则是太难而无法胜任。

②福乐与两种非福乐状态的关系

西卡森特米哈伊和他的米兰研究小组在1997年把心理体验分为八种状态，并对它们与挑战、个体才能的关系进行了说明，如图6-2所示。

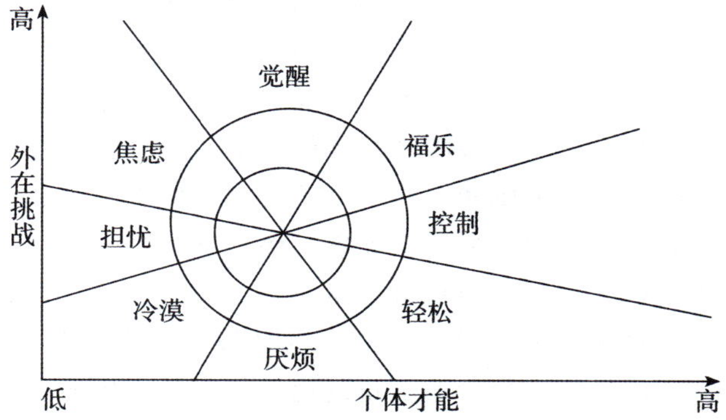

图6-2　心理体验的八种状态与外在挑战、个体才能的关系

怎样摆脱非福乐体验？心理学的忠告是发展业余爱好。一个人做什么工作常常身不由己，可能多是出于偶然或者迫于生计。而业余爱好完全可以是自由选择的，可以做到不带外在目的，而只满足自己心灵的需要，因此也就更容易产生福乐体验。人们业余从事的活动有哪些容易产生福乐体验？西卡森特米哈伊的研究已经告诉我们了，有挑战性，并能展示自己才能的活动容易产生福乐体验。西卡森特米哈伊曾根据产生福乐体验的频度对日常生活的一些活动进行了分类，从高到低的顺序是：业余爱好（特别是体育活动、唱戏等）排第一；社会交往、学习和研究、工作、性行为等排第二；饮食、自我装饰打扮等排第三；做家务、看电视很少产生福乐体验；最后是游手好闲、无所事事，几乎不会产生福乐体验。

③旅游者心理建构与福乐体验产生的关系

这里西卡森特米哈伊没有提及旅游。我们根据他对日常生活划分的依据对旅游活动进行分析。

第一，深度旅游最容易获得福乐体验。参与才能有能力地介入，参与程度越高，能力表现得也就越高。从参与程度划分，旅游（狭义的旅游）可以分为深度旅游、观光旅游和度假旅游，比如深度旅游包括文化深度游、探险旅游、完全自助的独自旅游等应该属于最容易产生福乐体验的活动。而观光游和度假游应该属于第二类容易产生福乐体验的活动。

第二，个体旅游经历影响福乐体验的获得。旅游者是否产生福乐还与个体的出游经历有直接关系。经历的丰富与否影响到福乐体验的获得，经历、经验是构成能力的重要部分。无经历者，即使是观光旅游也容易产生福乐体验，因为他遇到了挑战，其能力也得到了发挥。旅游经历丰富的个体，其相应能力也得到提高，自然，他们对旅游活动难度的要求就会水涨船高。所以，在考虑影响旅游体验一般因素的时候不能忽略个体差异。

第三，旅游体验是主体和客体互动，并以主体的主动建构为核心形成的。旅游者越是能够将旅游环境纳入自己的主观世界，就越容易产生福乐体验。总体而言，旅游者主体与旅游对象客体的互动程度，决定了福乐体验的获得与否和体验质量的高低。首先是旅游中"游"的对象多大程度上影响旅游者，而后是旅游者发生多少心理的主动建构，旅游者心理的社会建构过程更重要。

旅游者和旅游环境互动最后以旅游者的主动心理建构而生成旅游体验，旅游体验过程经历四个阶段：环境——→情境——→意境——→心境。

环境阶段：主体旅游者与外在环境各自独立，没有发生相互影响。

情境阶段：基于环境的营造和旅游者主体的感知，环境的一部分被旅游者抽离出来，作为一个新的整体被旅游者感知，在这一阶段互动发生了。

意境阶段：旅游者开始把自己的情感和思想注入情境中，在这一阶段最主要的特征是发生了"移情"现象，意境已经获得了意义。

心境阶段：旅游者产生了心理体验，外在的环境因素完全服务于人的心理活动，旅游者的内在心理活动成为这一阶段的主角，福乐体验就产生于这一阶段。这一阶段旅游者完成了心理建构，可以说在本阶段旅游活动主观化了。

旅游者心理建构的这四个阶段呈现主体和客体的互动越来越深入，越到后来，主观因素影响越大。从某种程度上说，旅游者体验的好坏就表现为旅游者主观因素与客观环境因素结合的程度和旅游者主观因素参与的程度大小，二者结合得越紧密，主观因素所占比例越大，体验就越深刻。

总之，旅游者的旅游体验是旅游活动主体和客体互动和主体的主动心理建构过程，只有这样才能获得相应的体验。如果由于不主动（不介入、不投入）或者由于缺乏心理建构的能力（无丰富的知识和想象力）而成为被动的"旁观者"，在旅游活动中缺乏心理建构，那么，其旅游活动就是纯粹的外在活动，不会产生福乐体验。前者是有了什么经历、感受和思想，并表现为有很多"话"想说，说出的是情绪情感和意义；而后者只有过程，记住的是一些活动内容、看到的东西。如果必须表达什么的话，只能告诉他人自己去了什么地方，看到了什么，展示照片成为必不可少的程序。

当然，如果由于客观原因而使旅游客体无法影响并进入旅游主体的主观世界，互动不能启动，也谈不上旅游体验了。这需要旅游客体符合旅游心理规律，从而能够影响到旅游者。

到此很容易被问到一个问题，旅游主体和客体在旅游体验形成过程中谁更重要？其实，在分析影响一个事物的多种因素的时候，经常要回答孰轻孰重的问题。这种思维定式是现代主义决定论的规范套路。以后现代主义视角，用过程论的观点，这个问题就不存在了，过程论要解决的是各种因素在事物发展过程中起什么作用、怎样起作用，哪个更重要没有意义。如果陷入主次思维之中，常常根本没有答案。

社会建构心理学告诉我们，事物本身没有意义，它所有的意义都是因人而生。而事物因人而生的意义不是事物本身固有的，也就是说事物不能决定自己具有的意义，事物的意义是人赋予它们的。人的精神也不是照相机，只是简单地反映世界，人更大程度上是在建构这个世界。精神上的巨人，亦是旅游体验上的强者；反之，精神上的矮子，也是旅游体验上的无能者。伽达默尔指出，"意义"或"心理"既非附着于客体，也不是来自主体内心，而是存在于二者"之间"，存在于解释者与对象、主体与客体的关系和互动之中。心理不是主体对客观现实的"反映"，而是一个复杂的社会建构过程的结果。

从西卡森特米哈伊的研究我们可以得到一些启示：

A. 必须有活动，没有活动就没有福乐体验。

B. 福乐体验的产生主要来自主体本身的因素，而非外在的因素。

C. 主体在参与和从事活动的时候能从中看到自我，具体说就是能够从活动中找到自我价值感。

D. 主体在活动中越是能够把外在的环境因素纳入到自己主观世界中来，而不是相互分离，就越能够产生福乐体验。

E. 主体活动中其主观因素所占比重越大，其体验就越深刻，从体验角度讲活动就越成功。

3）对待未来的积极体验——乐观

（1）什么是乐观

关于乐观的定义，社会学家和人类学家泰格的定义很有代表性，他对乐观定义是："当评价者把某种社会性的未来或物质性的未来期望视为社会上需要的、对他有利的或能为他带来快乐时，那么与这种期望相关联的心境或态度就是乐观。"

乐观有两个特征：第一，乐观是主观的；第二，乐观是指向未来的。

首先，乐观是主观的，是人的一种心境或态度。这种心境或态度与一个人的期望紧密关联。同样在一个客观事实面前，不同的期望会带来不同的认知和评价，不同的认知和评价又成为乐观和悲观的理由。期望则受一个人的人格、当时的心理状态和利益影响。前面介绍的归因理论对这个问题有很好的解释。

其次，乐观是指向未来的，它对现在和今后一段时间的行为产生影响。这种情况在社会生活现实中普遍存在。另外，如果追问乐观和悲观谁是对的，或者谁更有价值是没有意义的。情况不同，则结果不同。

教学互动 6-1

互动问题：访谈旅游者的幸福感体验，并依据理论知识进行分类，并探究它们之间的关系。

互动要求：同"教学互动 1-1"的"互动要求"。

（2）心理学关于乐观的研究

一个人的乐观是先天的还是后天学习的？心理学的研究支持综合论。首先，一个人的遗传基因为其提供了一个乐观基准线，不同的人或多或少存在这方面的差异。其次，一个人后天的经验和学习则进一步加深了其乐观和悲观的程度。当然，后天的经验和学习也会在某种程度上改变先天的乐观基准线。

1967年，美国宾夕法尼亚大学学生塞里格曼在自己教授的实验室发现了一个奇怪的现象。当时，他正在做一个实验，在一个大笼子里用一排栅栏隔断（狗可以轻易跳过去）成两个小笼子，两个笼子一个有电击，另一个则没有。研究者希望狗在受到电击之后或在听到某个与电击相关联的声音之后很快逃到另一个小笼子躲避电击。可结果是，狗在受到电击或听到那个与电击相关联的声音时却一动不动地蹲在那，发出"呜呜"的吠声。这让人非常困惑。

塞里格曼则受到启示，他发现，狗在此之前已经受过多次电击，不管声音在什么时候响起，也不管它怎么挣扎，它从来就没有逃脱过电击，这种经历逐渐使狗形成了一种"习得性无助"特性。现在换了一个新的情景条件，它们能够通过自己的努力来逃脱电击，但"习得性无助"的特性使它们还是像以前一样，依然认为自己无论做什么都逃不脱电击的厄运。据此，塞里格曼对人类做出了一个大胆假设：许多人存在的诸如压抑等心理问题的主要原因可能就是源于形成了"习得性无助"类人格特质——对现实具有了一种无可奈何的信念，而不是他们真的无法解决自己的问题。

20世纪80年代，塞里格曼做出新的推断：既然压抑、退缩等消极品质能够通过一定的学习获得，那么乐观、高兴等积极品质也一定可以通过学习获得，并进而提出"解释风格"理论。他认为，个体不同的后天学习经验使其形成了不同的人格特征，也就是"解释风格"，他把人格分为"乐观型解释风格"和"悲观型解释风格"。"乐观型解释风格"的人认为失败和挫折是暂时的、特定性的情景事件，是外部原因导致的；而"悲观型解释风格"的人则会把失败和挫折归咎于自身的原因，并认为这种失败和挫折是长期的、永久的，会影响到自己所做的其他事情，因而容易形成抑郁。既然人可以具有"习得性无助"，那么也可以获得习得性乐观。但是，二者的形成是否存在难易？哪个更难？一旦形成，其稳定性如何？目前还没有答案。

研究发现，"乐观型解释风格"的形成受三个方面的影响。首先是个体遗传基因。研究表明，不同的基因条件形成了人不同的气质，它构成了不同解释风格的基础。其次是个体的生活环境，尤其是个人成长阶段的家庭和学校等小环境。有研究表明，父母亲特别是母亲的解释风格对儿童有较大影响。最后是父母对孩子的教养方式影响很大，父母对待孩子的方式是挑剔的、谴责式的还是耐心的、宽松的、鼓励的、赞扬的。另外，儿童自己生活中发生一些重大悲观性事件，如父母离婚、父母经常发生激烈冲突、亲近的人死亡、自身得了严重疾病等，也容易形成"悲观型解释风格"。

同步业务6-1

旅游体验营销策略

（1）设计有吸引力的旅游体验主题。旅游服务中的所有要素都要以体验主题为中心。体验主题须有鲜明的特色，能够满足游客多样化、个性化的旅游需求，使旅游者能够从众多的旅游产品中整合独特的体验。

（2）充分展示体验式的旅游形式产品。旅游的形式产品既包括所有有形展示，也包括旅游企业员工的服务行为。所展示的旅游形式产品要具有足够的竞争力。

（3）提升旅游服务的体验价值。旅游产品的体验化设计、导游的人性化服务、各种服务中的体验氛围等，都可以提升旅游服务的体验价值。

资料来源　佚名. 旅游体验营销策略［EB/OL］.［2011-12-16］. http://wenku.baidu.com/view/4a7c432ae2bd960590c67792.html.引文经过改编。

6.4　旅游中的仪式和仪式感

在前面的章节我们已经介绍了旅游体验的概念、构成等，但并没用形成一个清晰明确、丰满的旅游体验概貌。目前旅游体验研究是国内外旅游学术界的热点，但是研究体系的完整度和内容的充实度均不如人意，呈散、乱、浅的状态。旅游体验的一些基本问题没有得到很好的回答，如旅游体验的分类；旅游体验的特征；旅游体验的维度；旅游体验品质的命名和测量等，当然对各类旅游体验的深入专项研究更无从谈起。本节我们介绍一种重要的旅游体验：旅游仪式感。

6.4.1　仪式在今天中国的存在状况

仪式是传统文化的重要象征，承载了传统文化的内涵与意义，也传承着对历史文化的追忆和对生命的尊重与敬畏。在生活中，人们习惯于用仪式来表达重大事件，人生总是需要一些规定性的动作，使生活富有意义感。如今中国仪式空洞化现象突出，仪式正在逐步蜕变成形式，内涵丢失，"为了仪式而仪式"的现象非常普遍。仪式感关乎人数的精神福祉，仪式感的消减日益加剧这一的现状俨然成为亟须关注的问题。

仪式感是仪式的灵魂。仪式的衰落，直接表现为仪式感的缺失。仪式本身具有的仪式性，本应传递出仪式感，使人们沉浸其中并切身感受到仪式的意义，但这在当今中国社会似乎已经成为一种奢望。现在很多地区在借助传统仪式发展旅游业，基于对仪式文化内涵不了解或者忽视，却常常因仪式性丧失而使效果大打折扣。

仪式的逐步形式化（文化内涵缺失）使得很多人对仪式也逐步表现出一种淡漠的态度，如国内的许多婚礼给人的感受。在现实生活中，一些消亡的仪式在近几年又得到小部分人的重视，如成人礼。可见，一些人已经开始意识到仪式在日常生活中的重要性，人们对仪式感的诉求有明显回归的迹象。旅游，对现代人来说已不再陌生。越来越多的人选择在逢年过节时出行旅游，似乎旅游成了节日或仪式的替代。可以说，正是生活世界中仪式感的消解，使得旅游成为一种人们精神诉求的方式，去填补自己在生活世界所造成的内心的空虚与精神的荒芜，又或者是渴望转变。旅游已成为当下部分人对生活的仪式化表达，现代人不齿于暴露心灵需求与精神危机，所以选择旅游这种方式来摆脱精神危机并实现心理诉求。

旅游已成为人们寻求精神寄托越来越重要的手段，其中所蕴含的精神性在某种意义上说就是所谓的旅游仪式感。

6.4.2　仪式概述

狭义的仪式主要指与宗教有关的教义陈述、祭祀、仪礼、庆典、礼拜活动等。广义地说，仪式既包括宗教仪式，也包含非宗教仪式，如节日庆典、入会仪式等。它是对具有宗教或传统象征意义的活动总称，是一种由拥有共同文化的特定人群所组织的不会经常发生的行为。仪式具有固定的程式，即确定的时间、固定的场所、规定的程序、稳定的人群和特定的氛围，是一种标准化的、重复的行为。

在文化人类学中，最常见的是将仪式分为通过仪式（Rites of Passage）和强化仪式（Rites of Intensification）。通过仪式，是指个体在生命历程中由一个阶段向另一个阶段过渡的过程中，获得社会规范。它强调社会角色的转换，使个体能够更快更顺利地让自己及他人接受自己身份的转变。通过仪式与生命历程中的各个阶段有关，每一次"通过"都意味着身份的转变和权利的重新分配，是个体生命历程中的标志性事件。强化仪式，是指在自然的节律之中体验生命的律动，即有规律性地强化着生命历程，使平淡的生活被一次次强化并赋予生命意义。相比之下，通过仪式侧重生命个体，而强化仪式是指群体生命危急时刻的仪式。

放眼整个生命历程，仪式不过是人生的一幕幕序曲，但其具有重要的存在价值。仪式在诞生之前就已经被赋予特定的社会意义，不同类型的仪式有不同的作用。首先，从心理功效上来说，仪式是一种表达情感与心理诉求的途径。它源于远古时代人类对神灵等超自然力量的威慑与崇拜，是人类对未知人生与世界的情感寄托与祈求的重要方式。通过仪式本身强调的是交流和变化，交流本身和结果往往会超过仪式活动的形式本身，结果会产生力量并传递出一定的意义。从社会功能角度来说，仪式能够维护社会，凝聚社会团结并强化集体力量。强化仪式作为特定群体所认可的共同价值，具有凝聚并强化民族认同感的作用。它是一种集体性实践积累和传承过程，用以巩固自身群体的稳定性，与此同时，也能使社会记忆与集体记忆得以传承，从而维持社会稳定。归根结底，仪式的价值体现于世俗社会中非宗教仪式的某种神圣化表达之中，而这种神圣性即为仪式感。

6.4.3 仪式理论

仪式的研究是人类学范畴。人类学家 Arnold Van Gennep 在20世纪80年代提出著名的阈限理论，该理论认为所有通过仪式都包含阈限前、阈限、阈限后三个基本内容，亦被译为"分离—过渡—组合"。人会随着年龄的变化而被社会赋予权利与义务，这并非到达一定年龄就能自然具备，而需通过仪式来赋予，使人们在强烈的感受中说服自己适应或改变。整个通过仪式就是一个这样的过程：个人会被仪式性地从社会中排除出去，然后再重新融入社会之前要经历隔离期并获得新地位。在该理论中，"阈限"这一重要概念被提出，以体现神圣性的交流活动及共同的情感表达。阈限是指从正常状态下的社会行为模式中分离出来的一段时间和空间，使参与的个体从预设好的社会角色中逃离出来。通过仪式具有生命"凭照"的作用，它将人的生命过程与社会化过程融为一体。通过仪式理论侧重于个体的生命仪式，与通过仪式相对应。

人类学家 Victor Turner 则以社会冲突论为背景，提出仪式过程理论，即"结构—反结构—结构"，亦为"分化—阈限—再整合"。在该理论中，他提出了"共睦态（Communitas）"的概念，意指一种毫无芥蒂地直接交流的状态，这种状态是模棱两可、混沌的，但又具有谦恭与神圣等特质。正是这种模棱两可的不确定性使过渡仪式中丰富多样的象征得以展示。仪式过程理论侧重社会层面的集体仪式，与强化仪式对应。

6.4.4 旅游仪式理论

在仪式理论的基础之上，旅游人类学家格雷本从游客视角出发，提出旅游本身就是一种仪式，将旅游视为"世俗—神圣—世俗"的过程，旅游仪式理论由此诞生。马康纳和寇恩也认为现代旅游是一种世俗朝圣，旅游能为旅游者在"阈限"的时间和空间内提供了一种精神性体验。格雷本认为，旅游是一个由世俗进入神圣再回归世俗的过程，其实也就是从生活世界进入旅游世界，然后再回归至生活世界的过程。与日常生活相比，旅游就是一个神圣的"出位"阶段。旅游结束后，一切似乎都回归到了原点，但那将是一种更新或复苏状态。旅游为旅游者带来的变化，使得旅游前后所代表的世俗生活不再相同。该理论中的旅游仪式过程如图6-3所示：

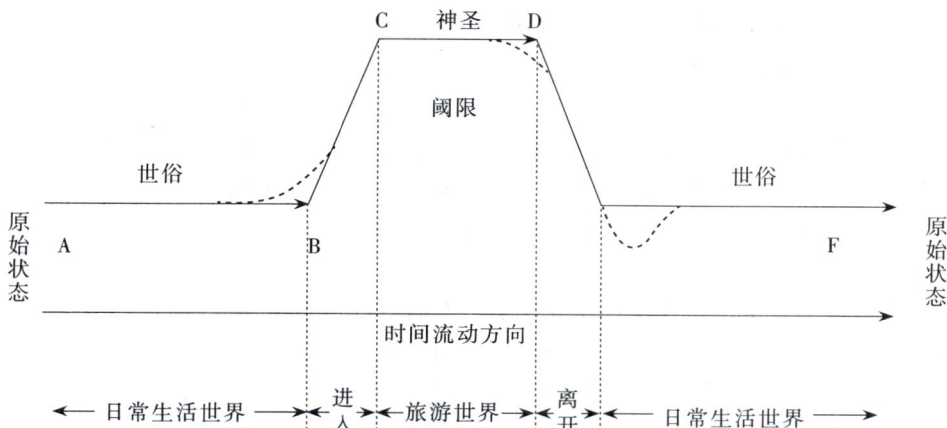

图6-3　格雷本关于旅游仪式理论图修改版

资料来源：彭兆荣. 人类学仪式的理论与实践［M］. 北京：民族出版社，2007. 笔者在此原图基础上稍加修改。

图中虚线体现了旅游者在生活世界与旅游世界中的两种状态进行切换时发生的"心理震荡"。B处体现了旅游者对旅游的期待逐渐上升的状态，而C处是对离开旅游世界而可能重新回到生活世界的失落表现。B—C与D—E都代表过渡阶段，处于B—C阶段的旅游者会产生快乐、期待等复杂的心理活动，而处于D—E阶段的旅游者往往会有苦甜交织、悲喜交加等复杂的心理活动。

6.4.5　旅游中的仪式感

1）旅游的精神性

夏普利和桑达拉姆曾指出现代旅游与传统宗教习俗的功能性与符号性作用的一致性，并阐述旅游何以成为一种精神诉求的方式：旅游内在的精神性具有连续性，它存在于旅游体验之中，而与旅游者的原始动机无关。拉英和蔻驰指出，旅游的精神价值体现在五个方面：对艰难险阻的无所畏惧；旅游作为心灵净化的手段为自身带来的转变；旅游中的丰富性；共睦态；重新回归生活世界的更新状态。

旅游的精神性中包含了一个重要维度，即旅游仪式感。将旅游本身视为一种仪式以追求所谓的仪式感，这种趋势或许已悄然升起。

2）仪式感

到底何为仪式感？人类学学者很早就对仪式进行了研究，却没有明确提出过"仪式感"一词，也鲜有与仪式感直接相关的研究。有人说，"仪式感"一词最早源于宗教，是经由一系列仪式而产生的感受，并且通过这种感受改变人们的思想、情绪和行动。也有人认为仪式感是依托于仪式活动的艺术形式、特殊时间、地点、特定行为与巫术、宗教、伦理等价值体系，与心灵产生某种呼应的主体内在的感性活动，同时又渗透着与之对应的恐惧感、道德感、和谐感等具有价值表征意义的情感体验。上述几个定义都或多或少地揭示出仪式感的某些特征。

有人指出当今社会"喜好形式感、却很少有仪式感"的现状，认为仪式感的重要意义在于人们的内心渴求指引，渴求生活的意义，渴求生活下去的希望。通过对这些描述的核心观点的提取与归纳，可以发现：首先，仪式感具有震撼的力量，能够唤醒个人内心沉睡的一些情绪，让你自发进行调整。其次，仪式感是一种模糊不清的情感，其中夹杂了多种情感，如庄严感、神圣感等。以具体的战前动员仪式为例，仪式感包含了荣誉感、自豪感、责任感、使命感等。再次，仪式感是感性与理性相结合的结果，是当参与者达到观点、情感与意愿上高度一致时才可能会产生的神圣感受。思想会受到启迪，情感会得到震撼，愤怒也会被激发，此外也包含了很多其他可能性。最后，仪式感本身包含了多维度，即时间感、被需要感、存在感、重要感、意义感等，最终得到一种安全感。

仪式感界定为在仪式或仪式性事件中，人们通过亲自参与或观看并融入特定的仪式情境中，使其自身的认知、情感与行为达到高度一致时所产生的一种混沌的心理状态。在仪式理论中，阿诺尔德·范热内普的阈限理论中的阈限阶段，维克多·特纳的仪式过程理论中的共睦态以及Graburn的旅游仪式理论中的神圣阶段，这三个巅峰状态中都隐含着一种摸不透也解释不清楚的东西。这种无以言表的模糊感受就是仪式感。Victol Turner提出的"共睦态"，意指一种毫无芥蒂地直接进行交流的状态，其中充满了模棱两可、混沌、谦恭与神圣等特质。所谓的"混沌"意在强调仪式感的模糊不清、多种情感夹杂而难以用语言表达的特点。这一概念更能准确地描述仪式参与者获得仪式感时所达到的最高境界时的心理状态。

3）仪式感的构成

根据以往研究，仪式参与者在宗教仪式中能够产生的情绪情感主要有以下几种：形式感、秩序感、美感、和谐感、神秘感、认同感、敬畏感、崇高感、震撼感、狂欢感、恐怖感、神圣感等。仪式感是相通的，从上述对仪式感理解的描述中也可看出，仪式感中夹杂了很多情感，包含庄严感、庄重感、神圣感等。

形式感是仪式感产生的前提条件，文化内涵则是仪式感产生的基础，它是仪式传达的意义。通过形式营造情感氛围，从而使要传达的内容和意义更高效。现存节日比如春节，首先是丢失了很多传统仪式，另外尚存的一些仪式也因为其缺乏文化内涵（因为人们已经失去了对传统文化的信仰）而使其徒有形式，这是人们觉得逢年过节无聊的重要原因。说白了，大家都不把仪式当回事了，仪式也就不是个事了。抗日战争胜利纪念日阅兵仪式很成功，在国人心中产生了强烈的仪式感，其原因很简单：完美、庄严、震撼的形式，雪国耻、振国威和强国梦等明确的爱国主义内涵兼具。仪式感的产生与否是衡量仪式成败的唯一标准。仪式的外在形式以及具有固定的程度与规范会自然流露出一种秩序感、美感；在具体的仪式中，特定的仪式情境（由形式和文化内涵构成）将营造出神秘感、美感；又会使仪式参与者产生认同感、敬畏感、崇高感、震撼感、狂欢感、恐怖感、神圣感。仪式感终将是一种混沌的心理状态。上述多种情绪情感都是仪式感的具体表现，但都不能等同于仪式感。只能说，它们中的几种情感状态相互交融，共同塑造并成就了仪式感。仪式感作为一种综合性的复合情感，很难用语言来准确地表达与描述。正如对战争前宣誓情景的生动描述，特定的仪式情景能够激发人的心理活动以及使情感状态迸发到极致，最终产生一种复合的情感，即仪式感。

仪式感，作为一种心理状态，是在一段时间里出现的相对稳定的持续状态的心理活动。人们在感知层面所能达到的是一种聚精会神、专注、忘我的状态。在思维活动中，会出现一种放空的状态，一切外在表现都出于人的本能反应。应该说，这种状态是一种认知、情感、行为三方面达成高度一致的结果，三者同时发生，而非单纯地从认知上升为情感。最终，其外在表现为一种情感状态，它是集道德感、理智感和美感这三种情感于一身，而又超越了该种情感本身的一种状态，可以表现为激情澎湃，也可以是心如止水。

4）旅游仪式与旅游仪式感

（1）旅游与仪式

将旅游作为一种仪式来进行探讨是对当代旅游研究的一种视角再现。格雷本将旅游作为一个整体，旅游者一次完整的旅游经历就是一次仪式完成的过程。旅游作为一种世俗仪式，不同于传统宗教仪式，是一种不够正式、不够结构化和仪式化的形式，但可以满足人们自身精神性的追求。其之所以世俗，在于它既足够"接地气"，但其之所以能成为仪式，又在于它能满足旅游者的精神需求。所以，旅游本身包含神圣与世俗双重性质，以此区别于传统的宗教仪式。宗教仪式往往通过洗礼、朝拜等多种方式实现肉体与精神上的解脱，以此体现神圣性。根据旅游仪式理论，旅游仪式的神圣性是通过仪式活动而获得肉体与精神上的更新来实现的。心理上的更新状态，是伴随仪式感的产生过程而得以实现的。若将这完整的一段破碎掉，旅游者将会置身于不同的情景转换中，这不仅会为旅游者体验的多样性与丰富性提供了可能性，同时也为旅游者在旅游体验中产生仪式感提供了可能性与可转换的情景条件。所以，在旅游过程中也存在仪式，尽管并非所有的旅游内容都是具有仪式性的。不同旅游者对同一地方同一旅游对象物的感受与见解并不一定相同，其各自的追求也不同。

　　旅游中的仪式有两种存在形式：一种是从整体上将旅游本身作为一种仪式；另外一种则是存在于旅游过程之中的仪式，包含旅游仪式性事件与仪式类文化旅游产品两类。当下很多地区为吸引旅游者将传统仪式开发成文化旅游产品。以往与仪式直接相关的研究可分为宗教仪式有关的朝圣旅游与少数民族地区的民俗仪式。上述所有依托仪式而开发成的旅游产品，都可称为仪式类文化旅游产品。它们是旅游对象物中的一种特殊形态，作为已被开发的旅游产品，也承载着文化传承的责任。

　　聚焦于整个旅游过程，旅游者的旅游经历由一个个旅游目的地、一个个具体的旅游情景所构成，不同的旅游者对不同的情景会产生不同的感受，不同的旅游情景对不同的旅游者也有不同的意义。其中存在一种可能性：某一特定的旅游情景或者特定的经历片段对旅游者有着特别的意义，由此而产生一种叫仪式感的东西。这些特定的旅游情景或者经历片段就是旅游仪式性事件。所谓的仪式性事件，是指对自己来说有意义而无关整个民族或全人类福祉，类似于传统仪式而又不是真正的传统仪式的事件。与传统仪式相比，仪式性事件本身虽不具备严肃、固定且完整的操作程序与规范，却有着类似的结构特征，而且也体现出相当程度的灵活性与自由度。它强调旅游者个人对意义的寻求，而无关其他任何因素。从这一角度来说，被视为世俗仪式旅游本身亦属于仪式性事件。总而言之，旅游仪式与旅游过程中的仪式性事件都可以称为旅游仪式性事件。

　　（2）旅游仪式感

　　与旅游中存在的两种仪式形态相对应，旅游仪式感也可分为两个层次：一是旅游者自身将旅游本身看成一种仪式所产生的仪式感。二是旅游者在旅游过程因具体的旅游体验过程可能产生的仪式感。旅游过程中的仪式感产生可能也会反过来强化旅游作为一个整体在旅游者心中的仪式地位。聚焦于整个旅游过程，旅游仪式感的存在载体可分为两类，分别为旅游中的仪式性事件与仪式类文化旅游产品。

　　①旅游本身的仪式感

　　所有与个人生命周期有关、与重要的人生转折点的活动以及受文化规定的人生转折点举行的社会性活动都可纳入通过仪式中，如留学、自我考验的徒步旅行、部落出征、政治地位的获得等。旅游是个人完成人生变迁的通过仪式的一种替代形式。有人甚至曾从仪式角度将旅游分为两种类型：一种类似于强化仪式，即定期或每年一次的度假；另一种类似于通过仪式，即经过自身努力、自我反省的旅游。

　　现实生活中很多人过度追求物质文明，生活表面上看似热闹，但已经出现严重的精神危机，内心无比空虚。旅游成为越来越多的人寻找自我、寻求精神慰藉的途径。对一些人而言，旅游就是一场迟来的成人礼。所谓的成人礼是指象征迈向成人阶段的仪式，提醒即将成年的人身上所肩负的责任与社会角色的转变，更多的是对生活的追求，其发生往往伴随着痛苦。人们为追求而踏上旅途，尽管旅途充满了辛苦与困难。

从某种意义上说，旅行本身是一种自虐的过程，痛苦总是令人更深刻，这种深刻主要体现在记忆的深刻性与思想的深度上。旅游者希望通过旅行来获得力量，实现生命的突破和解放，实现生命的转变。当旅途结束时，他的内心也收获了一种圆满。这种特殊意义其实就是仪式感。出发前内心的期待、紧张、兴奋、严肃等复杂的心理活动，会伴有一种神圣意义，当这种神圣意义被旅游者所领悟时，就成就了一种叫仪式感的东西。刚踏上旅途时，这种感觉或许尤为强烈。仪式感对个体生命而言具有标志性意义，它总是在试图唤醒个人内心沉睡的一些情绪。

②旅游过程中的仪式感

A.旅游仪式性事件。旅游者所追求的是主观幸福体验道路中的某一点状态。在旅游体验中，仪式感往往也可能产生于旅游过程中的某一具体节点，那是一种旅游者与旅游对象物及周围环境所构成的特定旅游情景，使旅游者能产生一种特殊的心理状态：专注、投入、忘我、顿悟，最终收获圆满。旅游仪式性事件强调的是旅游对旅游者个体的特殊意义，但旅游仪式性事件不易发生，而旅游仪式感往往不是刻意去追求的结果。可见，旅游者往往要经历一番辛苦、数次等待后的失落与期待甚至是危险。如此这般，旅游者才会在心中留下了难以忘怀的印象，使旅游者在经历前后的心理上产生巨大落差，从而更易获得这种感受。从某种意义上来说，再次重游的强烈意愿能够表达出旅游者对一次旅行意义的认可。这可能不仅仅是旅游者对一个地方依恋或者地方忠诚度，而是意味着它能使人产生仪式感的场景或事件。

将旅游中的仪式性事件缩放到整个旅游甚至是生命之中，它们将是一个个生命的节点。人类的行为总是离不开对意义的寻求，我们需要一个小小瞬间，让自己的平淡时光显得更值得被回忆。那些瞬间的感受可以是刻骨铭心，可以是庄严神圣，可以是宁静和谐……总之都可以归结为旅游仪式感。

B.仪式类文化旅游产品。仪式感通常源于仪式，而仪式类文化旅游产品由仪式演变而来，所以仪式类文化旅游产品具有一定的特殊性。鉴于现有仪式存在的现状，仪式类文化旅游产品从旅游者所感知的角度可分为两种：泛娱乐型的民族仪式与偏信仰型的宗教仪式。仪式活动自身所能营造出的氛围并不是一般的旅游场景或旅游情景能够轻易模仿或营造的。对大多数无信仰的旅游者来说，浓厚的宗教文化氛围会使人暂时忘掉自己，以心诚则灵的心理去感受精神感召和道德教化，产生离尘脱俗之感，最终达到平常无法企及的精神高度。仪式类文化旅游产品，作为旅游活动中的一类特殊的旅游对象物，其本身能够营造出的仪式氛围可能会使旅游者更容易获得一种仪式感。现在人们很难在日常生活中感受到仪式感，当旅游为人们提供一个陌生的新环境时，人们将以一种新的身份与心境来重新审视这一切，那么可能就会有不一样的体验。旅游的意义源于从生活世界到旅游世界的心境转变。

旅游本身作为一种仪式与旅游中的仪式性事件属于通过仪式，而仪式类文化旅游产品则属于强化仪式的范畴。各个类型的仪式对旅游者自身的意义不同，前者强调的是个体对意义的寻求，注重交流与转变，而后者源于民族仪式或宗教仪式等，更强调的是一种与他人心灵同一后产生的归属感与安全感。

（3）旅游仪式感的形成

仪式感是成功的仪式在仪式参与者心理上的显现，是旅游者的主观体验。旅游体验是旅游者主体和旅游环境客体互动，并以主体的主动构建为核心形成的。仪式符号的象征意义与人的联想是仪式情感体验的关键所在。也就是说，旅游者和仪式情景的互动将最终决定仪式感是否能够产生。

仪式情景：仪式本身需要具备一定的要素与构成条件，才能具备仪式应有的仪式性。首先，是仪式依赖，即仪式感的产生需要特定的场景及行为规范的约束，即仪式情景。仪式情境有其特定的旅游场。宗教游、情结游、故乡游等旅游主题本身决定了其特定的旅游情境，自然会使人更容易获得仪式感。仪式营造的氛围总是充满了在场感、参与感与紧张感，能让参与者感受到当下的一种存在真实，并对参与者的内心起到微妙的作用。仪式所特有的场域，很容易使参与者进入一种状态，这里包含了崇高、肃穆、庄重、狂欢等感受。在这种状态下，信息传递的效率会更高。在仪式所特有的"场"的熏陶下，旅游者以"仪式身份"进入，真实的仪式氛围将会感化旅游者，使得仪式参与者的心灵被激发后会在这种规定的情景中进行双向交流，并更容易接受、认同。

旅游者：在旅游体验中，旅游者越是主动将旅游环境纳入自己的主观世界，并且心理建构能力越强，就越容易产生体验中的巅峰状态。易觉的心、能见的眼将使旅游者更容易获得巅峰体验。旅游者的心理准备、心理状态以及深度介入程度受到旅游者的成长经历、成熟度以及信仰等几个因素的影响。首先，是旅游者的成长经历，即旅游者身上所具有的原始文化基因是影响仪式感获取的关键因素，它是产生终极感受共鸣与文化共振的重要基础。其次，旅游者的成熟度。旅游者的认知准备更容易唤起旅游者的认知及情感上的深度介入。一个从小到大都接受某种文化熏陶，其认知介入深刻，这是文化的拥有者与外来者之间的最大差异。成熟的另一个维度是思想。巅峰体验只属于深刻的人。想得深刻，想得长远，才能与仪式感等巅峰情感越走越近。最后，信仰和信念的力量。从纯粹个人的精神追求意义上来说，内心有所追求，内心怀有对自己而言具有特殊意义情结、情怀或者说是心结的人，可能更容易获得仪式感。很多旅游者在谈及西藏时，经常会有同样的感慨："西藏，对于去过的人来说，是一种永远挥之不去的情结；而对于没去过的人来说，是一种无限的神往。"所谓的情结与神往，其中隐含的是一种对仪式感的表达与心理诉求。

形成机制：旅游体验形成过程的四阶段模式："环境—情景—意境—心境"以解释旅游者心理活动的全过程。对多数旅游者来说，异地的仪式类旅游产品或仪式性事件都是陌生的，然后会慢慢被感知，旅游者与周围环境的互动也随之开始。随着旅游者将自己的情感和思想注入到仪式情景中，当仪式活动中的环境要素完全服务于旅游者的心理活动时，旅游者会将内心的情怀或心结释放出来。至此，旅游者就完成了心理建构。仪式所营造出的真实的特定情境会让仪式参与者产生一种超常心态，这就是仪式行为者的心理定势，是一种隐含于观念层面背后且不同于日常心理状态的一种心理模式。根据特纳对仪式的运行机制的深入分析，即仪式作为一个模式性的程序，在整个过程中，仪式参与者的复杂感受一直在"心理极—观念极"两极中循环碰撞、相互回应。在这两极的相互震荡中，仪式参与者会受到仪式中的场景要素的强烈激励，并由此产生超常的心理状态，如此这般，就完成了心理予以外界刺激的回应。仪式参与者在特定的情景中获取能量，其内心会与外界建立起千丝万缕的联系，从而在心理和精神上达到一种与自己的内心（或者说是另一个自己）或者说是自我交流的状态，从而产生一种特定而又复杂的情感——庄重与虔诚、震撼感与认同感，又抑或是一些无以名状的崇敬之感。这是一种与"观念极"相对应的价值观。最终，仪式参与者会获得一种感性与理性认知并存的双螺旋式的升华体验。

（4）仪式体验

目前，旅游体验的相关研究成果中并没有关于旅游体验的分类研究，这将不利于未来更深入、更细致地探讨旅游体验。根据认知及情感的介入程度与体验的深刻性，仪式感是深度旅游的结果。深度旅游强调旅游者放慢脚步，去感悟当地文化，去品味旅途风景，去聆听内心的声音。深度旅游是旅游者内心的表达与实践的过程，以期在旅程中获得情感的共鸣、激荡与心灵的升华，让脚步与灵魂同行。只有深度旅游，才有可能实现巅峰体验，这往往不是刻意追求的结果。旅游自身的精神性存在于旅游体验之中，而无关于旅游者最原始的旅游动机。虽然旅游者没有刻意追求过精神性上的圆满，但他们有一种潜意识。使旅游者产生仪式感的仪式体验与福乐体验同样是巅峰体验状态。它们在很多方面具有相似性，最终都将进入一种忘我状态，并且转瞬即逝。福乐是指对某一活动或事物表现出浓厚而强烈的兴趣，并能推动个体完全投入进去的一种情绪体验，它包含愉快、兴趣、忘我和无理由的坚持等成分和状态的综合情绪，它由活动本身而不是人和外在的其他因素引起。而旅游仪式感包含的是敬畏感、存在感与和谐感等复合成分，它是指旅游者内心怀有一定的情怀或心结，在受到仪式氛围的激发后，将其释放出来的复杂情感。它是基于认知而产生的一种复杂的心理状态。

（5）旅游仪式感与仪式感

现代社会对传统宗教习俗的重要性感知呈下滑趋势，人们不再热衷于传统宗教的重要意义及其实践活动，而是寻求不太正式的、不太结构化，也不太仪式化的方式以实现其精神上的满足。旅游仪式感是对仪式感在旅游领域的拓展。然而，与传统仪式不同，旅游仪式性事件自身与仪式感的产生都具有很大程度上的不确定性，这也为旅游者提供了更多在旅游中探索、发现、感受以及自我交流的时间与空间。其次，宗教仪式所传递出的仪式感所能达到的巅峰状态，强调的是神圣性；而旅游仪式感追求的是旅游者主体与自己内心的交流，是一种顿悟。但归根结底，旅游仪式感于仪式感而言，并无特殊之处。旅游仪式感只是仪式感置于旅游领域中进行研究，使得二者的存在载体与感受主体的不同，最终导致它们的构成成分有差异。故本文不再对旅游仪式感进行单独界定。

旅游不彻底的仪式化逆转是一种吸引力，并能于无形中内化为旅游动机。很多时候，往往连旅游者自身可能都无法说清楚自己旅游究竟是为了什么，无法完全意识到他们所产生的一些奇特的或者他们也无法说清楚的感受就是仪式感，但他们的实际行为已是最好的证明。或许对于仪式感的寻求，部分旅游者是用行动实践着这种潜意识中已存在的动机，而部分旅游者则是在旅游过程中意外收获到的。旅游不是有目的地通过参观以寻求精神慰藉，但他们经常性地参观某地却包含了一种潜意识的情感维度。此外，作为一种复杂的心理状态，旅游者自身恐怕也难以用语言将其表达得清楚、准确，毕竟人类所能表达出来的语言是有限的。

（6）旅游仪式感与旅游价值

旅游价值，一方面体现在旅游为人们提供了趣味，成为一种人们逃离现实生活的方式；另一方面体现为旅游能够赋予人生以意义。旅游给了人们一个回头审视自己与自己生活的一个机会。通过旅游，人们去寻找存在感与意义感，寻找自己，重构自己，超越自己。它可以成为信仰缺失、心理迷失的这代人执着地寻找一些他们认为需要的东西的一种手段。就像《在路上》一书所描述的：满心追求个性自由的萨尔，与一群男女开车横穿美洲的路上，经历了漫长的放荡后，开始笃信东方禅宗，去感悟生命的意义。旅游者可以通过旅游去实现某种意义。但旅游终究不是宗教，也无法代替宗教，否则旅游也就不是旅游了。

以往关于仪式感的研究非常少，旅游仪式感这一概念的提出与深入探讨，将为旅游研究打开一个新视角，兼具开拓和填补价值。旅游中仪式感的研究还为中国传统文化传承问题找到了突破口，从仪式到仪式感是文化传承有效路径，这一点在以往没有达到清晰明确状态。

6.4.6 仪式化

文化旅游产品的打造是最为重要的旅游产业活动，可以说，大部分旅游企业的成败都取决于其文化产品的成功与否。现实是这类产品的开发蓬蓬勃勃，却缺乏理论总结和理论指导：成功的案例没有上升到理论，失败的案例没有人知道为什么失败，整个行业在试误，代价高昂。

仪式化：对人类活动或者事件按照仪式属性打造的过程。这个研究的意义在于：第一，在仪式和仪式感理论基础上的延伸，将一些已经取得良好市场反响的建构性本真文化旅游产品理论化。第二，仪式化理论的提出，可以为今后在此类文化旅游产品的开发方面提供理论依据和指导。

赋仪式化：把具有传统性的一些活动或者事件追加或者赋予其仪式的某些属性，使其具备仪式的特征，达到旅游者在体验中产生仪式感的目标，这个打造文化旅游产品的过程就是赋仪式化。

去仪式化：通过简化或者弱化甚至去除仪式的某些内容和特征而使仪式转化为仪式性事件的打造旅游产品的过程称为去仪式化。赋仪式化与去仪式化过程见图6-4。

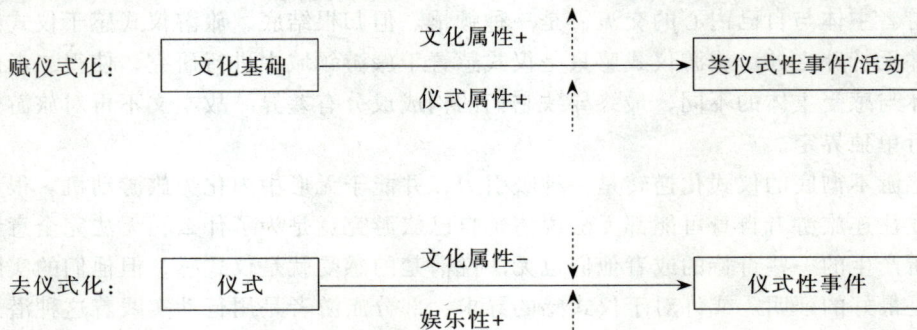

图6-4 仪式化过程

傣族的泼水节，是一年一度的民族浴佛仪式，人们穿上节日的盛装，挑一担清水为佛像洗尘，求佛灵保佑，再互相泼水，以求用圣洁的水冲走疾病和灾难，换来美好幸福的生活，表示祝福。近年来，因泼水节这一民族特色，旅游经营者将其开发成为一种文化旅游产品，借助平等性和平民化营造"狂欢节"效应，突出了娱乐性，弱化了仪式所传达出来的文化属性，其娱乐性满足了游客释放内心压力、追求精神上的放松和娱乐的需要。一个一年一次的传统仪式被打造成一天一次的文化旅游产品，成为旅游者喜闻乐见、踊跃参与的旅游活动，它是典型的成功的去仪式化范例。

祭湖醒网是每年12月28日查干湖冬捕开始仪式，"渔把头"主持举行声势隆重的祭湖醒网仪式，这一仪式有两层含义：一是通过祭湖祭祀天父、地母、湖神，保佑万物生灵永续繁衍、百姓生活吉祥安康，请求佛祖宽宥人们捕鱼吃鱼；二是通过祭网，唤醒已经沉睡的渔网，张网下湖、顺畅平安。查干湖冬捕主办者把这些文化传说整合打造成今天的祭湖醒网仪式，大获成功。

对有传统文化基因的事件活动按照仪式的规范进行改造，从而增加其严肃性、文化性，赋予其可展演性和可销售性，这样成功的文化旅游产品不胜枚举。

本章概要

□ 内容提要

情绪和情感在密切相连的同时也有区别。情绪情感有两极性、扩散性两种特性。依据不同的分类标准，情绪情感能划分成不同的种类。按性质可以分为快乐、愤怒、恐惧、悲哀、喜爱等；按照发生的强度、速度和持续时间可以分为心境、热情和激情；根据内容可以划分成道德感、理智感和美感。旅游者的情绪和情感有特殊性。积极情绪体验对人的价值更大，它包括感官愉悦和心理享受两类。主观幸福感是衡量人是否幸福快乐的心理学指标。主观幸福感有三个衡量指标：体验到快乐情绪、较低水平的消极体验和较高水平的生活满意度。主观幸福感生成的理论有：实现论、认知论、人格特质论。影响主观幸福感体验的因素包括：经济因素、文化因素以及健康因素和人际交往因素。本章还介绍了几种积极情绪体验，按时间分为针对过去的积极情绪体验，如满意感、满足感等；针对现在的积极情绪体验，如福乐感、快乐感和愉快感等；针对未来的积极情绪体验，如乐观、期待等。本章着重介绍了关于福乐体验以及其特征和产生的条件。另外，还存在两种非福乐状态：茫然和分离状态。旅游体验的产生是主客互动和主动心理建构的结果。最后介绍了仪式感、旅游仪式感和仪式化方面的研究。

□ 主要概念和观念

▲ 主要概念

情绪和情感　心境　热情　激情　道德感　理智感　美感　旅游体验　福乐

▲ 主要观念

旅游者情绪和情感的特点　积极情绪体验　主观幸福感体验　旅游仪式感

□ 重点实务

旅游体验　旅游体验营销策略

基本训练

□ 知识训练

▲ 复习题

（1）简述感官愉悦和心理享受的区别和联系。

（2）什么是主观幸福感？简述关于主观幸福感生成的理论。

（3）谈谈个体怎样获得福乐体验。

（4）探讨旅游体验形成的规律。

（5）什么是仪式感？简述旅游仪式感。

▲ 讨论题

（1）人的幸福感可以通过这样的提问——"你幸福吗？"——来揭示吗？为什么？运用相关原理说明。

（2）现实中存在悲观的人和乐观的人吗？如果存在，他们是怎样形成的？

□ 能力训练

▲ 理解与评价

点评"旅游体验是旅游活动主体和客体互动和主体的主动心理建构过程"的论断。

▲ 案例分析

【训练项目】

案例分析-Ⅵ。

【相关案例】

一次不愉快的参团韩国游

背景与情境：一个朋友给作者讲了他的一次不愉快的韩国参团游，以下是他的描述：

我不知道跟团旅游的省事和相对便宜的代价可能是委曲求全，可韩国之行导游和领队的过分让人忍无可忍。

"滑雪5日游"有一半时间在做"空中飞人"。

①上海浦东机场—韩国仁川机场—釜山机场；

②釜山机场—济州岛；

③返回首尔；

④首尔游览观光；

⑤仁川机场—浦东机场。

在济州岛刚下飞机，导游就鼓动大家去看海底风光，自费"潜水艇"，不去看的就在码头等上几个小时。清晨被拉到不用门票的公园"早锻炼"，晚上顶风刺骨摸黑上山看"夜景"。

下午3点就要吃饭，零下10摄氏度却只能赤手空拳滑雪。由于导游安排的时间不合理，以至于下午3点就吃晚饭，而且大家听了导游的话，他告知我们滑雪场有专业的手套，所以大家都将手套留在大巴上了。最后下山时，我们都看得出导游给我们买的是最便宜的票，所以只能背着沉重的装备爬坡。由于是在国外旅游，敢怒不敢言，处处看人家脸色。

大把的时间逛购物店，好玩的游乐场快关门才进去。导游的外快是赚了不少，但是请替我们这些消费者想一下好吗？我们是花钱来旅游的，不是来购物的，一切要适可而止啊。

一上午要看四个景点，连一块黑色的礁石也算景区了，难道韩国就没东西可看了吗？在景点里，想看就没时间听讲解，想听就没时间拍照，真是苦不堪言啊！这是旅游还是受罪呢？

资料来源　寒流．一次不愉快的参团韩国游［EB/OL］．［2013-05-17］．http：//www.tecn.cn.

问题：

（1）从这个案例可以看到旅游者的情绪和情感产生和变化的哪些规律？

（2）这个案例对我们有什么启示？

【训练要求】

同第1章"基本训练"中本题型的"训练要求"。

▲ 实训操练

【实训项目】

"旅游体验营销策略"运用。

【实训要求】

（1）结合项目调研，运用旅游体验营销策略，研究和提供一个可以整合本地区旅游资源的旅游体验主题设计思路。

（2）在所研究和提供的设计思路中，其旅游体验主题要有鲜明的特色，能够满足游客多样化、个性化的旅游需求，并可使游客从众多的旅游产品中整合出相对独特的体验。

【实训步骤】

（1）将班级学生分成若干实训组，各组根据实训项目需要进行适当的角色分工。

（2）各组学习和讨论旅游体验营销策略（特别是关于旅游体验主题设计）教学内容（必要时通过适当渠道补充更多的相关资料），作为本次实训的知识准备。

（3）各组对本地区旅游资源总体情况进行项目调研。

（4）各组结合项目调研，运用旅游体验营销策略，研究和提供一个可以整合本地区旅游资源，既有"传承"又有"创新"旅游体验主题设计思路。

（5）各组整理其旅游体验主题设计思路，完成实训课业。

（6）在班级讨论、交流各组的操作体验，评选出班级优秀的实训课业。

（7）在校园网的本课程教学平台上展示经过教师点评的班级优秀实训课业。

【实训课业】

"本地区旅游体验主题设计思路"实训报告。

□ 课程思政

【训练项目】

课程思政-Ⅵ。

【相关案例】

缺失职业道德的地陪

背景与情境： 在一次旅游结束后，几位年轻的游客一下火车就拿着行李驱车来到旅行社，他们强烈"抗议"导游员的所作所为，并且要求旅行社赔偿经济损失和对导游员进行处分。

事情的经过是这样的：这几位年轻的游客参加旅行社组织的某地八日游活动，按照旅游合同规定，游客用餐费用自理，往返行程为"一飞一卧"，去时乘飞机，返回时乘火车。游客到达目的地后，他们对当地导游员的讲解及安排游览活动等都有意见，时常当着大家的面，向地陪提意见。为此地陪心里憋着一股气。之后，游客对地陪的意见越来越大，双方矛盾越来越尖锐。一天，由于这几位年轻的游客在吃午餐时喝了一点酒，错过了集合时间，因此，地陪就采取"报复"手段，不等他们吃完饭就擅自让旅游车开走，致使他们只能报警，通过当地公安部门的帮助才找到了旅游车……

问题：

（1）从案例中可以看出，地陪的做法显然是不对的，其问题产生的根源是什么？

（2）面对游客的行为，你认为作为一名地陪应该怎么做更合适。

【训练要求】

同第1章"基本训练"中本题型的"训练要求"。

第7章 旅游者消费决策

学习微平台

思维导图7-1

● 学习目标

通过本章学习,应当达到以下目标:

职业知识: 学习和把握购买决策的概念,购买角色,个体决策的研究范式,购买决策过程,以及"延伸阅读"等"旅游者消费决策"的理论与实务知识;能用其指导本章"同步思考"、"同步业务"、"教学互动"和"基本训练"的"知识训练"中各题型的认知活动,正确解答相关问题。

职业能力: 点评"旅游消费者购物选择差异",训练专业理解力与评价力;运用本章知识研究相关案例,训练对其特定情境下当事者行为的"多元表征"专业能力和"与人交流"的通用能力;参加"自主学习-Ⅳ"的训练,通过搜集、整理与综合关于"旅游者的购买决策"的前沿知识,并依照"文献综述格式、范文及书写规范要求"撰写、讨论与交流《"旅游者的购买决策"最新文献综述》,培养"旅游者消费决策"中"自主学习"、"团队协作"和"与人交流"等通用能力。

课程思政: 结合本章教学内容,依照相关规范或标准,对"课程思政7-1"和章后"课程思政-Ⅶ"中的企业及其从业人员行为进行思政研判,培养高尚的道德情操,树立社会主义核心价值观。

引例：女性独自住宿，到底应该选择酒店还是民宿？

背景与情境： 随着社会的发展，大家在外出选择住宿的方式也变得多种多样。以前大家都选择住在宾馆里，后来渐渐地有了五星级甚至更高星级的酒店，但实际上大部分人无法承担起那么高的消费，所以又出现了经济型连锁酒店，现在又出现了民宿。

当大家外出旅游的时候，基本都要从酒店或者民宿当中选择一个。单身女性外出住宿的时候，也会纠结到底是选择酒店还是民宿，接下来为大家介绍三个方法让你快速选择。

第一个方法，看你出行时间的长短。如果时间很短的话，可以去酒店住一两晚。但如果出行时间较长的话，当然是住民宿比较划算。民宿如同家一般温暖，也可以让你在长时间的外出中感到温馨。

第二个方法，看你的出行目的。出差的话最好选择酒店，酒店更适合办公，其安静的环境更适合工作。民宿可能周围环境会嘈杂一点，对于工作来说不是一个很好的选择。但如果出行目的是旅游的话，那就可以选择民宿。住到民宿可以交到许多的朋友，几个人一起结伴而行也是一个不错的旅游选择。

第三个方法就是看你对清洁卫生的要求。如果要求很高，还是要选择酒店。因为民宿在你入住期间，一般没有客房打扫服务，相对居住的环境就会差一些。而酒店每天会有人打扫房间，所以整洁干净。

女性单独出行可以从这三个方向来选择自己到底是住民宿还是酒店，不过要把自己的安全放在首位。大家在入住之前可以先从网上查一些有关的信息，再借助这三个方法更好地权衡。

资料来源　佚名. 女性独自住宿，到底应该选择酒店还是民宿，三个方法让你快速抉择［EB/OL］. 2019-04-02］. https://baijiahao.baidu.com/s? id=1616933903440291387&wfr=spider&for=pc.

问题： 旅游者在选择住宿地点时，还有哪些方面的考量？

这是旅游者消费模式决策问题。旅游消费者到底是理性的还是非理性的？这种理性是完全的吗？个体消费决策有哪几种方式？我们怎样理解旅游消费者的行为？本章将探讨这些问题。

7.1　购买决策概述

旅游市场营销人员和服务人员不仅需要知道旅游者企图满足的特别需要，以及他们如何将这种需要转换成购买标准，还需要了解旅游者如何搜集有关选择的各种信息、如何做出购买决策、喜欢到什么地方购买等，甚至需要了解旅游者的购买决策过程及购买原因在不同类型的旅游者中是如何变化的。

7.1.1　购买决策的概念

消费行为就是指人们为了满足需要和欲望而寻找、选择、购买、使用、评价及处置产品和服务时介入的过程和活动，实际上，这就是旅游者的决策过程。对于许多产品和服务来说，购买决策包括广泛的信息搜集、品牌对比和评价以及其他一系列活动在内的全部过程。比如，在购买之前，旅游者就要确定买什么旅游产品，买哪家的，买多少，到哪里去买等等。在购买过程中要选择品牌，衡量价格水平等。在购买之后还会体会到满意或不满意，从而影响到以后的购买行为。旅游消费者的**购买决策**就是旅游者购买目的的确立、手段的选择和动机的取舍的过程。

购买决策在旅游者的购买行为中占有非常重要的地位。对于旅游者来说，决策的内容不仅决定着购买行为的发生方式，而且决策的质量决定着购买行为的效用大小。正确的决策可以使消费者以较少的费用和时间买到物美价廉的商品，最大限度地满足旅游者的需要。对于旅游企业来说，分析研究消费者的购买决策，可以为企业确定产品、价格、渠道、促销等策略提供依据。

旅游者购买产品和服务的偏好是经常变化的，因此，相对于其他决策活动来说，旅游者的决策有其自身的特殊性。首先，影响旅游者决策的因素非常复杂。旅游者的决策虽然表现为个人的、经常性的、相对简单的活动，但受到多方面因素的影响和制约。这些因素从大的方面来说包括个人因素、环境因素和营销因素。其次，旅游者消费决策的特殊性还体现为决策内容的情景性。影响决策的各种因素不是一成不变的，而是随着时间、地点、环境的变化而不断变化的。

7.1.2　购买角色

对于某些产品来说，确认购买者是比较容易的。男人通常选择自己用的剃须刀，而女性购买自己用的口红。但随着社会的发展，越来越多的产品所涉及的决策成员往往不止一个人。比如，全家外出旅游的选择，可能首先是孩子提出要出去旅游；同事推荐某地、某旅行社；爸爸和妈妈经过商量，决定去某地，第二天爸爸去某旅行社咨询购买；最后全家去旅游。在整个事件完成过程中，我们可以区分出对购买决策有影响的五类角色：

① 首倡者：首先提出购买某个产品或服务的人。

② 影响者：其观点或建议对决策有影响的人。

③ 决策者：对购买决策的某个方面（包括是否买、买什么、如何买、何处买）做出决定的人。

④ 购买者：实际去购买的人。

⑤ 使用者：消费或使用产品或服务的人。

7.1.3　个体决策的研究范式

任何旅游者都需要做出决策。决策首先是对问题进行回应，所谓问题就是当前状态与期望状态之间存在差距，而个体似乎可以采取行动来改善这种状况。当然问题也是因人而异的，对各种方案进行选择则是决策的最后一步，而最初需要对相关信息进行解释和评估。

如何看待旅游者的决策制定过程存在多种不同的方法。在社会科学中，不同的观点与竞争性的范式有关，下面介绍决策研究的几个范式。

1）理性决策

理性决策理论来自微观经济学，它把消费者看作理性的"经济人"，他们寻求个人效用的最大化或满意度的最大化。相同的行为必然导致相同的结果。

假定决策者对每一备选方案的结果及其概率拥有完全的信息，能够充分理解这些信息，并能够对各种结果做出比较，选择能使自身效用最大化的方案。这些选择遵循理性模型。

（1）理性决策的基本公理

冯·诺依曼和摩根斯坦提出了"期望效用理论"，是目前最为著名的理性决策模型。该模型由一组复杂的公式组成，但如果抛开这些烦琐的公式，理性决策模型认为任何完全理性的决策都必须符合以下六条基本公理：

① 有序性：决策者可以对任意两个方案进行比较。在决策过程中，他们要么偏好其中一个，要么对两个都无所谓。

② 占优性：如果一种方案在某个方面优于其他方案，在其他方面又不亚于其他方案，那么决策者将会采纳该方案。也就是说，完全理性的决策者永远都不会采取一个被其他策略占优的策略。

③ 相消性：去掉不同方案中的相同部分后，其决策结果不受影响。同样，如果给每个方案都增添完全相同的部分，决策结果也不会受影响。

④ 传递性：在对方案进行两两比较时，如果 AB 中选 A，BC 中选 B，那么 AC 中一定选 A。

⑤ 连续性：如果在一次决策中存在着两个备选方案，备选方案 A 为同时存在概率非常大的好结果和概率非常小的不好的结果，而备选方案 B 的结果是确定的，但好坏程度介于前一个备选方案的两种可能结果之间，那么决策者会选择前一个方案，而不会选择后一个方案。

⑥ 恒定性：方案的选择不会受到方案表述方式和方案呈现顺序的影响。

（2）理性决策模型步骤

①界定问题；②确定决策标准；③给标准分配权重；④开发备选方案；⑤评估备选方案；⑥选择最佳方案。

理性决策模型看上去很完美。社会中的规律就是这样，越美好的东西，需要越多且苛刻的条件。

（3）理性决策模型所需要的限定条件

① 问题清晰。问题清楚而明确，假定决策者对于决策情景拥有完全的信息。

② 所有选项已知。假定决策者可以确定标准，并能列出所有可行的方案，而且还能够预知到这些方案所有可能的结果。就是说要有诸葛亮的智谋。

③ 偏好明确。明确的偏好就可以保证对决策标准和备选方案进行量化和排序，从而确定它们重要性的不同。

④ 偏好稳定。假定具体决策标准和权重都是不变的。

⑤ 没有时间和费用的限制。

⑥ 最终选择效果最佳。

在理性决策模型中，最大的局限就是限定条件难以满足。另外，在实施过程中，创造性非常重要，因为它是决策者开发出可行的方案的主观保证，没有方案就谈不上决策了。

同步思考 7-1

背景资料： 现在假设班级里有 100 名同学，每个人都猜一个数字，要求这个数字必须是 1 到 100 之间的整数，而谁猜的数字最接近所有人所猜数字平均值的 1/3，谁就算赢。

问题： 你会猜哪个数字？

理解要点： 比较聪明的人在考虑这个问题时会遵循这样的思路：包括我在内的 100 个人，由于都不知道猜哪个数字是最好的，所以我们每个人猜的数字大概应该在 1 到 100 之间随机分布。而如果每个人都在 1 到 100 之间随机猜一个数字的话，那么所有人所猜数字的平均值就应该差不多是 50。接着，50 的 1/3 约等于 17，所以，我猜 17，应该是最接近要求的，所以我也最可能赢。

这个思路有没有问题呢？好像是没有的。但是，如果按照完全理性假设来解决这个问题，就会得到一个你意想不到的答案。因为在完全理性决策假设中隐含着这样一个前提：当你把自己视作完全理性的人时，你就必须意识到，跟你同处一场博弈中的其他人也是跟你一样的理性人。这就非同小可了——如果你是完全理性的决策者，那么当你洋洋自得地猜到数字 17 时，就要意识到，其他同学也必定跟你一样聪明，他们也会按照跟你同样的思路猜到数字 17，这样就导致，所有人所猜数字的平均值就是 17。接下来，17 的 1/3 约等于 6，于是你就认为 6 应该是最符合标准答案的了。但是且慢，跟刚才同样的逻辑，你必须意识到，你的那些同学也会跟你一样猜到是 6，于是你就再次进行计算……最后的结果是什么呢？没错，如果你是一个完全理性的人，你报告出来的结果，只能是最小的那个数字"1"。可问题是，你真的会认为 1 就是最佳答案吗？很显然这是不太可能的。所以，完全理性决策假设在现实中其实存在着很多的问题，这是我们必须清楚的。

2）其他决策

理性决策模型是完美的，但现实中常常无法使用，原因就是现实的组织无法具备它所需要的条件。最佳决策模型不能用，那么实际生活中组织通常是如何做出决策的？下面就加以介绍。

（1）有限理性

人类自身在时间、注意力、记忆力、信息搜集与加工等方面存在许多约束。西蒙（Simon）首先提出有限理性，卡尼曼（Kahneman）等发现了启发式与偏差，他们分别从理论及经验两个层面对完全理性提出了疑问。

心理学学者卡尼曼等通过行为实验证明人的决策往往偏离标准的决策理论——期望效用理论。他们通过一系列的实验识别出了各种直觉与偏差，如代表性直觉（Representativeness Heuristic）、易得性直觉（Availability Heuristic）、情绪直觉（Affect Heuristic）、原型（Prototype Heuristic）、锚定与调整（Anchoring and Ajustment）、过度自信（Overconfidence）、过度乐观（Overoptimistic）等。其研究范式被称为"启发式与偏差"（Heuristics and Bias）方式。这种研究方式是通过设计实验来研究那些偏离完全理性的行为，总结出系统性的直觉与偏差以预测和解释判断与决策过程中的偏离理性的行为。

西蒙首先质疑完全理性的研究范式，他放松了完全理性的假设，认为：第一，可供选择的行动方案在决策时并不是事先存在的，是通过决策者搜寻得到的，而搜寻行动方案空间是一个费时费力的过程，可供选择的行动空间事先不能确定，搜寻的成本也就很难事先估算，成本-收益分析法在搜寻行动方案的过程中并不适用，所以搜寻过程不是完全理性，而是一个直觉性的过程。第二，各行动方案产生的各种结果的概率分布是未知的，然而，决策者要在未知概率的情况下应对各种不确定事件。第三，人们在做决策时，追求的是"满意"而非最优。满意是指选择一个最能满足个体需要的行动方案，即使这一方案不是最理想或最优化的。这三个假设的结合被西蒙称为有限理性（Bounded Rationality）。西蒙认为，决策者自身认知能力有限与任务环境结构的约束，使得决策只能达到满意而不能达到最优。

西蒙的有限理性研究的决策过程是在有约束条件下解决问题的过程，他认为有限理性是由两个约束导致的：任务环境的结构与决策者自身认知能力的限制。判断与决策过程中的偏误到底多大程度是由决策者自身认知能力的约束所导致，多大程度是由任务环境的约束所导致？虽然研究人自身认知约束的成果很多，但外部环境的约束无论在经济学还是在心理学研究领域中都没引起足够的重视。

通俗地说，我们只是在寻找"足够好"的方案，而不是最恰当的方案。而在确定备选方案的时候，考虑方案的顺序非常重要。在完全理性决策模型中，假定决策人了解所有信息，对所有方案能够做出充分且正确的评估。但有限理性不是如此，决策者最终选择的常常是他遇到的第一个符合要求和可以接受的方案。决策者还没有搜索到独到的、富有创造性的备选方案的时候就已经决定了。

（2）直觉模型

近年来直觉决策不再被不假思索地认为是非理性或无效的，直觉在决策中的作用已被大家所认同。要更有效地发挥直觉在决策中的作用首先要搞清直觉适用的决策类型，其次要通过塑造正确的价值观念、积累相关学识和经验、认清自己的个性类型、创设适宜的文化环境、培养自我效能感、了解直觉可能会产生的偏差、练习直觉决策的技巧等来提高直觉决策能力。

怎样理解直觉决策？有人认为直觉是超感觉能力或第六感觉的一种，还有人认为直觉是个别人与生俱来的人格特质。对直觉的定义是：从经验中提取精华的无意识过程。它不一定脱离理性分析而独自运行，事实上，二者相辅相成。

什么时候最可能使用直觉决策？直觉决策通常发生在以下时刻：A.不确定性水平很高的时候；B.几乎没有先例存在的时候；C.难以科学地预测变量的时候；D."事实"有限的时候；E.事实难以明确指明前进方向的时候；F.数据资料没什么用的时候；G.同时存在几个方案，又无法取舍的时候；H.有时间限制，必须决断的时候。

尽管直觉决策在管理领域已经得到了一定程度的承认，但是在科学主导的时代，理性分析更符合社会的期望，理性似乎是必需的程序要求。所以，人们常常把自己的直觉能力隐藏起来。有时人们必须为自己的关键决策穿上"数据的外衣"，以使它容易被接受或者符合别人的口味，当然这种修饰常常发生在做出决策之后。这种现象在推崇理性的西方国家尤其突出。

美国有人进行了一项有趣的研究，研究描述了13位企业家，他们都是著名公司的创始人，包括苹果电脑公司、联邦快递公司、本田汽车公司、微软公司和索尼公司等，调查发现这13个人均为直觉思维型的人。而统计结果显示，直觉思维型的人只占总人数的5%。

"布里丹毛驴效应"是决策之大忌。当我们面对两堆同样大小的干草时，要么"非理性地"选择其中的一堆干草，要么"理性地"等待下去，直至饿死。前者要求我们在已有知识、经验的基础上，运用直觉、想象力、创新思维，找出尽可能多的方案进行抉择，然后，以"有限理性"求得"满意"结果。

3）决策风格

决策是由人来完成的，个体风格就注定会被带入决策中来。下面介绍一个决策风格模型（如图7-1所示）。

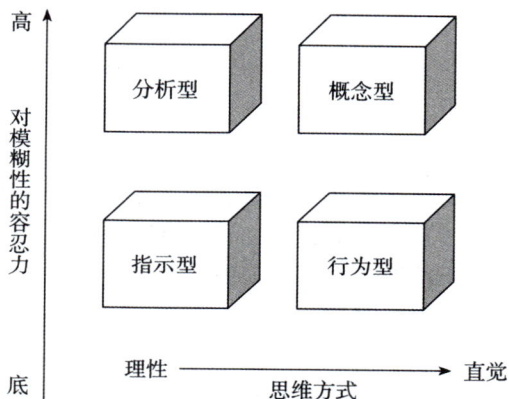

图7-1 决策风格模型

资料来源 ROWE A J，BOULGARIDES J D. Managerial decision making ［M］. Upper Saddle River，NJ：Prentice Hall，1992.

四种决策风格的特点大家看图就很清楚了，在此不再赘述。旅游者决策的风格组合理论上应该有三种：就一种风格；以一种风格为主，其他风格为辅；同时并列存在几种风格。

文化因素影响风格的形成和采用。研究表明：美国商学院的学生、企业管理人员都倾向于分析型风格。而中国和日本的管理者分别倾向于指示型风格和行为型风格。可能的解释是，中国人更重视社会秩序的维持，日本人则更关注工作场所中的协作性。

决策风格研究除了给我们提供了一个了解个体差异的框架之外，还有助于我们理解以下问题：为什么有着同样智商的两个人，得到同样的信息，却在决策过程和最终选择上完全不同。这也有助于了解不同文化背景下的个体面对决策问题时所采取的不同做法。

同步链接7-1

二十大报告
摘录之七

7.2 旅游者的购买决策过程

　　旅游者购买决策过程是指旅游者在购买产品或服务过程中所经历的步骤。一般来说，旅游者通常经历的决策过程是：①问题确认；②信息搜寻；③方案评价；④购买决策；⑤购买后的失调。需要指出的是，这个指导原则并不是说旅游者的消费决策会完全按次序经历这个过程的所有步骤。在有些情况下，旅游消费者可能会跳过或颠倒某些阶段，尤其是参与程度较低的购买。比如，购买特定品牌饮料的妇女可能会从确定需要饮料直接进入购买阶段，跳过了信息搜寻和方案评价阶段。图7-2为旅游消费者面对参与程度较高的新购买时所需的全部过程。

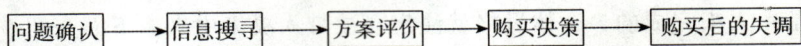

　　问题确认 ⟶ 信息搜寻 ⟶ 方案评价 ⟶ 购买决策 ⟶ 购买后的失调

图7-2　旅游者购买决策过程

7.2.1　问题确认

　　购买过程始于购买者对某个问题或需要的确认，即消费者意识到一种需求并且有解决问题的冲动。

　　问题确认是由旅游者理想状态与现实状态之间的差距引起的。当潜在的旅游者对情景的期望与情景的实际之间存在差异时就会产生某种需要。当然从这里产生的需要或动机的强度取决于实际状态和期望状态之间的差异程度。比如，一个上学快要迟到的学生可能会口渴，但他通常不会途中下车去买水喝。同样，家里人也许用完了一两样东西，但家里仍然有足够的东西，随着一天天过去，更多的东西用完了，最终有必要去一趟商店。这时，实际和期望状态之间的差距在增大，也就是说，使得家里人变得有较强的动机为此去采取行动。潜在旅游者如果长时间没有外出旅游了，对日常的生活有了逐渐增强的厌倦感，他的旅游动机就会一点一点地清晰起来，并可能采取行动。

　　问题确认的诱因也就是引起期望和实际状态之间产生差异的原因，这些诱因受到外部和内部两方面因素的影响。这些因素有：

　　（1）缺乏

　　当潜在旅游者由于内外原因而产生旅游渴望时，这时确认需求就出现了。此时的潜在旅游者的决策通常是一种简单和惯例的行为，可能会选择一个熟悉的旅游代理商进行咨询或自己直接做出旅游决策来解决这个问题。

　　（2）不满意

　　需求确认产生于潜在旅游者对所得到的结果不太满意。他可能会扩大搜寻范围，如查询广告、向熟悉的人请教，以此帮助他做出旅游消费决策。

　　（3）新需要

　　生活中的变化经常导致人们产生新的旅游需要，如发现新的旅游景点、新的旅游方式等。

　　（4）相关产品的购买

　　需求确认也可以由一种产品的购买激发起来，如去海南旅游时对潜水发生了浓厚兴趣。

（5）新产品

市场上出现了新产品并且这种新产品引起了潜在旅游者的注意，这也能成为需求确认的诱因。营销商经常介绍新产品和服务，并且告诉消费者解决问题的类型。

（6）营销因素

引起实际与期望状态之间差距的还有一个原因是由营销商引起的问题确认。比如，营销商可以通过推出新的旅游线路、新的旅游目的地、新的旅游项目，似乎不去就会落伍，就会产生没有身份的感觉，从而助推人们确认需要。

当然，对于营销商刺激潜在旅游者产生需求确认的企图，人们并不总是买账的，在有些情况下，人们也许看不到问题或意识不到营销商正售卖的产品到底有什么价值，独立性强的人可能还会产生逆反心理，选择散客旅游的方式。

学习微平台

延伸阅读 7-1

同步案例 7-1

天津"狗不理"为什么人人理

背景与情境： 天津"狗不理"，以其奇特的店名和与众不同的包子，吸引着广大顾客，每天都座无虚席。"狗不理"包子不仅在天津，在全国也是闻名的传统风味小吃。说到它的来历，还得追溯到 100 多年前的清朝同治年间，一个 14 岁的叫高贵有的孩子，从武清县（现武清区）杨村老家来到天津，当了刘家蒸食铺的小伙计。这家铺子专卖什锦蒸食和肉包，主顾大都是往来运河码头的船工、纤夫、小商贩。高贵有在店里专管做包子，因为他幼年性格倔强，父母给他起了个"狗不理"的小名。他人小心灵，做出来的包子好吃，卖得很快，受到人们的称赞。他十六七岁时，利用所积攒的钱，在附近开起了包子铺，人家喊惯了他的小名"狗不理"，久而久之，就把他经营的包子叫"狗不理"包子了。

高贵有有一手做包子的好手艺。他是天津最早放骨头汤做馅、第一个用米发面做包子的，因此，他做的包子大小整齐、色白面柔、咬开流油、肥而不腻、味道鲜美。当他 20 多岁时，因羞于再用小名做铺名，曾改为"德聚号"，可是人们仍然喜欢叫他"狗不理"。当时，慈禧太后吃了袁世凯送的"狗不理"包子，也派专人到天津去买，从此"狗不理"包子的名声就更大了。

"狗不理"包子铺到现在已有 100 多年历史了，而且越开越大，生意也越来越兴隆。他们还接待过一批又一批国外旅游者。西哈努克亲王到天津时还特地约请"狗不理"包子铺的厨师到他的住处，为他制作"狗不理"包子，并且按照这家包子铺的传统吃法，吃了稀饭和酱菜。美国总统布什在他任驻华联络处主任时，也曾慕名到天津去品尝"狗不理"包子。所以，天津俗语说：到天津不尝一尝"狗不理"包子，等于没有来过天津。

资料来源 佚名．天津"狗不理"[EB/OL]．[2013-05-17]．http：//bbs.eduu.com/thread-422285-5-1.html．

问题：

（1）"狗不理"并不好听，有贬义，但为什么天津"狗不理"却会超越常理，不但好听了，还显得有趣？

（2）为什么那些显贵们对"狗不理"包子也趋之若鹜？

分析提示：品质一流、风味优良（在物质匮乏年代，油水大是好吃的最重要的特征之一），尤其是名字独特，让人感到困惑，激发了人们的好奇心，从而有过目不忘的效果。另外，天津"狗不理"已经成为地方名吃，是地方文化的一个代表符号了。以上这些是天津"狗不理"包子经久不衰的原因。

7.2.2 信息搜寻

潜在旅游者决策制定的第二步是信息搜寻。一旦他们意识到一个问题或需求能通过购买某种产品或服务得到解决，他们便开始寻找制定购买决策所需的信息。

1）信息来源

信息搜寻可以从内部、外部或内外部同时产生。内部信息搜寻是对记忆中原有的信息进行回忆的过程。这种信息很大程度上来自以前购买某产品的经验。例如，购买时遇到一些你曾经喝过的品牌饮料，对你的记忆进行搜寻，你可能记起它是否好喝、是否受欢迎等。因此，对于许多惯性、重复性购买来说，使用储藏在记忆里的、过去所获得的信息就足够了。

如果内部搜寻没有产生足够的信息，消费者便会通过外部搜寻来得到另外的信息。市场营销人员最感兴趣的是，消费者所需的主要外部信息来源以及每种信息对今后的购买决策的影响。消费者外部信息来源可以分为以下四类：

个人来源：家庭、朋友、同事、熟人。

商业来源：广告、推销员、经销商、包装、展览。

公共来源：大众媒体、消费者评比机构。

经验来源：产品的操作、检查与使用。

这些信息来源的相对丰富程度与影响程度随产品类别与购买者特征的不同而各异。一般来说，消费者获得的产品信息主要来自商业来源，即市场营销人员所能控制的来源。另外，最有效的信息则来自个人来源。每类信息来源对购买决策有着不同作用的影响。商业来源一般起着告知作用，而个人来源则起着认定或评价作用。

2）影响个人信息搜寻范围的因素

个人进行外部信息搜寻的范围依赖于以下几方面的因素：

（1）潜在旅游者对风险的预期会影响其对外部信息搜寻的范围

人们在购买商品的时候，都会或多或少地感知到风险。一般来说，随着对购买风险预期的增加，潜在旅游者会扩大搜寻范围，并考虑更多的可供选择的品牌。如果你打算出国旅游，由于价格高，所以这是一项风险较高的决策，于是你开始搜寻有关的信息，如具体价格、时间、所经景点、交通方式、住宿饭店的星级以及用餐标准等。你也可能搜寻更多的有关情况的信息，因为查找资料所需的时间和精力比即将为旅游所投入的成本要低得多。相对来说，你在做出郊游决定时就不太可能付出这样大的努力。此外，对于同一旅游产品来说，由于消费者的个性不同，所感知到的风险也不同，因而会影响到他搜寻信息的范围与努力程度。一项关于影响消费者对通过计算机订购商品的风险预期水平的研究表明，与那些风险预期较低的人相比，那些认为风险较高的人会在信息搜寻方面付出更多的努力，并参看大量的不同类型的信息源。

（2）潜在旅游者对产品或服务的认识也会影响其对外部信息搜寻的范围

如果消费者对潜在的购买了解很多，他就不再需要另外搜寻更多的信息，而且他了解得越多，其搜寻的效率就越高，从而花费的搜寻时间就越少。另外，一个有自信心的消费者不仅对产品有足够的信心，而且对做出正确的决策也非常自信，而缺乏这种自信心的人甚至在对产品已经了解很多的时候也会继续进行信息搜寻。有先前购买某种商品经验的消费者，与没有经验的消费者相比，对风险的预期较低，因此他们会减少信息搜寻的时间。

（3）潜在旅游者对产品或服务感兴趣的程度会影响其进行外部信息搜寻的范围

信息搜寻的范围与消费者对某产品感兴趣的程度成正相关，即对某产品更感兴趣的消费者会花费更多的时间搜寻信息与其他选择。例如，假如你是一个探险活动爱好者，为了到某地去探险，你可能更愿意向专业人士讨教，并比其他人花费更多时间和精力做出相关的准备。

（4）情境因素也会影响潜在旅游者对产品的信息搜寻范围

在紧急的情况下买产品时，人们对信息的搜索是有限的。比如，车坏在半路了，司机不大可能到处打电话去找一个最便宜的地方修车。

其他的变量还包括资源的稀缺性和缺乏可得到的保证等。

3）消费者选择信息的过程

如果愿意的话，潜在旅游者会搜寻到大量有关某产品或服务的信息，但不是任何情况下都是信息越多越好。而且，面对同样的情境，不同的消费者会有不同的理解，这是因为他们的个性、经验、需要等影响了他们对情境的知觉，并进而影响他们对信息的选择。通常情况下，消费者对信息选择的过程包括以下三个步骤：

（1）选择性注意

人们日常生活中会接触众多的刺激。仅以商业广告为例，一个美国人平均每天会接触1 500多个广告，但他不可能注意到所有这些刺激，其中大部分会被过滤掉，所以问题的关键是营销人员应该弄清楚哪些因素能引起消费者的注意。研究发现，影响消费者知觉选择的因素主要有以下三个方面：首先，消费者可能比较注意与当前需要有关的刺激。比如，王先生打算去外地度假，他会更多地注意有关旅游的广告，而对于轿车降价的广告可能不会去注意。其次，消费者可能比较注意他们所期盼的刺激。比如，王先生多半会注意旅行社里的旅游手册，而不太会注意地图，因为他没有指望旅行社里会有地图。最后，消费者可能比较注意超出正常刺激规模的刺激。王先生更可能去关注减价100元的旅游广告，而不是减价10元的旅游广告。

（2）选择性曲解

即使是消费者注意到的刺激，也并不一定会产生预期的作用。每个人总是按自己现有的思维模式来接受信息。选择性曲解是指人们趋向于将所获得的信息与自己的意愿结合起来。旅行社可能向王先生介绍去某国旅游的优点与缺点。如果王先生已倾向于去该国旅游，他就可能不去考虑其缺点以便维护其想法。例如，他把可能遇到的语言障碍或较高的费用与一次难得的参观世界著名景观的机会相比较，来坚定自己的选择。在很多情况下，人们是按照先入为主的想法来解释信息的。

（3）选择性记忆

人们往往会忘记大多数接触过的信息，而倾向于记住那些符合自己的态度与信念的信息。由于这种选择性记忆，王先生可能只记住了去某国度假的优点，而忘记了去别国度假的优点。他之所以能记住去该国的优点，是因为每当他考虑去哪里度假时总是盘算着这些优点。

以上这三种知觉因素的存在，意味着市场营销人员必须尽力把信息传递给消费者，同时也要求市场营销人员在向消费者传递这些信息时，要尽可能地生动并多次重复，以加深消费者的印象。

教学互动7-1

互动问题：由教师在课堂上讲述一个旅游方面的案例，2天后要求学生写出他记住的内容。旅游者和本地居民对当地旅游景区和旅游地的看法通常是有差别的。

互动要求：同"教学互动1-1"的"互动要求"。

7.2.3　方案评价

在决策过程的信息搜寻阶段中获得信息后，消费者便进入选择评价的阶段。在这个阶段，消费者会使用记忆中存储的和从外界信息源获得的信息，并形成一套标准。这些标准将帮助消费者评估和比较各种选择。

评价标准指的是用以比较不同选择品牌的产品或服务的范围或属性。当然，所有的消费者使用的评价过程和评估标准并不相同，甚至同一消费者在不同的购买情境下所使用的评价过程也不相同。这是因为消费者购买不同的产品是为了满足不同的需要，因而他可以从不同的产品中寻求到特定的利益。消费者将每种产品看作能不同程度地带来所寻求的利益并进而满足某种需要的属性集。消费者感兴趣的属性随产品的不同而各异。比如，对于照相机来说，消费者感兴趣的属性主要包括照片清晰度、摄影速度、携带方便与否、价格等；而对旅馆来说，其重要的属性包括舒适、卫生、安全、便利、费用等。对于同一产品来说，不同的消费者对其不同属性的关心程度也不同。同时，评价标准可能是主观的或是客观的。例如，在购买汽车的时候，消费者使用诸如价格及节约燃料等客观属性，也可以同时使用如形象、风格等主观属性作为标准。

消费者在实际的购买过程中可采用的决策原则主要有以下几种：

1）理想品牌原则

每个消费者心目中都有一个对某产品的理想品牌的印象，用这种理想品牌印象同实际品牌进行比较，实际品牌越接近理想品牌就越容易被消费者所接受。也就是说，消费者可以先给自己心目中的理想品牌打分，然后再给实际品牌打分，最后求两者之间的差。差越大，表明实际品牌与理想品牌之间的差距就越大，消费者的不满意程度也就越大。

2）多因素关联原则

这一原则是消费者为商品的各种属性规定了一个最低可接受水平，只有所有这些属性都达到了规定水平时，该商品才可能被接受，而对于没有达到这一可接受水平的其他品牌的商品都不予考虑。运用这一原则，可以排除某些不必要的信息干扰，缩小了处理信息的规模。但是，这种决策所导致的可接受的品牌可能不止一个，因此消费者还需借助于别的方法做进一步的筛选工作。

3）单因素分离原则

这种方法实质上是多因素关联原则的对立面。这种模式是指消费者只用一个单一的评价标准来选择商品。也就是说，消费者以一种属性去评价他所考虑的几个品牌的商品，并从中选出最符合他的评价标准的那个品牌。

4）排除法的决策原则

排除法的核心在于逐步排除以减少备选方案。采用这种方法时，首先要排除那些不具备所规定的评估标准的最低可接受水平的品牌；其次，如果所有考虑中的品牌都具有某一评估标准最低限度要求，那么，这一标准也要去掉。因为这种无差别的衡量对选择过程没有用处。不断地以不同的标准加以衡量，再不断地排除下去，直到剩下最后一个为止。最后这个品牌所具有的独一无二的特征被称为"独特优势"或"关键属性"。

5）词典编辑原则

这种方法类似于编辑词典时所采用的词条排序法，即首先将产品的一些属性按照自己认为的重要性程度，从高到低排出顺序，然后再按顺序依次选择最优品牌。也就是说，消费者根据排序中第一位最重要的属性对各种备选品牌进行比较，如果在这种比较过程中出现了两个以上的品牌，那么消费者还必须根据第二重要的属性甚至第三重要的属性、第四重要的属性等进行比较，直到剩下最后一个品牌为止。

7.2.4　购买决策

在购买过程的某个点上，潜在旅游者必须停止搜集信息和评价方案并做一个购买决策。作为方案评价阶段的结果，潜在旅游者可以发展出购买某种旅游产品的一个购买意图，但在购买意图和购买决策之间还有其他因素在起作用，比如态度、未预料到的情况等。

购买决策同真正的购买行为并不是一回事。在一般情况下，潜在旅游者一旦选择买某个旅游产品，他就会执行这个决策并真正地购买。但在旅游者即将采购时，也许会出现某些未预料到的情况，从而改变他们的购买意图。这时就需要做出额外的决策，比如什么时候、什么地方、花多少钱以及支付方式等。所以，有时潜在旅游者在购买意图和购买行为之间会存在时滞，对出国旅游等高支出消费项目更是如此。

7.2.5　购买后的失调

旅游者的期望与他们实际得到的产品或服务之间的差距越大（仅指低于期望的状况），旅游者购买后产生不满意的体验就越深刻。这种现象也被称作购买后的失调。

影响旅游者不协调程度的因素包括绩效与期望之间的差距、差距对个人的重要性、差距能够修正的程度以及购买的费用（包括时间和金钱等）。比如，一个打算周边游的人对于周边的景点的期望值比较低，但如果他发现这么近的地方也能有这么好的风景，那么他就得到了较高程度的满足，因为这超出了他原来比较低的期望；相反，如果一个出国游的消费者期望得到很好的服务及特别的经历，但是实际结果并不太好，他就会非常不满意，因为这没有达到他的高期望值。

价格通常会影响不协调的程度。高的价格会提高人们的期望值。比如，国外的一项研究发现，每月较高的有线电视费用会造成大家对有线电视服务较高的期望值。经过一段时间，由于有线频道没有达到对有线电视用户的期望值，他们不再选择高收费的有线频道。

另外，如果绩效与期望之间的差距较大而又很难纠正的时候，消费者的不满意感就会很强烈，或者说产生了严重的不协调。比如，一个旅游者在国外高价购买了某商品，但这个商品与国内的同类商品相比没有什么差别，而又不能再出国去换商品。这种不协调对旅游者来说是比较严重的。

同步业务7-1

业务问题：如何根据旅游者消费决策过程搞好营销和服务工作？

业务分析：首先要了解旅游者消费决策过程的每个阶段，然后根据不同阶段有针对性地进行营销和服务。如在信息搜寻阶段，旅游企业要做的是如何让自己企业的信息进入到消费者的信息检索库中，并引起消费者的注意。

同步业务7-2

旅游消费决策过程调查问卷

尊敬的朋友们：大家好！为了更好地了解旅游者旅游决策过程，特设计此问卷，希望您能花费一点宝贵时间，同其他朋友一起填空填写问卷。这次调查完全是为了学术研究，恳请您为科学的真实性做一些贡献，如实地填答。感谢您的信任、支持和无私贡献！

A.您出去旅游的目的是什么？（多选）（　　　）

a.得到放松和休息　　　　　　　　b.体验新的刺激

c.结交朋友、建立新关系　　　　　d.培养兴趣、发展自我潜能

e.获得更高成就、实现自己的梦想　f.其他

B.您如何意识到自己需要去旅游？（单选）（　　　）

a.受到周围人的影响　　　　　　　b.心血来潮

c.早已经计划好　　　　　　　　　d.其他

C.您对于旅游消费计划的重视程度如何？（单选）（　　　）

a.非常不重视　　　　　　　　　　b.不重视

c.重视　　　　　　　　　　　　　d.一般重视

e.非常重视

D.您通常通过哪些方式获得旅游信息？（多选）（　　　）

a.朋友、家人和同事　　　　　　　b.大众媒体、政府机构、消费者组织

c.广告和网络　　　　　　　　　　d.经验

e.其他

E.每年您花在旅游上的费用大概为多少？（单选）（　　　）

a.1 000元以下　　　b.1 000~2 000元　　　c.2 000元以上

F.如果你选择不参加旅行，主要影响因素是什么？（按重要性排序）（　　　）

a.他人反对你所选旅游路线的激烈程度

b.他人反对你所选旅行社的激烈程度

c.旅游风

d.与家庭相关的意外、如家人生病等

e.与旅行社市场营销相关的意外如突然涨价等

G.旅行社的哪些活动最能促使你选择旅游消费?(按重要性排序)(　　　)

a.折价优惠

b.赠送你喜欢的纪念品

c.出台新的宣传广告

d.促销、如若参加本次旅行就能获赠一些抵用券

e.旅行社的人员及时解决你的疑惑

H.旅游之后,让您满意的原因是什么?(多选)(　　　)

a.合理的价格　　　　　　　　　　b.旅游地的绿化和清洁卫生

c.便利的交通　　　　　　　　　　d.优良的服务

e.迷人的旅游景点　　　　　　　　f.其他

I.旅游之后,让您不满意的原因是什么?(多选)(　　　)

a.景区人太多　　　　　　　　　　b.景区建设不完善

c.消费太高　　　　　　　　　　　d.乱收费

e.带团去购物　　　　　　　　　　f.汽车、航班晚点

g.导游服务不好　　　　　　　　　h.时间赶、走马观花

J.在一个旅游点旅游之后如果满意,您会出现以下哪些行为?(多选)(　　　)

a.再次到那旅行　　　　　　　　　b.介绍亲朋好友去

c.宣传本旅游点　　　　　　　　　d.其他

K.到一旅游点之后如果不满意,您会出现哪些行为?(多选)(　　　)

a.私下行动、不过问　　　　　　　b.跟亲朋好友抱怨

c.向旅游地提出抱怨并要求经济赔偿

d.再不会到那地旅游　　　　　　　e.其他

L.您的性别?(　　　)

a.男　　　　　　　　　　　　　　b.女

M.您的年龄?(　　　)

a.20岁及以下　　　　　　　　　　b.21~40岁

c.41~60岁　　　　　　　　　　　d.61岁及以上

N.您的收入?(　　　)

a.2 000元及以下　　　　　　　　　b.2 001~4 000元

c.4 001~6 000元　　　　　　　　　d.6 001元及以上

O.您的受教育程度?(　　　)

a.初中以下　　　　　　　　　　　b.高中/中专

c.大学本科/大专　　　　　　　　　d.硕士研究生及以上

P.您的职业?　(　　　)

a.企业员工　　b.公务员　　c.个体经营者　　d.专业技术人员

e.教师　　　　f.学生　　　g.自由职业者　　h.离、退休人员　　i.其他

资料来源　佚名.旅游者旅游消费决策过程调查问卷〔EB/OL〕.(2010-04-18)〔2013-05-29〕.http://blog.163.com/huchi_817/blog/static/4196572010318104943716/.经过改编。

7.2.6　旅游者的风险知觉

在知觉研究中，一个比较有代表性的理论就是减少风险理论。在旅游活动中，旅游者会经常遇到各种风险，为此，他们必须采取各种措施，来消除或减少所遇到的风险。

1）风险知觉的种类

实践证明，任何旅游决策都包含着风险和不可知因素。这些风险和不可知因素常常会带来预想不到的后果，令人很不愉快。旅游者常遇到的风险有以下几种：

（1）功能风险

功能风险涉及旅游产品的质量和服务优劣问题，在一般情况下，当购买的旅游产品和享受的各种服务不能像预期那样满意时，就存在着功能风险。例如，飞机出了故障，不能在预定的时间起飞或不能在预定的目的地降落，或出租车半路抛锚，或房间空调失灵，或电话不通等。

（2）资金风险

花费较多的金钱是否会买到较好的产品和享受优质的服务。比如，住这样的宾馆是否值得花这么多的钱，或者花费双倍的车票钱乘坐的旅游列车，是否一定像人们期望的那样比普通列车要好得多。

（3）社会风险

购买某种旅游产品或享受某种旅游服务是否会降低旅游者的自身形象。比如，购买名牌旅游产品或住高级饭店的旅游者很可能是因为这些旅游产品具有较高的社会价值。

（4）心理风险

心理风险是指旅游产品或服务能否增强个人的幸福感和自尊心，或者反过来说，能否引起个人的不满意和失望的情绪。人们出去旅游的主要原因之一是提高自我价值，放松自己。所以，对旅游者来说，旅游活动中提供的产品或服务能否最大限度地满足他们的心理需求是十分重要的。

（5）安全风险

安全风险是指旅游者所购买的产品或服务是否危害旅游者的健康和安全的风险。旅游者在整个旅游活动中常常会注意是否存在这种风险。比如，就餐的食品是否卫生、乘坐的飞机会不会出事、某个旅游景点的设施是否安全牢固等。

（6）时间风险

时间风险是指在旅游活动中能否在预定时间内完成旅游活动。时间是旅游活动的一个重要因素，如何保证在计划时间内完成旅游活动是旅游组织成败的衡量标准之一。如果在计划时间内未完成旅游活动，或者全部活动完成了而时间却超出了计划，不但会引起旅游者的不满，甚至会引发纠纷，给旅行社造成名誉上或者经济上的损失。时间上的保证无论对旅游者还是对旅行社来说都是重要的。

学习微平台

延伸阅读 7-2

课程思政 7-1

旅游消费风险很大

背景与情境： 由零点调查、前进策略与东方企业家共同发布的《中国公众旅游服务传播指数 2005 年度报告》显示：我国消费者对于旅游业的信任程度仅为 67 分，具有随团经验的消费者信任程度更低。

据悉，此次调查涉及北京、上海、广州、武汉、成都、沈阳、西安 7 个城市，通过随机抽样，对近 2 000 名消费者采取入户访问方式进行了调查。

调查结果显示，签约容易履约难、行程和费用不透明、利益难保障、投诉效果不佳，是消费者不信任旅游业的主要原因。

在被调查者中，有 68.5% 的人在最近一次旅游中有不愉快体验。其中，约定的参观项目减少（38.1%）、导游擅自改变约定的行程（34.3%）、导游安排不希望的购物活动（30.3%）、付费参观项目增多（19.5%）等位居"不愉快体验"排行榜前列。

不能明明白白消费是我国旅游者普遍遭遇的一大烦恼。对于费用详情告知和行程变更提前告知，评分值分别仅为 67.3 分和 68.2 分；对于旅行社变更合同条款的慎重性、产品介绍时的真实规范性，评分值均仅为 66.8 分。

调查显示，基本上所有的关于旅游的投诉都集中在"黑导游""黑店""消费不明""投诉无保障"等问题上。

资料来源　张建松．旅游消费风险很大 ［EB/OL］．［2006-06-04］．http：//www.xinhuanet.com.

问题：

（1）为什么消费者对旅游业缺乏信任？这个行业存在哪些不符合旅游职业道德规范的方面？

（2）旅行社不遵守合同，消费者为什么显得没有办法？

分析提示：在中国现阶段，旅游消费环境还比较恶劣，消费风险非常大。除了行业管理和行业内企业本身管理的水平低以外，旅游业的性质也是一个重要原因。旅游业是服务业，其产品是服务，服务的最大特点是无形性和生产与消费的同时性，旅游者消费之前难以鉴别和判断服务的好坏，事后也难以保存证据。这就给了不良商家使黑的机会。另外，法律维权成本高昂，收益却很低。

解决之道：一是行业自律，提高职业道德；二是降低法律维权成本，提高收益。

2）风险知觉产生的原因

如前所述，旅游者在购买旅游产品时，常常会遇到风险。但是，旅游者对风险的知觉各不相同，这取决于很多因素。首先，旅游者个人的特点如文化层次、智力水平、经济收入水平不同，在同一情况下不同的人会知觉到不同的风险水平。此外，高风险知觉者喜欢把他们对产品和服务的选择局限在一个很小的范围内，这种人为了避免做出错误的选择，宁愿放弃一些好的选择；而低风险知觉者则倾向于在大范围内进行选择，宁肯冒险做较差的选择。所以，旅游者的个人特性能影响到他们的风险知觉。其次，旅游者的风险知觉还取决于他们购买的旅游产品或服务的种类。比如，旅游者远距离旅游要比近距离旅游知觉到的风险高些；购买高档的旅游纪念品要比购买街头小贩出售的小纪念品知觉到的风险大些。

对旅游风险的知觉，会影响人们的旅游决策。这里需要指出的是，旅游者知觉到的风险并不等于实际存在的风险。实际风险再大，如果旅游者觉察不到，也不会影响他们的旅游决策。人们常在下列情况下会感知到风险：①目标不明确；②缺乏经验；③信息不充分；④相关群体的影响。

同步案例 7-2

老先生的18桌婚宴

背景与情境： 一天中午某饭店中餐厅来了一位老先生，这位老先生自己找了一个不显眼的角落坐下，对面带笑容前来上茶的服务员小秦说："不用点菜了，给我一份面条就可以，就三鲜面吧。"服务员小秦仍然微笑着对老先生说："我们饭店的面条味道不错，请您稍等，喝点茶，面条很快就会做好的。"说完小秦又为客人添了点茶水才离开。1分钟后热气腾腾的面条端上了老先生的餐桌，老先生吃完后付了款就独自离开了餐厅。

晚上6点餐厅里已经很热闹了，小秦发现中午来吃面条的那位老先生又来了，而且还走到老位置坐下，小秦连忙走上前去笑语盈盈地向老先生打招呼："先生您来了，我中午没来得及向您征询意见呢，面条合您的口味吗？"老先生看着面带甜美笑容的小秦说："挺好的，晚上我再换个口味，吃炒面，就肉丝炒面吧。"小秦给客人填好单子，顺手拿过茶壶给客人添好茶说："请您稍候。"老先生看着微笑着离开的小秦忍不住点了点头。

用餐完毕，小秦亲切地笑着询问老先生："先生，炒面合您口味吗？"老先生说："挺好的。我要给我侄子订18桌标准高一些的婚宴，所以到几家餐厅看看，我看你们这儿服务很好，决定就在这里订了。"

问题： 老先生的18桌婚宴经历了怎样的决策过程？

分析提示： 老先生先后两次到某餐厅以吃面条的形式搜集信息，然后根据服务员的服务态度、餐厅的服务质量和服务水平做出了在此餐厅消费18桌标准较高的婚宴的决定。

3）消除风险的方法

既然旅游者在决策过程中会知觉到各种风险，为了保证旅游活动更好地进行，旅游者会千方百计地采取措施来消除风险。常见的消除风险的方法有：

（1）广泛搜集信息

旅游者搜集到有关的信息越多，选择决策方案的自信心就越强，风险水平就会降低。有关专家的调查报告表明，知觉到高风险或中等程度风险的旅游者比知觉到低风险水平的人寻求信息的时间多1~1.5倍。与此相适应，知觉到高风险水平的人比知觉到低风险水平的人更喜欢接受他人的劝告或广告信息。

（2）认真比较衡量

在旅游决策中，旅游者往往要根据自己的选择标准对各种备选方案进行认真地比较衡量。旅游者知觉到的风险越大，比较衡量所花费的时间越长；旅游者知觉到的风险越小，比较衡量所花费的时间越短。

（3）寻求高价格

在日常消费中，许多人都相信"一分钱，一分货"这个道理，在旅游活动中也是一样。由于旅游者缺乏对旅游商品和服务的实际了解，所以倾向于用价格高低来衡量产品质量的好坏和服务的优劣。

（4）购买名牌旅游产品

为了节省时间和精力，减除知觉风险的一种普遍策略就是购买名牌旅游产品或享受优质服务。旅游者购买了旅游产品或享受到某种服务后，如果感到满意，他不仅可能重复购买，而且可能把这种满意传达给他人。这样就可能建立对商标的信赖。一旦旅游者依赖或忠实于声誉高的或满意的商标，他们知觉到的风险就大大减小。在现实生活中，人们就是依据对商标的声誉和对名牌产品的认可来做出购买决策的，而不轻易购买自己不熟悉的或从没听说过的产品，以便回避风险。

同步思考7-2

问题： "便宜没好货，好货不便宜"的说法是合理的吗？

理解要点： 物美价廉确实存在，但是，大多数情况下价值和价格是一致的。所以便宜的好货存在的概率小，因为长期的价值和价格的背离是无法存在的。所以，要想减少购买风险，寻求高价格是一种方法。

本章概要

□ 内容提要

本章主要介绍了旅游消费者购买决策的过程。旅游消费者购买决策的过程包括以下步骤：问题确认、信息搜寻、方案评价、购买决策和购买后的行为。最后详细阐述了旅游消费者的消费风险问题。

□ 主要概念和观念

▲ 主要概念

购买决策　购买后的失调

▲ 主要观念

购买决策过程　消费风险理论

□ 重点实务

旅游者的决策过程　旅游消费决策过程调查问卷

基本训练

□ 知识训练

▲ 复习题

（1）与其他决策相比，旅游者的购买决策有什么特点？

（2）影响旅游者信息搜寻范围的因素有哪些？

（3）影响消费者问题确认的因素是什么？

▲ 讨论题

（1）任何消费行为都存在风险吗？为什么？

（2）价格通常不会影响人们购买后不协调的程度。这句话正确吗？为什么？

□ 能力训练

▲ 理解与评价

我国大多数旅游消费者在选择旅游产品的时候，通常选择价格低的产品。这和旅游购物，尤其是出国游购物不一样，后者更倾向于购买名牌和高价商品。请加以解释。

▲ 案例分析

【训练项目】

案例分析-Ⅶ。

【相关案例】

王先生会选择哪个度假地

背景与情境：王先生打算利用一周的时间外出旅游。现在他有四个可选择的度假地：A、B、C、D。他说他选择度假地时主要对四个属性感兴趣：购物、历史景点、饮食与价格。他根据这四种属性评价每个度假地所得出的信息。他对度假地 A 的评价如下：按 10 分制的话，购物为 10，历史景点为 8，饮食为 6，价格为 4（较贵）。同理，他可以根据这些属性对其他三个度假地进行评价。

问题：我们如何来预测王先生的选择？

【训练要求】

同第 1 章"基本训练"中本题型的"训练要求"。

▲ 自主学习

【训练项目】

自主学习-Ⅳ。

【训练步骤】

（1）将班级同学组成若干"自主学习"训练团队，每队确定一人负责。

（2）各团队根据训练项目需要进行角色分工。

（3）通过校图书馆、院资料室和互联网，查阅"文献综述格式、范文及书写规范要求"和近三年关于"旅游者的购买决策"研究的前沿学术文献资料。

（4）综合和整理"旅游者的购买决策"研究的前沿学术文献资料，依照"文献综述格式、范文及书写规范要求"，撰写《"旅游者的购买决策"最新文献综述》。

（5）在班级交流各团队的《"旅游者的购买决策"最新文献综述》。

（6）在校园网的本课程平台上展出经过修订并附有教师点评的各组《"旅游者的购买决策"最新文献综述》，供学生相互借鉴。

□ 课程思政

【训练项目】

课程思政-Ⅶ。

【相关案例】

旅游市场"黑箱定价"潜规则有待透明

背景与情境：一些媒体记者暗访发现，上海旅游市场在"阳光"下依然有"阴影"，歧视性收费在上海并未绝迹，境外强制消费也十分普遍。同一时间参加同一条旅游线路，不同的游客所支付的旅游费用却不相同。一些消费能力不强、消费谨慎或维权意识强的游客被旅行社列为"特殊游客"。一家旅行社甚至在门市资料中明目张胆地写道："教师、学生、老人以及珠宝、旅游、新闻等行业的游客若要去我国海南、香港以及泰国等地游玩，要多交团费。"

由于旅游者在旅游过程中会涉及交通、住宿、餐饮、游览、购物、娱乐等多方面的产品或服务消费，游客购买旅游线路，实际上是对"组合产品"的统一购买。至于旅游过程中每一个"产品"具体如何进行交易，则完全由旅行社垄断。游客只享受交易的结果，无权过问交易的过程，这种交易显然是一种"黑箱交易"行为。

资料来源　张建松. 上海："阳光价格"能否根治旅游市场顽疾？［EB/OL］.［2007-05-12］. http：//news.xinhuanet.com/travel/2007-05-12/content_6088363.htm.

问题：

1）为什么会出现案例中不同旅游者在购买同样旅游产品的时候要支付不同的价格？

2）这种做法是否违背旅游职业道德？

3）如何应对这种现象？

【训练要求】

同第1章"基本训练"中本题型的"训练要求"。

第三编　旅游服务心理

第8章　旅游行业服务心理

● 学习目标

通过本章学习，应当达到以下目标：

职业知识： 学习和把握客人需求心理、前厅服务心理、客房服务心理、餐厅服务心理和旅游者投诉心理，以及"延伸阅读"等"旅游行业服务心理"的理论与实务知识；能用其指导本章"同步思考"、"同步业务"和"基本训练"的"知识训练"中各题型的认知活动，正确解答相关问题。

职业能力： 点评"对消费者而言，服务产品比实物产品的消费风险大"观点，训练专业理解力与评价力；运用本章知识研究相关案例，训练对其特定情境下当事者行为的"多元表征"专业能力和"与人交流"通用能力；通过"投诉处理策略运用"的实训操作，训练相关专业技能和"团队协作""解决问题"等通用能力。

课程思政： 结合本章教学内容，依照相关规范或标准，对"课程思政8-1"和章后"课程思政–Ⅷ"中的企业及其从业人员行为进行思政研判，培养高尚的道德情操，树立社会主义核心价值观。

学习微平台

思维导图8-1

引例："小姐，您好！您出去呀？"

背景与情境： 在一家饭店的客房服务台，一位女服务员正在值台服务。这时，一位美国小姐从她的房间里走出来，服务员主动用中文与她打招呼："小姐，您好！您出去呀？"这位美国小姐只懂简单的中文，她说："你说的'小姐，您好'我懂，那'您出去呀'是什么意思？"这位服务员便解释道："我们平时见到朋友，习惯问'你出去呀''你去公园呀''你去工作呀'等。"这位小姐只听懂了"出去""公园""工作"这几个词，其他都听不懂。

服务员越解释客人越恼怒，一气之下客人便向总经理投诉，说服务员侮辱她的人格，说她是去公园工作的妓女，要求饭店做出解释。总经理了解了事情真相之后，认真地跟客人解释，并代表饭店向客人道歉。

问题：

（1）案例中的服务员在语言方面有哪些错误？正确的说法应该是什么？

（2）我们怎样提高服务语言的表达效果？

（3）除服务语言外，我们怎样在服务态度、服务项目、服务技术、服务时机、个性化服务及处理游客投诉中体现优质服务？

同步链接 8-1

二十大报告
摘录之八

8.1 客人的需求心理

为了让顾客满意，就要千方百计为客人着想，满足客人的需要。那么，客人有哪些心理需求呢？

8.1.1 方便

方便是旅游者选择饭店首要考虑的因素。**方便**包括饭店的地理位置对旅游者是否便利，饭店的硬件设施是否符合旅游者的要求，服务项目能否满足旅游生活和工作的需要。西方一位著名饭店企业家曾说过：如果饭店成功有三个因素的话，那么第一是位置，第二是位置，第三还是位置。可见地理位置对饭店的重要性。求方便是旅游者外出旅游时最基本、最常见的心理需求。中国有句俗语："在家千般好，出门事事难。"说明人们外出旅行时最怕的就是不方便，因为人们在家里和外出时即使面对同等程度的不方便，但给人们造成的心理感受却不一样，对后者的感受更强烈，所造成的心理压力也更大。同时，也说明了过去由于旅游条件的限制，确实给人们外出带来了很大的不便。旅游业的发展，最先要解决的就应该是旅游者的方便问题，以更舒适、更方便为目标，全方位满足旅游者的食、住、行、游、娱、购的需要。

为旅游者提供多种方便是饭店的首要任务，也是旅游者的主要心理需求。客人入住饭店时，如果处处感到方便，在心理上会得到安慰，产生愉快、舒适的情绪，能消除旅途的疲劳和各种不安。如果感到不方便，就会产生沮丧、不满的情绪，最终可能导致客人离开饭店。如果出现这种情况，将是饭店工作的最大失败。

针对不同类型的旅游者，饭店提供的方便也有不同。例如，对观光型旅游者应该首先注重其行、住、食方面的方便性；对会务型旅游者，应该首先保证其工作学习的方便，其次才是食、游、购等方面；对商务型旅游者应该首先提供交通、信息、工作等方面的方便。

8.1.2　安全

安全需要是旅游者的最重要的需要之一。按照马斯洛的需要理论，安全需要是人类与生俱来的、最基本的需要。如果生理需要和安全需要得不到满足，人就不会产生更高级的其他需要。旅游者离开自己的居住地，来到一个陌生的地方，由于其对环境缺乏把握，所以安全需要更强烈。这是一种心理现象，事实上旅游活动中也许并不存在更多的不安全因素。安全需要具体包括人身安全、财产安全。旅游业应该在这些方面给客人绝对的保证。现代旅游饭店在防火防盗等方面做出了巨大的努力，不遗余力地改善硬件设施，对员工的安全防卫方面的技能培训也是饭店培训员工的一项基本内容。这些都是为了满足旅游者对安全的需要，以保障旅游者在饭店中能愉快、安全地度过短暂的旅游生活。

安全需要的满足是旅游业的生命线。如果一个旅游饭店发生人身伤亡的事故，对饭店的入住率将产生难以弥补的、长期的不良影响。另外，财物失窃也是旅游饭店最头疼的事，它也会严重损害饭店的声誉。

总之，保障旅游者的安全是饭店的一项重要任务，它既可以缓解旅游者的心理紧张，为其带来安全感，也反映着饭店管理和服务的水平。

8.1.3　清洁卫生

旅游者关心其入住饭店的清洁卫生，这是一种正常心理需要。满足这一需要的同时，也是满足安全需要的一个方面。旅游者对清洁卫生的高要求，也反映了其安全感的缺乏。因为饭店的卫生状况，不仅关系到旅游者的健康问题，而且还会对旅游者的情绪和情感产生影响。客人一进饭店，看到明亮的玻璃、一尘不染的用具、雪白的床单等，就会产生一种舒畅、振奋的体验。无论什么级别的饭店，清洁卫生都是不可缺少的。设施可以低档次，甚至服务可以不完善，但是对清洁卫生的要求是不分档次的，绝不能含糊，必须高标准、严要求。

据美国康奈尔大学旅馆管理学院对3万名客人的调查，其中有60%的人把清洁卫生列为第一需要，可见清洁卫生对旅游饭店是多么重要。我国的旅馆业良莠不齐的状况比较明显。一些低档次的旅馆，以为价格低廉就可以忽视对卫生的要求，具体表现为旅馆环境不洁，虫鼠骚扰，用具肮脏，使客人感到无法忍受，产生不满情绪，甚至引起客人的投诉或离开旅馆，严重影响了旅馆的声誉和效益。

清洁卫生不仅仅是对饭店服务的一种要求，也是社会文明的一种标志，是文明生活、高质量生活的一个组成部分。

8.1.4　安静

饭店的一个主要功能是为客人提供休息的场所。为客人创造一个安静舒适的环境，消除客人的旅途疲劳，是提供良好的饭店服务的前提条件。在现代饭店设计与建设上，应该考虑满足客人安静的需求。例如，饭店选址时应避开噪声较大的区域，如果无法满足这个条件，就要选择隔音效果好的建筑材料，尤其要用双层窗户。因为在整个建筑结构上，窗户是外界噪声传入室内的主要通道，双层窗的隔音效果要比单层窗好得多。同时也要做到楼层之间、客房之间的完全隔音。为避免大型设备如锅炉、中央空调等带来的噪声，最好选择能源集中供应的方式。噪声的另外一个来源是饭店服务过程，比如吸尘器的噪声，服务人员说话、操作的声音等。所以，服务员清理卫生最好选择在非客人休息时间或客人不在房间的时候进行。同时，服务人员的各种操作、说话、走路等都要尽量降低声音。另外，饭店的其他部门如大堂、餐厅、商场等也要满足整个饭店对安静的要求，不能成为噪声源。

8.1.5 公平

追求公平是现代社会人们的一种普遍心理需求，也是社会文明发展的结果。商业文明遵循的就是在金钱面前人人平等，不因人的社会地位、经济地位、穿着打扮等方面不同而在价格与服务上有不同的尺度。现代旅游服务集中体现了社会文明的发展状况，特权观念、等级思想在旅游服务中不应该有任何市场。客人所享受的旅游服务如果与他付出的旅游服务费用相符，或者他享受到的服务与他的支出费用之比与别人所享受到的服务与支出之比如果一致的话，他就会感到公平合理，心情舒畅；反之，他就会感到不公平，就会产生不满、愤怒，甚至进行投诉，诉诸大众传播媒介或者对簿公堂。这样将给旅游企业带来巨大的声誉损失和经济损失。因为公平感会给客人带来做人的尊严。如果客人觉得受到了不公正的待遇，对他来说，就不仅仅是金钱的问题，而是会觉得人格尊严受到了伤害。

8.2 前厅服务心理

前厅是饭店的门面与窗口，是客人与饭店最初接触与最后告别的部门。前厅服务贯穿于客人在饭店内活动的全过程，是饭店服务的源头和终点。因此，前厅是饭店服务的中心。

8.2.1 客人的需求

客人从进门到办好住店手续、进入客房，所占的时间虽然短暂，但对客人的影响却是很深刻的。客人对前厅服务的心理需求主要有以下几个方面：

1）尊重

心理学家马斯洛认为，尊重的需要是人类的较高级的需要，也是人类的基本需要。当旅游者一进入饭店，最先打交道的就是前台的接待人员，他要求受到饭店的尊重，首先就是要求受到前台服务员的接待，这种接待要体现出对客人的尊重。从这一刻起，客人会确立主客之间的社会角色和心理角色的关系。社会角色体现为主人和客人、接待和被接待、服务和被服务的关系；而心理角色则体现为尊重和被尊重的关系。服务人员与客人之间的心理角色关系是由他们之间的社会角色关系决定的。旅游者得到服务人员的尊重，确立以客人为上的关系是理所当然的，这也为以后发生的所有关系奠定了基调。

客人进入饭店持有这样的期望，前台服务人员就应该满足客人的这种要求。服务人员要笑脸相迎，语言要礼貌友好，要有热情，做到既要尊重客人的人格、习俗和信仰，也要尊重其表现出的各种行为，不因客人的语言是否规范、行动是否得体、程序是否合理而做出不同的接待行为。总之，客人一踏入饭店，就期望得到应有的尊重，期望进入一个充满友好、令人愉快的环境之中。

2）快速、便捷

客人经过旅途奔波进入饭店，渴望迅速安顿下来、休整一下，既要解除旅途疲劳，同时也为下一步安排做准备。而在前厅所得到的服务和必须履行的所有手续和过程，对客人而言并无任何直接价值，对客人来说，这些过程绝大部分是不得不履行的，仅仅是对饭店有价值。客人会认为"这是你的事"，结束得越快越好。如果服务人员效率不高，啰嗦拖沓，极易引起客人的厌烦情绪。在前台服务中一切以客人为中心，具体服务过程中不能让客人感到手续繁琐。另外，前台服务的一个大忌是，不能把客人指使得乱转。出现这种情况的原因有两个：一是程序安排不合理；二是服务人员未摆正自己的位置，服务不到位。如果出现这种情况，既是效率差的表现，也容易让客人感到未受到尊重。这时服务人员似乎给人一种高高在上的感觉，主客位置发生了颠倒，有"店大欺客"之嫌，所以前台服务要千万注意这一点。

客人离店时的心理要求也是同样的，结账手续办理过程要准确、快捷，使客人能迅速离店。道理也是同样，客人对结账程序并不感兴趣，他只对结果感兴趣，所以迅速、快捷地完成这个过程，并得到准确结果是客人所需要的。

3）求知

人们外出旅游，就是到别处去过一种不同于原来生活的生活。他们到了一个陌生的地方后，迫切想知道这个地方的风土人情、交通状况、旅游景点等各种情况，以满足自己的好奇心理。因此，前厅服务员在接待客人时，一方面要介绍本饭店的房间分类、等级、价格以及饭店能提供的其他服务项目，让客人做到心中有数；另一方面，如果客人询问其他方面的问题，服务员也应热情、耐心地介绍，比如，本地有什么风景名胜、有什么土特产、购物中心在哪里、到每一个旅游景点的乘车路线及时间等。另外，前厅服务最好和旅行社的业务结合起来，把旅行社提供的服务项目和推出的旅游产品的相关资料准备好，以供客人咨询、索取。这样做的另一个好处是冲淡客人在前台办理手续过程中等待的无聊感。

8.2.2 前厅服务工作

要做好前厅服务工作，最重要的就是要给客人留下良好的第一印象和最后印象。前厅是饭店的门面，前厅服务人员必须重视对客人的接待和送别服务。做好前厅服务工作，是整个饭店服务能否成功的关键。

1）做好总台接待工作

总台作为整个饭店服务工作的中枢，它的工作既重要又复杂。总台服务工作的内容包括预订客房、入住登记、电话总机、行李寄存、贵重物品及现金保管、收账结账以及建立和保管客人档案等。总台服务人员要做到准确、高效，力求做到万无一失。

2）美化环境

旅游者对饭店第一印象的形成，首先来源于客人对饭店的感性认识，而第一印象一旦形成，将在很大程度上影响他对饭店的整体印象。客人进入饭店，首先他能感知到的就是饭店的硬环境，特别是饭店前厅的环境。饭店前厅是整个饭店的脸面，美好的前厅环境将使客人感到愉快、舒畅。

美国旅馆协会会员汤姆·赫林认为，对于旅馆的环境和一切服务设施都应该考虑到：当你这家旅馆出现在客人面前，他们脑子里对它总的感觉是什么，要求是什么，以及向往和渴望的又是什么？他认为客人需要的是现代化的生活方式，但同时又受到世界上具有民族特色的迷人魅力的吸引。他们既要体验时代感，又要领略特殊感；既要文化，又要娱乐。在赫林设计的旅馆里，有热带花卉、热带灌木丛、家庭式游泳池以及钢琴酒吧、中美洲木琴乐队等，这充分说明环境对客人的心理作用。

饭店前厅的环境设计既要有时代感，又要有地方民族感，要以满足客人的心理需要为出发点。一般情况下，前厅光线要柔和，空间宽敞，色彩和谐高雅，景物点缀、服务设施的设立和整个环境要浑然一体，烘托出一种安定、亲切、整洁、舒适、高雅的氛围，使客人一进饭店就能产生一种宾至如归、轻松舒适、高贵典雅的感受。前厅布局要简洁合理，各种设施要有醒目、易懂、标准化的标志，使客人能一目了然。前厅内的环境和设施要高度整洁，温度适宜，这也是对前厅的最基本要求。

3）注重言行仪表

前厅服务员的言行仪表要与环境美协调起来，因为服务员的言行仪表也是客人知觉对象的一部分。言行仪表是人的精神面貌的外在体现，是给客人良好印象的重要条件，也是为客人营造美好经历的一部分。

员工的言行仪表美包括语言美、举止美、形体美、服饰美、化妆美。语言是人际交流的重要工具，服务员的语言直接影响、调节着客人的情绪，服务的成效在很大程度上取决于服务员语言的正确表达。语言美表现为语气诚恳、谦和，语意确切、清楚，语音动听、悦耳。要熟练地使用各种礼貌用语，避免使用客人避讳的词语。服务员的行为举止要大方、得体、优雅，在与客人打交道的过程中要热情主动、端庄有礼。另外，前厅服务员的相貌要求比较高，要身材挺拔、五官端正、面容姣好；衣着整洁挺括，具有识别性，使客人容易区分。服务员的化妆要清淡，不能穿金戴银。这是由角色身份决定的，也是对客人的一种尊重；相反，穿着打扮过于华丽，饰品贵重，与服务员身份不符。

4）服务周到

饭店前厅的应接服务体现出一个饭店的管理水平和服务规格，它必须使客人感到方便、舒适和周到。周到性的服务体现在很多方面，比如为客人开关车门、运送行李、回答询问、预订客房等。只要客人说出他的要求与愿望，其他的事由服务员来做。为了使服务周到，保证饭店前厅的工作质量，很多饭店在大厅里设大堂经理，用来处理各种日常和突发事件，解决客人遇到的各种难题，协调各方面的关系，或者处理客人的投诉等。实践证明，在前厅设大堂经理是一种非常有效的措施，既能使问题得到快速解决，也使客人感到饭店对工作的重视，同时也体现出饭店对客人的关心和尊重。

对于现代饭店来说，周到的应接服务，不仅表现在前厅工作人员的服务态度等"软"的方面，也体现在对现代科学技术的应用等"硬"的方面，比如，用于总台服务的计算机系统、大厅里的电脑、无线网络、打印复印设备等。如果饭店大厅能满足客人所需要的一切必要的服务，就真正体现出了服务的周到性。

同步思考8-1

问题：客人登记入住时房间尚未清洁，他表示可以先入住再清洁，怎么办？

理解要点： 向客人表示歉意，礼貌地向客人说明未清洁的原因，委婉地拒绝入住要求。服务员可以通知房务部立即清洁，并告诉客人所需时间，建议客人在大堂沙发和咖啡厅休息等候；也可以提示客人利用这段时间做别的事，行李可由行李员保管；还可以建议客人改换其他类型房间。

8.3　客房服务心理

客房是饭店基础设施和重要组成部分，是旅游者休息的重要场所。客房对客人来说，不仅是生存的基本条件，而且是享受和发展的重要因素。因此，搞好客房服务对旅游业来说是非常重要的。

8.3.1　客人的需求

旅游者出门在外，把客房看做"家外之家"，对客房服务有着极高的要求。作为旅游服务人员，应从以下几个方面满足客人需求：

1）整洁

对客房清洁卫生的要求是客人普遍的心理状态。客房服务人员的主要工作职责之一就是整理客房，做好清洁卫生工作。整洁的标准应该是使客人产生信赖感、舒服感、安全感，使客人能够放心使用。清洁卫生是反映饭店服务质量的一项重要内容，是饭店档次、等级的一个重要标志。

客房是客人在饭店停留时间最长的地方，也是其真正拥有的空间。因而，他们对客房的要求比较高，尤其在整洁方面。不同类型、不同层次的客人对饭店要求的侧重点不一样，对饭店的卫生要求却是高度一致的。

服务人员清理客房应该遵循一定的程序，一般情况下，清理客房要在客人不在时进行。如果客人有特殊要求，可以随机应变。客人一般不喜欢服务人员在面前转来转去忙个不停，在清洁整理过程中所带来的忙乱或弄起的灰尘也会让客人感到厌烦。

整理客房时，首先要查看门栓上的标志，在无特殊标志情况下按常规次序打扫房间。服务员进门时要先按门铃或敲门，绝不能贸然闯入房间。进房后，无论客人是否在房间，都不要将门关严。如果客人在房间，要立刻向客人讲明身份和缘由，询问是否需要整理房间。清理时，要将正在清扫的标志放在门把手上，整个清扫过程中门始终要开着。

另外，服务人员可以采取一些措施来增加客人心理上的卫生感和安全感。比如，在清理后贴上"已消毒"标志，在茶具上蒙上塑料袋等，这些措施能起到一定的心理效果，但一定要实事求是，切不能欺骗客人。

2）安静

客房的最主要功能是用于客人休息，客房环境的安静是保证这一目的实现的重要前提。由于现代都市生活的丰富性，一些客人可能喜欢过夜生活，而在白天睡觉，所以饭店客房对安静的要求不是单纯指夜间这一段时间。即使没有客人休息的情况下，客房环境也要保持安静，这会给人舒服、高雅的感觉。保持安静的环境是客房服务的一项重要工作，是衡量服务质量的一个标准。

保持客房安静就是要防止和消除噪声，这要从两方面着手。一是必须做到硬件本身不产生噪声，饭店选择设备的一个标准就是它产生的噪声要小。另外，在硬件上要保证隔音性，能阻隔噪声的传入和传导。二是在软件上也要不产生噪声，员工需做到"三轻"：走路轻、说话轻、操作轻。"三轻"不仅能减少噪声，而且能使客人产生文雅感和亲切感。为了使服务人员"三轻"，饭店要加强对员工的培训和行为习惯的培养。有道是：无规矩不成方圆。经常性的培训和严格的制度约束，有助于服务人员养成良好的职业习惯。这些措施的贯彻实行，才能使客房安静的环境得到保证。

3）亲切

谈到饭店服务，人们常讲的一句话是"宾至如归"，就是说让客人产生就像在自己家里一样的感觉，这里有家里的人情温暖和方便舒适。客房服务是客人每天接触和享受的，客房服务离客人最近，与客人关系最密切。当客人入住饭店以后，客房服务就成为客人感受到的最重要服务。要达到"宾至如归"的效果，客房服务人员的亲切服务是不可或缺的。

客房服务人员亲切的服务态度，能够最大限度地消除客人的陌生感、距离感等不安的情绪，缩短客人与服务人员之间情感上的距离，增进彼此的信赖感。客人与服务人员情感近了，会使其对饭店的服务工作采取配合、支持和谅解的态度。出现这种局面将非常有利于饭店顺利完成日常的服务工作，也有利于提高饭店的声誉。这是每一个饭店经营者都期待出现的局面。

要做到亲切服务并不是一件容易的事，对服务人员的素质、经验和技能要求很高，只有那些既具有上述条件，又热爱本职工作的服务人员才能做到这一点。

4）舒适

舒适程度是客人评价和选择客房的主要标准之一。如果不考虑价格因素，舒适将和整洁一起构成评定客房的最重要尺度。旅游者外出旅游的动机虽然不尽相同，但都存在一种有共性的心理需求，那就是追求快乐。当然获得快乐需要付出体力和精力。所以，在旅途劳累或游览活动之后，人们迫切需要有个舒适的休息场所来恢复体力、养精蓄锐。因此，客房就应该是旅游者的活动基地。此外，舒适快乐也是旅游者外出旅游的目的之一。现代饭店除了满足客人的生理需要以外，也要满足客人的心理需要。客房服务不仅要让客人感到像在家里一样舒适，甚至要让客人感到比家里还要舒适。不能使客人产生舒适感，就是客房服务的失败。要达到这个目的，需要两个方面的条件：一是客房服务人员的服务水平和质量；二是要有相应的硬件设施，比如床上用品、室内生活设施（如电视、冰箱）等。

学习微平台

延伸阅读 8-1

同步案例 8-1

一杯"致歉茶"

背景与情境： 在某宾馆的客房部发生了这样一件事。某天傍晚，住在 307 房的来自中国台湾的郑先生着急地不断试接吹风机的电源插头，可是吹风机怎么也不转动。"插座可能接触不良了。"郑先生断言道。于是，郑先生走到走廊把服务员叫到卫生间，检查后感觉像是插座坏了，于是通知客房中心报修，可偏偏仓库缺货。看着客人焦急的脸，机灵的服务员跑到服务室拿来接线板，在客人不信任的目光下试插。糟糕的是型号不对，客人不耐烦地说道："小姐啊，我可还得赶时间呢。"服务员没有被客人的怨气吓倒，马上热情地端来一杯热茶，让客人先喝口热茶消消气、安安心，并向客人保证插座很快就会修好。

当客人端起茶杯问服务员这是什么茶时，服务员微笑着回答说："这就算是杯致歉茶吧。""致歉茶？"客人惊讶地问道，转而脸上露出笑容并婉言道出原委，原来他每天睡前都要吹头发，否则头部就感到不舒服，并连声称赞服务员笑容甜美，服务得体，态度良好。过了几分钟，宾馆电工赶来检修，发现插座内的铜片松了，弹性不足，因此电源不通。电工拆开稍加修理后，客人的吹风机又转动起来了。

问题：

（1）电源不好使，服务员也解决不了，而客人显得急躁和不耐烦，这种情况服务员通常应该怎么办？

（2）你认为还有其他方案吗？

（3）为什么服务员的做法能得到客人的谅解和接受？

分析提示： 本例中的服务员在客房插座出了故障，客人很着急的情况下，机敏地送上一杯"致歉茶"，温暖了客人的心，缓解了客人的烦躁情绪。就这样，一件极可能被客人投诉的事，由于服务员的热情、友好及随机应变，把被动变为主动，把坏事变为好事。随着饭店行业市场竞争日益激烈，服务人员一方面要不断努力学习，使自己有一身过硬的服务操作技能；另一方面，也是更重要的一个方面，要结合实际情况灵活地向客人提供优质服务，随时随地以优质的服务使客人感到就像回到了自己的家，以此为饭店赢得回头客，从而使饭店效益不断提升。

8.3.2　客房服务工作

要做好客房服务工作，良好的态度是做好客房服务工作的第一步，良好的态度主要体现在以下方面：

1）主动热情

主动的服务态度是指服务要发生在客人提出要求之前。服务人员要主动为客人排忧解难，主动迎送、引路，主动介绍服务项目，主动为患病的客人求医送药。

热情服务就是帮助客人消除陌生感、拘谨感和紧张感，使其心理上得到满足和放松。客房服务人员在服务过程中要精神饱满，面带微笑，语言亲切，态度和蔼。热情是体现服务态度的本质表现，是取悦客人的关键。

2）微笑服务

旅游服务离不开微笑，微笑要贯穿服务过程的始终。微笑是一种特殊的情绪语言，它可以起到有声语言所起不到的作用。微笑也是一种世界语言，它能直接沟通人们的心灵，架起友谊的桥梁，给人们以美好的享受。微笑可以传递愉悦、友好、善意的信息，也可表达歉意、谅解。微笑赋予旅游服务以生命力。著名的希尔顿饭店集团董事长康纳·希尔顿说："如果缺少服务员的美好微笑，好比春日的花园里失去了阳光和春风。假如我是顾客，我宁愿走进那虽然只有残旧的地毯，却处处见到微笑的旅馆，而不愿走进拥有一流的设备而见不到微笑的饭店。"他经常问下属的一句话就是："你今天微笑了没有？"国外一些成功的企业家在谈到他们的经营理念时，把"顾客是皇帝"（The Customer is King）放在第一位，微笑（Smile）则占据第二的位置。

可见微笑服务对旅游业的重要性。有人从实践中总结出一句话：诚招天下客，客从笑中来。笑脸增友谊，微笑出效益。

3）文明礼貌

客房服务的方式要注意文明礼貌。客房服务通过讲文明礼貌体现出对客人的尊重、理解和善意。如与客人讲话时要轻声细语，注意礼貌用语；为客人服务时要聚精会神，彬彬有礼；操作时要轻盈利落，避免打扰客人。文明礼貌是人际交往的基本规范，在客房服务过程中更应该做到这一点。

4）耐心细致

饭店服务人员在服务过程中，即使工作繁忙，也应对客人有耐心，不急躁，对客人的询问要做到百问不厌，有问必答。对客人的意见要耐心听取，对客人的表扬要不骄不躁。

另外，要细心了解客人的不同需要，主动服务。如果有的客人有特殊生活习惯，比如不吃某种食物或有其他方面的禁忌，服务员要及时了解，尊重客人并尽量给予满足。服务人员还要细心观察客人，了解他们的现实需求和潜在需求，如果能做到超前服务，会使客人更满意。细致的服务还反映在注意服务的分寸、注意如何使客人放心、增强客人的信任感上。如服务人员在进行房间整理和清扫时，尽量不要挪动客人放在房间里的各种物品。服务人员在清理桌面，合上客人打开的书时，最好在书页处夹上个小纸条，就会使客人很满意。可见，细致周到的服务是赢得客人好感的有效方式。

8.4　餐厅服务心理

餐厅服务是旅游饭店服务中不可缺少的一个环节，在整个饭店旅游收入中占 1/3 左右，因此，无论从完善旅游服务角度，还是从经济角度，做好餐厅服务、管理都是必要的。本节主要探讨客人就餐心理，并提出相应对策。

8.4.1　客人的需求

1）清洁卫生

就餐客人对就餐中的卫生要求非常强烈，这也是客人对安全需要的一种反映，同时，对客人情绪的好坏产生直接影响。只有当客人在清洁卫生的环境中用餐，才能产生安全感和舒适感。客人对餐厅卫生的要求体现在环境、餐具和食品几个方面。

①良好的卫生环境会给人以安全、愉快、舒适的感觉。餐厅是供客人就餐的场所，应该随时都整洁雅静，要做到空气清新，地面洁净，墙壁无灰尘、无污染，窗明几净，餐桌、餐椅整齐干净，台布、口布洁净无瑕，厅内无蚊、无蝇。只有这样，客人才能放心地坐下来就餐；否则，他们将会重新选择就餐的场所。

②餐具卫生非常重要。因为除了一次性的方便筷子以外，其他餐具一般都是客人共用的，难免沾染病毒或细菌。因此，餐厅必须配备与营业性质相适应的专门的消毒设备，同时要有数量足够的可供周转的餐具，保证餐具件件消毒，以保证客人的安全。另外，对于一次性使用的方便筷子，最好经过消毒后进行单个包装，这样才能避

免沾染灰尘和细菌。

③如果只从卫生的角度讲，在餐厅服务中，食品的卫生应该是最重要的。餐厅提供新鲜、卫生的食品是防止病从口入的重要环节。不论餐厅的档次高低，就餐的客人都有一个共同的心愿：吃到新鲜卫生的食品。为此，餐厅的食品要求原料新鲜，严禁使用腐烂变质的食品，特别是凉拌菜要用专用的消毒处理工具制作，防止生、熟、荤、素菜直接交叉污染。食品饮料一定要在保质期内，杜绝供应过期食品。

2）快速

（1）顾客希望提供快速服务的原因

客人到餐厅就餐时希望餐厅能提供快速的服务，其原因有以下几个方面：

①现代生活的快节奏使人们形成了一种对时间的紧迫感，养成了快速的心理节律定势，过慢的节奏使人不舒服，也不适应。

②有的客人就餐后还有很多事要做，所以他们要求提供快速的餐饮服务。

③心理学的研究表明，期待目标出现前的一段时间使人体验到一种无聊甚至痛苦。从时间知觉上看，对期待目标出现之前的那段时间，人们会在心理上产生放大现象，觉得时间过得慢，时间变得更长。

④客人饥肠辘辘时如果餐厅上菜时间过长，更会使客人难以忍受。当人处于饥饿时，由于血糖下降，人容易发怒。

同步案例8-2

一碗豆面引出的话题

背景与情境：一天，有10位客人来到餐厅就餐，在进餐即将进入尾声时，客人点了主食，每人一碗豆面。服务员将豆面送到每位客人面前后，客人们并未立即食用，而是继续交谈着。大约10分钟后，有的客人开始吃面，其中一位客人刚吃了一口，便放下筷子，面带不悦地对服务员说："这豆面怎么这么难吃，还都黏到一起了。你知道吗？这顿饭对我来说是很重要的。"服务员连忙解释说："先生，我们都是现点现做，一般的面条在做出几分钟后就会黏到一起，而豆面的黏性比其他面的黏性大。如果做出来不马上吃的话，必然会影响到面条的口味和口感。我们通知厨房再给每位客人做一碗面好吗？"客人说："不用了，再做一碗豆面也不能挽回我的损失！"

此时恰逢餐厅经理走了过来，服务员当即向她汇报了情况。餐厅经理让领班为客人送上水果并对客人说："对不起，先生。由于我们未能及时向您及您的客人介绍豆面的特性，没有让您很圆满地结束用餐。您如果对今天的服务感到不满意的话，我将代表酒店向您及您的客人赔礼道歉。"客人说："服务态度没问题，不过我希望服务员在上菜时能给我们介绍一下。"

资料来源　佚名．餐饮服务案例分析［EB/OL］．（2011-10-02）［2016-08-20］．http：//www.6eat.com/Datastore/CardExpensePage/270663_0.

问题：客人不知道豆面的特点，耽误了最佳进食时间，为什么餐厅经理要道歉？从服务理论上怎么解释？

　　分析提示：客人在饭店购买的是全套服务，而服务是由主客共同完成的，客人的消费体验不好就是服务不成功，追究主要责任在哪一方没有意义。主动承担责任，采取有效补救措施，这么做才是正确的。另外，客人不可能了解所有食品的进食特点，服务员的礼貌告知是非常必要的。

　　⑤求尊重、爱面子心理。人们到饭店就餐除了基本的生理需求外，还有心理和社会需求。如果服务节奏很慢，客人就会感到被怠慢了，在他人面前会感到没面子，自己则有尊严受到侵害的感觉。

　　（2）满足求速需要的服务策略

　　从餐厅服务角度讲，应该了解、理解并满足客人的这种心理需求。为了满足客人的这种求速的需要，可采取如下一些服务策略：

　　① 备有快餐食品为那些急于就餐者提供快速服务。

　　② 客人坐定后，先上茶水以安顿客人，使他们在等待上菜过程中不感到太无聊或觉得上菜太慢。另外，也可以根据客人的消费金额免费提供一些小菜，供客人食用，这一方面使客人体验得到赠品的愉悦感，也消除了等待的无聊感。

　　③ 反应迅速。客人一进餐厅，服务人员要及时安排好客人的座位并递上菜单，让客人点菜。

　　④ 结账及时。客人用餐结束，账单要及时送到，不能让客人等待付账。

　　3）公平

　　公平合理也是客人对餐厅服务的基本要求。只有当客人认为接待、价格是公平合理的，才会产生心理上的平衡，感到没有受到歧视和欺骗。

　　按照亚当·斯密的公平理论，人们的公平感是通过比较而产生的，因而是相对的。客人在用餐过程中的这种比较，既存在于不同的餐厅之间，也存在于同一餐厅的不同客人之间。同样类型、同等档次的餐厅，价格上、数量上以及接待上的不同都会引起客人的比较。如果客人在就餐的过程中并没有因为外表、财势或消费金额上的不同而受到不同的接待，在价格上没有吃亏受骗的感觉，他就会觉得公平合理，就会感到满意。因此，餐厅在价格、接待规格上都要注意尽量客观，做到质价相称，公平合理。

课程思政 8-1

打包盒

　　背景与情境：快过年了，上海一家四星级酒店的中餐厅内，所有的桌子都坐满了客人。其中第 18 桌坐了 3 位客人，他们分别是某大学李教授夫妇以及李教授 20 多年未见的老同学，刚从美国回来探亲的蔡先生。故人相逢，李教授为尽地主之谊，一下点了七八道菜，两道点心，外加四小碟冷菜和三听饮料。

　　由于大家都已年近半百，胃口已大大不如学生年代，所以几个人吃饱后桌上还剩下不少菜，还有两个菜没怎么动，李教授觉得不免有点惋惜。

　　负责这个区域的服务员小张是旅游学校的毕业生，在用餐过程中，她对这几位客人服务得非常得体，而且脸上自始至终都挂着甜甜的微笑。此刻她见 3 位客人已有离席之意，便准备好账单，随时听候招呼。果然，李教授向她招手了。

账单很快结清，当小张转身送来发票和找回的零钱时，她手里多了几个很精美的盒子，里面有若干食品袋。她很有礼貌地对客人说："剩下这些菜多可惜，请问是否需要打包？"

李教授见小张手中拿着饭盒，很高兴地对她说："你想得真周到，我也正想打包呢！"李教授满意而归。

资料来源　佚名. 服务员：细节很重要［EB/OL］.［2016-08-20］. http://www.6eat.com/Data Store/Card Expense Page/373056_1.

问题：

（1）客人餐后是否打包是他们自己的事，服务员为什么主动提出建议？

（2）服务员了解客人的心理，主动照顾其面子，使其自尊心得到满足属于职业道德范畴吗？

（3）从环境伦理角度解释"光盘"行为。

分析提示： 目前绝大部分饭店和餐馆都给客人提供打包服务，但在服务实践中，往往是被动的多，主动的少，即基本上都是当客人提出要打包时，服务员才会给客人打包。其实，主动服务和被动服务给客人的感觉是不一样的，特别是当客人想打包而又羞于开口时，服务的效果就会大相径庭。比如，单位请客吃饭或AA制吃饭，即使饭菜剩得很多，碍于面子，恐怕也不会有人提出来打包。而此时只有服务员主动向客人提出打包，客人才有可能把剩下的饭菜带走。照顾客人的自尊心是服务伦理的要求。

站在客人的立场上，主动提供打包服务，显示了本案例中酒店经营者与服务员超前的服务理念及对社会效益的关注。

4）尊重

在餐厅服务中，要注意满足客人的尊重需要。尊重需要作为人的一种高层次的需要，贯穿于整个旅游活动中，在餐厅服务心理中表现得尤为突出。俗话说："宁可喝顺心的稀粥，绝不吃受气的鱼肉。"在餐厅服务中可以采取下列心理策略：

（1）微笑迎送客人

到餐厅就餐的客人，服务人员首先要给予热情的接待，这是餐厅服务的良好开端。心理学研究告诉我们，饥饿的人容易激动，血液中的血糖含量降低时，人容易发怒。所以，客人一进餐厅，服务人员就应把客人的情绪导向愉快。服务人员的迎接服务应该让每一位客人都感到尊重，不能顾此失彼，有所遗漏。俗话说："宁落一群，不落一人。"只要有一个人感到不快，就可能是矛盾产生的火星。

（2）领座恰当

客人到餐厅就餐，服务人员要主动上前领座，而不能让客人自己找座位，以免客人产生被冷落感。在领座过程中，要征询客人的意见，由客人决定坐什么位置。

（3）尊重习俗

服务人员在介绍菜单、帮助上菜、倒酒和派菜等服务过程中，除了应该注意服务技巧以外，还要注意尊重客人的风俗习惯、生活习惯。这需要在服务过程中细心观察，主动征询，以及服务人员对有关常识的熟悉和了解。

同步业务 8-1

业务问题： 在餐厅服务中经常有这样的场景出现，服务人员在向客人推介酒水和菜品时通常先介绍那些价格高的，按照从高到低的顺序进行。对此你怎么看？

业务分析： 首先，客人的心理准备状态不一样，有的客人准备多花一些钱，有的客人想尽量少花钱，而有的客人可能对花多少钱无所谓，所以这种推介方式不可能被所有客人接受。其次，先积极推介价格高的产品，容易使人产生"骗人、欺人"的感觉，导致客人的反感。另外，这种推介方式使人马上就会意识到这完全是站在店家的角度，对客人没有什么关照和尊重可言，所以不会得到客人的认同。

8.4.2　餐厅服务工作

1）注意餐厅形象

心理学的研究证明，人对外界的认识是从感知开始的。为了给就餐的客人创造一个良好的第一印象，餐厅应重视环境的美化，要为就餐客人创造一个优美舒适的环境。

（1）美好的视觉形象

餐厅的门面要醒目，要有独特的建筑外形和醒目的标志，餐厅内部装饰与陈设布局要整齐和谐，清洁明亮，要给人以美观大方、高雅舒适的感觉。餐厅的整体设计要有一个主题思想，或高贵，或典雅，或自然，或中式，或西式，或古典，或现代。色彩也要依据餐厅设计的主题思想来选定。在选择色彩时，要了解不同的色彩所产生的心理效果。餐厅的光线要适宜，使客人心情舒畅。而且，餐厅的光线也要与餐厅的主题相协调：宴会餐厅要光线明亮、柔和，呈金黄色；酒吧光线要幽静、闪烁，显示迷人情调；正餐厅呈橙色、水红；快餐厅呈乳白色、黄色。另外，餐厅光线还要与季节相吻合，如夏天以冷色为主，冬天则以暖色为主。

（2）愉快的听觉形象

美好动听的音乐对人的心理有调节、愉悦的作用，而噪音会给人的生理和心理带来不良的影响，如烦躁、痛苦。在公共餐厅，由于就餐人数较多，噪音较大。为了不影响客人的食欲和情绪，餐厅要尽量减少噪音。因此，在餐厅装修中，要注意选用那些有吸音和消音功能的材料，尽量减少硬装修，因为硬装修对噪音起到一种扩大作用。另外一个办法就是加大餐桌之间的距离，减少客人之间的相互影响。餐厅中使用背景音乐，也可以掩盖和冲淡噪音。但背景音乐的选择要慎重，如果使用不当，会适得其反，使餐厅中的声音更加混乱。

（3）良好的嗅觉环境

在餐厅中，由于各种菜肴的大量存在，会散发出各种气味，加之各种酒味和烟草味，多种气味混合在一起，给人的感觉不愉快。所以，在餐厅中要注意通风，保持空气清新，同时要注意不能让厨房的油烟以及各种气味散发到餐厅中来。

2）注意食品形象

中餐素以色、香、味、形、名、器俱佳著称于世。就餐的客人不但注重食物的内在质量，也注重食品的外在形式。因此，餐厅提供的食品，既要重视品质，也要重视形式的美感。要做到这一点，可以从以下几方面着手：

（1）美好的色泽

这是客人鉴赏食品时最先反应的对象。在人们的生活经验中，食物的色泽与其内在的品质有着固定的联系。良好的色泽会使客人产生质量上乘的感觉，同时激发客人的食欲。当然，在客人中，由于种族与文化背景的差异，在颜色的偏好上存在着一定的差别，这就要求餐厅服务人员要了解客人的特殊要求，针对不同的服务对象，做出相应的调整，以满足不同客人的需要。

（2）优美的造型

食品不但有食用价值，而且还是艺术作品。烹饪大师通过切、雕、摆、制、烹等技艺，给客人们献上一道道造型优美的美味佳肴，带来艺术上的享受。如鸳鸯戏水、二龙戏珠等菜点，造型雅致，妙趣横生，使客人一见则喜，一见则奇，一食则悦，百吃不厌。

（3）可口的风味

味道是菜肴的本质特征之一，也是一种菜的主要特色的体现。味道好坏，常常是客人判断菜肴的最终标准，而品味也是客人就餐的主要动机。因此，餐厅要根据客人的饮食习惯及求新求异的饮食特点，制作味道各异的食品，使客人在口味体验上得到最佳效果。

学习微平台

延伸阅读8-2

教学互动8-1

互动问题： 预订标准低的客人要求在宴会厅用餐，怎么办？
互动要求： 同"教学互动1-1"的"互动要求"。

8.5　旅游商品服务心理

据世界旅游组织的统计，每年全世界旅游总收入中，旅游商品收汇约占25%，而旅游业发达的国家和地区占50%~60%，新加坡、中国香港等地的旅游商品收汇率更高，它们将旅游商品作为本国或本地区的创汇支柱。

在过去的很长一段时间里，我国的旅游商品创汇率比较低。1979年有一位日本木业旅游团团长在结束我国游览活动时说，我本来带了100万日元到中国来购买物品，结果只花掉了40万日元，为此我感到很遗憾。

今天情况虽然有了很大改变，但仍存在差距。我们对旅游者购物心理进行探讨，可以为弥补这种差距提供一些帮助。

8.5.1　旅游者购物心理

在旅游活动过程中，旅游企业为旅游者提供良好的旅游商品服务，是搞好旅游服务工作的重要组成部分，它不仅能满足旅游者的需要，还能为旅游企业带来经济效益。由于旅游活动的特殊性，旅游者在购物过程中的心理活动与一般的消费者相比既有共性，也有其特殊性。

旅游者的购物动机是多种多样的，概括地说，有以下几个方面：

1）纪念性动机

持有这种动机的旅游者比较典型，人数比例也较大。纪念性购物动机一般指向那些具有代表性和象征性的旅游商品，以作为到某地旅游的纪念或凭证，以后据此回忆他们的旅游生活经历，或者馈赠亲友。例如，在西安旅游，买一些兵马俑复制品；到南京雨花台买雨花石；到广东肇庆买端砚等。

2）馈赠性动机

人们外出旅游时购买的旅游商品，除了上述的留作纪念外，还有一个重要的动机就是赠送他人。在中国，这是一种风俗习惯。无论长幼之间、亲戚之间，还是朋友之间、同事之间，甚至邻里之间，人们旅游归来后都要送给对方一些在旅游地购买的商品。即使有的商品在本地也能买到，但从旅游地带回来的商品肯定别有一番情趣。它既可以增进彼此的友谊，也可以提高自己的声望，甚至还能满足有些人的一种炫耀心理。

3）新奇动机

对新奇的追求是人们好奇心的表现。好奇心人皆有之，是旅游动机的一种。在旅游购物中，好奇心也起到一种导向作用。人们在旅游地看到一些平时在家看不到的东西时，产生好奇感，就会购买。人们为满足好奇心而外出旅游，而旅游购物也是满足人们的好奇心的一种方式。这是旅游商品不同于一般商品的重要区别。人们在日常生活中很少因为某种商品新奇而购买，而在旅游中却因新奇而产生购买动机和欲望，以致产生购买行为。买到新奇性旅游商品是旅游活动的一个组成部分，也是旅游活动的一个目的，是旅游活动成功的一个标志。

4）求利动机

这是旅游者在购买商品时，由于商品价格较低而产生的购买动机。众所周知，相同或相似的商品在不同的国家、不同的地区、不同的城市常常有不同的价格。如果旅游地某种商品的价格明显低于旅游者本地的价格，人们一般就会在旅游地购买该种商品。比如，上海的羊毛衫质量好而价格较低，所以北方人到上海旅游或出差，就会买一件或几件羊毛衫回来，还有的外国旅游者在中国购买廉价的工艺品。这就是受求利购买动机的驱使。

5）实用动机

旅游者外出旅游，把自己从第一现实中解脱出来，暂时走进有些虚拟的第二现实中，但他并不是完全离开现实生活，为现实生活打算也是许多旅游者的正常行为。如果旅游者在旅游活动中发现价廉物美的实用商品，就会购买。在实用动机的支配下所产生的购买行为主要与旅游者的个性特点有关，而与旅游者的经济收入水平并无直接关系。

8.5.2 旅游商品销售工作

旅游者对旅游商品的需求与对一般商品的需求既相似，又有区别，旅游企业在设计、生产旅游商品时必须考虑这种心理需求上的差异。比如，根据人们不同的购买动机，设计、生产的商品要具有纪念性、艺术性、实用性，要有民族特色和地方风格等。此外，任何商品最终要通过销售才能实现其价值。那么，怎样才能做好旅游商品的销售工作呢？我们认为，要做好这项工作，至少应该注意以下两个方面的问题：

1）商品包装

虽然人们评价商品优劣的根本标准是商品本身质量的好坏，而不仅仅是外部包装的美丑，但包装的确影响着人们对商品的取舍。因为旅游者在购买商品时，首先看到的是外部的包装，而不是商品本身。过去，对包装重要性的认识仅仅停留在防止商品损坏和散失，方便商品储存或销售等实用功能上。随着市场竞争的日益激烈，自动售货方式的出现，消费者生活习惯的变化，以及包装新工艺、新材料的应用和包装技术的提高，包装变成了美化商品、宣传商品和推销商品的必要手段。尽管审美观点不同，但爱美是人的天性，特别是对于旅游者来说，他们尤其喜爱美观而富有艺术特色的商品包装。

常言道，"人靠衣服马靠鞍""三分人才，七分打扮"。这里所强调的都是外部特征对于人们的重要性，这个道理在商品的消费中也同样存在。商品的美化所依靠的是商品本身的包装与装潢。

在购物环境中，旅游者面对没有消费经验的商品，主要是通过商品的包装来认识的。所以，商品包装形象的美观程度与包装的质量，在购物环境中最直接地影响着旅游者是否购买该商品，精美的包装无疑为商品的推销起到无声的推销作用，好的商品包装会使商品锦上添花。在香水行业有这样一句话："设计精美的香水瓶是香水最佳的推销员。"

2）服务技巧

做好旅游商品的销售工作，除了旅游商品要满足旅游者的需要、商品包装要精美以外，要真正实现商品从旅游企业转移到旅游者手中，旅游销售人员的服务技巧也起着非常重要的作用。

（1）了解旅游者的真实动机

一般来说，光顾商店的旅游者大致有以下三种类型：一是实现既定购买目的的旅游者。这类旅游者要买什么商品，在进店之前就早有打算。因此，他们显得比较自信，很少问这问那。营业员接待这类游客时，不必过多介绍商品的特点、性能、规格和使用方法，游客要什么就拿什么。二是了解行情的旅游者。这类旅游者进入商店以后，东看看，西瞧瞧，主要是比较一下这里的商品与他们本地的商品在价格、式样等方面有什么差异。如果觉得划算，就可能买。买与不买常常就在一念之间。营业员在接待这类客人时，大有文章可做。首先可用"您先看看"的招呼语言，并视其心理状态伺机向其介绍商品的特点，如介绍的商品被吸引，就进一步了解是给自己买还是替别人买，再进一步了解使用者的年龄、性别、爱好、职业等情况，以负责的态度帮助顾客下决心，促使其产生购买行为。三是浏览商品或看热闹的旅游者。这类旅游者的心理动机大多是为了满足精神需要而来商店逛逛。他们常常是两三个人边走边谈，指指点点，偶尔也向营业员询问某些商品。营业员接待这类旅游者时，不能采取怠慢、应付的态度。因为眼前的游客，也许就是明天的购买者。因此，营业员的接待应给这类旅游者留下良好的第一印象。

（2）柜台接待步骤

根据顾客的心理特点，柜台接待步骤是营业员良好心理素质的体现和销售商品技巧的表现。按照顾客心理状态发生的规律，柜台接待一般可按下列步骤进行：

①关注第一印象

营业员要使顾客从自己身上获得良好的第一印象，就首先要注意自己的言谈举止、表情动作、服务风格等。俗话说："微笑招客，和气生财。"营业员以诚挚、善意的微笑和清晰的语言向顾客打第一个招呼的瞬间，就会给顾客留下良好的印象，为以后营销活动的顺利开展奠定基础。

②伺机接待顾客

营业员与顾客打招呼后，应注意等待抓住与顾客搭话的时机，通常有以下几种：顾客长时间地凝视某一商品的时候；看完商品抬起头的时候；突然止住脚步，盯着看商品的时候；用手触摸商品的时候；像在找什么的时候；双方迎面相视的时候。营业员一旦捕捉到了这样的机会，就不要轻易放过，应主动诱发顾客的购买行为。

③出示商品

当营业员接触顾客后，了解到顾客的购买意向，就应及时出示商品。出示商品可采取下列方法：模拟使用状态给顾客看；应尽量让顾客触摸商品或看清商品；多种类出示商品，让顾客挑选；从低档向高档逐档出示。

④用简明有效的语言介绍商品

营业员在掌握商品知识的基础上，应该将最能激发顾客购买欲望的商品特征用简单、明快、有效的语言表达出来。

⑤增强顾客信任，促进成交

介绍完商品特点后，如果顾客仍犹豫不决，就要抓住时机，采取增进信任的办法，促进成交。促进信任的机会有：顾客关于商品的问题提完的时候；在顾客默默无言独自思考的时候；顾客反复询问某个问题的时候；顾客的谈话涉及商品售后服务的时候。如果抓住了机会，消除他们的最后疑虑，顾客就会产生购买行为。

8.6　旅游者投诉心理

在旅游服务过程中出现偏差是不可避免的，旅游者的投诉是我们搞好旅游工作、弥补工作中的漏洞，提高管理和服务水平的一个重要促进因素。同时，通过解决旅游投诉，消除投诉者的不良情绪，达到为旅游者构造美好经历的目的。

8.6.1　引起投诉的原因

客人的投诉是指客人主观上认为旅游服务工作上的差错损害了他们的利益，因而向有关人员和部门进行反映或要求给予处理。尽管旅游工作者不希望出现这种情况，但投诉是不可避免的。客人的投诉既可能是旅游服务工作中确实出了问题，也可能是由于旅游者的误解。旅游投诉具有两重性：一方面会影响旅游企业的声誉；另一方面，如果从积极方面考虑，投诉也是商机，能使旅游企业从投诉中发现自身的问题。引起客人投诉的原因是多方面的，有主观的原因，也有客观的原因。

1）主观原因

引起投诉的一个主要原因是不尊重客人。客人如果受到服务员的轻慢就会反感、恼火并可能直接导致投诉。如待客不主动、不热情，说话没有修养、粗俗，冲撞客人甚至羞辱客人，无根据乱怀疑客人拿了饭店的物品，在客人休息时大声喧哗，不尊重客人的风俗习惯，未经允许就进入客人房间等，这些都是不尊重客人的表现，都可能引起客人的投诉。

工作不负责任是客人投诉的另一个原因，主要表现为：工作不主动，对客人的要求视而不见；没有完成客人交代的事情；损坏或遗失客人物品；清洁卫生工作马马虎虎；食品用具不干净等。

2）客观原因

客观原因如房间设施损坏后未能及时修理。例如，房间里的空调坏了，太冷或太热或噪音太大；抽水马桶不好使；房间里的灯具出了故障；餐厅椅子摔人；电梯失灵或拒载。

除了以上原因外，还有服务收费不合理，结账时多收了客人的钱，这些都可能导致客人的投诉。

8.6.2 投诉心理

客人在投诉时的心理表现主要有：

1）求尊重的心理

前面谈到，引起客人投诉的一个最重要的原因就是不尊重客人，客人由于受到怠慢就可能引起投诉。投诉的目的就是找回尊严，因为尊重是人们的一种很重要的需要。客人在采取了投诉行动之后，都希望别人认为他的投诉是对的，是有道理的，他们希望得到同情、尊重，并希望有关人员、有关部门重视他们的意见，向他们表示歉意，并立即采取相应的处理措施。

2）求平衡的心理

客人在碰到令他们感到烦恼的事之后，感到心理不平衡，觉得窝火，认为自己受到了不公正的待遇。因此，他们可能会找到有关部门，利用投诉的方式把心里的怨气发泄出来，以求得心理上的平衡。俗话说："水不平则流，人不平则语。"这是正常人寻求心理平衡、保持心理健康的正常方式。而客人之所以投诉，还源于客人对人的主体性和社会角色的认知。旅游者花钱是为了寻求愉快美好的经历，如果他得到的是不公平待遇，是烦恼，这种强烈的反差会促使他选择投诉来找回他作为旅游者的权利。

3）求补偿的心理

在旅游服务过程中，如果由于旅游工作者的职务性行为或旅游企业未能履行合同，给旅游者造成物质上的损失或精神上的伤害，他们就可能利用投诉的方式来要求有关部门给予物质上的补偿。这也是一种正常的、普遍的心理现象。比如，未履行合同就得尽快退钱，损坏了东西就应立刻修理好，弄丢了物品就得进行赔偿。由职务性行为所带来的某些精神伤害，在法律上旅游者也有权利要求物质赔偿。

同步思考 8-2

　　问题：客人对饭店服务不满，要求房价打折，怎么办？

　　理解要点：首先向客人道歉，了解原因，并通知有关部门给予解决。如果是潜在的回头客或是重要客人，应按照权限给予折扣。最后要将客人的意见报知总经理和有关部门。

8.6.3　处理投诉的策略

　　对待客人的投诉要妥善处理，一般可以采取以下策略：

1）耐心倾听，弄清真相

　　客人来投诉时，一般要由主管出面接待，接待时要有礼貌。要耐心地听客人把话说完，客人可能喋喋不休，言辞也可能很激烈，这是正常的，因为他的心里痛苦、愤怒。作为受理投诉的人员，一定要耐心、宽容地倾听客人的诉说，不能轻易打断，也不要急于解释、辩解，更不能反驳；否则，可能会激怒客人。要对客人表示同情、理解，要设法使客人情绪放松，并平静下来。关键还是要设法弄清真相，了解事情发生的原委及客人的要求。

2）区别不同情况，采取恰当方式处理

　　如果弄清客人的投诉是由于工作人员的差错给客人带来的麻烦，就要诚恳地向客人道歉，并以企业代表的身份对客人的投诉表示欢迎。一般出面道歉的人应该是企业的重要领导，以此表示诚意，使客人感到他们的投诉得到了重视，满足其自尊心。

　　如果发现是由于客人的误会而来投诉，首先对客人的投诉也要表示诚恳的欢迎，然后再解释，消除误解。绝不能发现自己没有错误，就趾高气扬地指责客人。

　　如果发现由于工作人员的差错或未履行合同而给客人造成物质损失或严重的精神伤害，首先要道歉，在权限允许范围内，征求客人的意见，并做出补偿性的处理。如果超越了自己的权限，不能马上解决，也要给客人确定一个答复的程序和日期。

　　如果问题比较复杂，一时弄不清真相，不要急于表达处理意见，要先在感情上给客人以同情、慰藉，记录下客人的情况，给客人确定解决问题的程序和日期，而且一定要履行承诺。

▶ 本章概要

　　□ 内容提要

　　本章从旅游服务工作的角度出发，总结出客人的心理需求是：方便、安全、清洁卫生、安静、公平。饭店客人对前厅服务的心理要求是尊重、快速便捷、求知。饭店客人对住宿和餐饮服务的心理需求分别是：整洁、安静、亲切、舒适；清洁卫生、快速、公平、尊重。旅游者的购物动机主要有以下几方面：纪念性动机、馈赠性动机、新奇动机、求利动机、实用动机。旅游者投诉心理表现为求尊重、求平衡、求补偿等。另外，本章探讨了旅游业应怎样为客人提供最佳的服务，使旅游业的服务不断适

应发展变化的旅游者的需求，为旅游业拓展更大的发展空间。

  □ 主要概念和观念
  ▲ 主要概念
方便
  ▲ 主要观念
旅游服务各环节的服务心理
  □ 重点实务
做好旅游服务各环节的服务工作　处理投诉的策略

基本训练

  □ 知识训练
  ▲ 复习题
（1）客人的需求心理表现为哪几方面？
（2）客人对客房服务的心理需求有哪些？
（3）旅游者的购物动机有哪些？
（4）如何对待客人的投诉？
  ▲ 讨论题
你怎样理解就餐者的求快心理？
  □ 能力训练
  ▲ 理解与评价
"对消费者而言，服务产品比实物产品的消费风险大。"这种观点对吗？为什么？
  ▲ 案例分析
【训练项目】
案例分析-Ⅷ。
【相关案例】

酒店服务员的措辞艺术

背景与情境：某知名大学的教授曾经在讲座中分享了自己的这样一段经历：有一次，他与太太到一家高级酒店用餐，最初，服务员的服务非常到位，让教授很满意。但是，当发现教授碗里的米饭快要吃完时，服务员很热情地走上前去，微笑着问教授："先生，请问您还要饭吗？"就这一句话，顿时让教授非常不悦，甚至找来了领班，严肃地指出服务员的措辞不当。

这件事引起了不小的议论，其中不乏有人认为教授纯属吹毛求疵，甚至故意找茬。但教授的理由是：高级酒店与路边摊和大排档是不可能一样的。高级酒店的收费高昂，客人有权利要求更贴心的服务，这其中就包括服务人员的语言、措辞要恰当，而"您要饭吗"这句话，尽管客人非常清楚没有任何恶意，但总归会让客人心里不舒服，所以，客人有权利要求服务员改正，并在以后向其他客人提供服务时更加注意自己的措辞。

问题：
（1）你觉得教授的做法对吗？

（2）从这个案例中，我们能得到什么启示？

【训练要求】

同第1章"基本训练"中本题型的"训练要求"。

▲ 实训操练

【实训项目】

投诉处理策略运用。

【实训要求】

将班级学生分成若干小组，分别就实训项目进行情境设计、角色分工和操作体验，完成各自的实训课业

【实训步骤】

（1）将班级学生分成若干组，每组确定一人负责。

（2）各组学习和讨论重点实务中"处理投诉的策略"教学内容，作为本次实训的知识准备。

（3）各组就实训项目进行"情境设计"和"投诉游客"与"处理投诉的旅游企业服务人员"的角色分工，并做好角色模拟的台词与行为准备。

（4）各组以所述实务教学内容为规范，进入角色，体验本项目模拟实训的全过程。

（5）各组学生交换角色分工，再次体验本项目模拟实训的全过程。

（6）各组学生记录本次模拟实训的主要情节，总结实训操练的成功经验、存在的问题及解决的办法，在此基础上撰写实训课业。

（7）在班级讨论交流、相互点评与修订各组的实训课业。

（8）在校园网的本课程平台上展出经过修订并附有教师点评的各组实训课业，供学生相互借鉴。

【实训课业】

《"投诉处理策略运用"实训报告》。

□ 课程思政

【训练项目】

课程思政–Ⅷ

【相关案例】

服务德为先

背景与情境："十一"旅游黄金周期间，两位外籍专家出现在上海某大酒店的总台前。当总台服务员小刘（新员工）查阅了订房登记簿之后，简单地向客人说："已经预订了708号房间，但你们只能住一天。"客人听了很不高兴地说："怎么会变成一天呢？"小刘机械呆板地用没有丝毫变通的语气说："我们没有错，你们有意见可以向公司方面人员提。"客人此时更加火了："我们要解决住宿问题，我们根本没兴趣也没有必要去追究预订客房差错问题。"正当形成僵局之际，前厅值班经理过来听取客人意见，他先请客人到大堂经理处的椅子上坐下，请客人慢慢地把意见说完。然后他以抱歉的口吻说："你们所提的意见是对的，眼下追究接待单位的责任看来不是主要的。这几天正是旅游旺季，标准间客房连日客满，我想为你们安排一间套房，请你们

明后天继续在我们宾馆做客。房价虽然高一些，但设备条件还是不错的，我们可以给您九折优惠。"客人们觉得值班经理的态度非常诚恳且符合实际，于是欣然同意。

资料来源　佚名. 服务德为先［EB/OL］.［2013-05-17］. http://www.17u.com/news/shownews.

问题：

（1）总台服务员小刘和客人"讲理"的做法恰当吗？

（2）在处理具体服务纠纷的时候，服务人员是应该只"讲理"，即分清责任并由责任方承担后果，还是把客人的需求放在第一位，尽力满足客人的正当需求？

（3）前厅值班经理的做法是超越了职业责任还是在遵循旅游职业道德要求？

（4）如何理解"服务德为先"？

【训练要求】

同第 1 章"基本训练"中本题型的"训练要求"。

第四编　旅游企业员工心理

第9章 旅游服务中的人际沟通

● 学习目标

　　通过本章学习，应当达到以下目标：

　　职业知识：学习和把握人际关系的概念、功能与类型结构，人际吸引的假设及影响因素，人际交往的技巧，人际沟通的意义与原则，影响旅游服务沟通效果的心理因素，旅游服务沟通的方式和载体，旅游服务中的良性沟通与冲突处理，以及"延伸阅读"等"旅游服务中的人际沟通"的理论与实务知识；能用其指导本章"同步思考"和"基本训练"的"知识训练"中各题型的认知活动，正确解答相关问题。

　　职业能力：点评"第一条，顾客永远是对的；第二条，如果顾客错了，请参考第一条"观点，训练专业理解力与评价力；运用"旅游服务中的沟通"知识研究相关案例，训练对其特定情境下当事者行为的"多元表征"专业能力和"与人交流"的通用能力；通过"交流中冲突处理"的实践操练，训练相应专业技能和"团队协作""解决问题"的通用能力。

　　课程思政：结合"旅游服务中的人际沟通"教学内容，依照相关规范或标准，对"课程思政9-1"和章后"课程思政-Ⅸ"中的企业及其从业人员行为进行思政研判，培养高尚的道德情操，树立社会主义核心价值观。

学习微平台

思维导图9-1

引例：飞机上的误会

背景与情境： 小A是一名艺术类专业的大学生，刚刚以优异的成绩考取了一所国内著名大学的硕士研究生。为了庆祝一下这个成就，也为了犒劳自己多年来的辛勤努力，小A决定到云南旅游。登机落座后，小A拿出手机，准备给父母发条微信告诉他们自己已经顺利登机，马上要按照航空规定关闭手机，请他们不要担心。就在这时，他偶然抬头注意到了前面几步外的一名正在为旅客安排座位的空姐，这名空姐的侧脸像极了小A的一个朋友，小A特别惊讶，于是便将手机的相机打开，想把这名空姐的侧影照下来发给自己的那个朋友。就在小A将镜头对准空姐并按下拍摄键的一瞬间，另一名旅客顺着过道走了过来，不小心碰到了小A的胳膊，于是小A的手一抖，只照到了空姐的腿。就在这时，这名空姐也碰巧注意到了小A正在用手机对着自己，于是这名空姐面沉似水地向小A走来，质问小A在做什么。小A很平静地解释道：我觉得你的侧脸特别像我的一个朋友，所以刚才想照下来发给我的朋友看。听到这个解释，空姐要求查看小A的照片，小A认为空姐没有权利查看自己的手机，但为了证明自己的清白，小A犹豫了一下还是点开了自己的手机相册，结果空姐看到的只是一张她腿部的模糊照片。这下子空姐恼羞成怒，认定小A在撒谎，并严厉要求小A删除这张照片。眼看着旁边的旅客朝自己投来了异样的目光，小A也慌了神，不断解释说：这是因为刚才自己的胳膊被碰到了不小心才只照到了你的腿而已，我现在就可以删掉照片，但你的语气和态度好像我是个变态一样。结果，小A的这个解释反倒越描越黑。最后小A也爆发了，对空姐说：你以为我愿意拍你的腿吗？少臭美了！我真是后悔订你们这家公司的航班，遇到你这样不懂得尊重旅客的空姐！最后，在乘务长的协调下，小A删除了照片，但原本充满期待的旅行却变得索然无味，成为小A最糟糕的一次经历。

问题：

（1）案例中的小A和空姐发生冲突的根源在哪里？

（2）如何评价案例中各方的是非曲直？

（3）我们应该怎样在生活中有效避免这种误会和冲突？

9.1　人际关系概述

　　人际关系是人们所拥有的各种社会关系中的一种，是一种心理关系，如学校中的同学关系、工作中的同事和上下级关系、邻里关系以及朋友关系等。人与人之间这种心理上的关系是人们进行社会交往的基础，人际关系对于人们的日常生活、工作、学习和其他各种社会活动都是不可缺少的，而经济关系、政治关系和其他各种社会关系正是透过人们之间的心理关系这一中介因素，才能对每个人发生作用，同时人际关系也反过来对人们的其他关系构成重大影响。旅游行业是通过与人打交道来完成其生产过程的，由于这一特殊性，在旅游企业中人际关系的好坏直接影响其生产和经营。

9.1.1　什么是人际关系

　　人际关系是人与人之间心理上的关系、心理上的距离。这种关系是在人与人之间发生社会性交往和协同活动的条件下产生的。人际关系的形成包含认知、情感和行为三方面的心理因素，其中情感因素起主导作用，制约着人际关系的亲疏、深浅和稳定程度。

人际关系一般可分为积极关系、消极关系、中性关系。不同类型的关系伴随着不同的情感体验。例如，积极的关系会使当事双方在发生交往时产生愉快的体验，而消极关系会带给双方痛苦。

9.1.2　人际关系的功能

人际关系是人际交往的结果。人际交往使人们认识社会，了解自己和他人，并协调相互之间的关系，使人更好地适应环境。人际关系的功能主要表现在以下几个方面：

1）信息沟通功能

在文字发明以前，人与人面对面的直接交往是人类相互交流信息的最主要形式。今天由于大众传播媒介和现代通信技术的迅猛发展，人们交流信息的方式方法和获得信息的途径增加了许多，使得人际关系的信息功能逐渐减弱。但无论社会怎样发展变化，人际关系的信息功能是不会最终消失的。

2）心理保健功能

人际关系对人的心理健康至关重要。著名心理学家马斯洛在其需要层次论中把交往需要列为第三层次。按照他的观点，有顺序地满足人的五种需要是保证一个人心理健康的条件，其中任何一种需要的不满足都会对人的心理健康构成不利影响，越是低级的需要其影响越大。现代社会中人际关系信息沟通功能的弱化使得心理保健功能日益成为人际关系的主要功能。

3）相互作用功能

发生人际交往时，会产生彼此之间的相互影响和相互作用。通常情况下，一方的行为会引起另一方的反应。这种链式关系不是无序的，而是有一定规律性的，它构成了社会环境因素的一部分，对人的行为产生影响。

9.1.3　人际关系的类型结构

人际关系类型有多种划分方法，如按感情关系划分，可分为吸引关系和排斥关系，按双方地位可分为支配关系和平等关系，按存续时间可分为长期关系和临时关系等。人际关系的建立是人们彼此相互作用、相互影响的结果，不以人们主观意志为转移，所以了解人际交往中的相互作用模式以及相关的人际关系类型就显得很有必要了。

1）美国心理学家修兹的研究

（1）三种需求

美国心理学家修兹把人际关系的类型分为三种，即包容的需求、控制的需求、感情的需求。

①包容的需求：希望与别人来往、结交，想跟别人建立并维持和谐关系的欲望。基于这种动机而产生的待人行为有交往、沟通、参与、容纳等，以及与之相反的孤立、退缩、排斥、疏远等。

②控制的需求：在权力上与别人建立并维持良好关系的欲望。其行为表现为运

用权力、权威、控制、支配等。相反的行为有抗拒权威、忽视秩序、受人支配、追随他人等。

③ 感情的需求：在爱情与感情上希望与他人建立并维持良好关系的欲望。其行为表现是喜爱、亲密、同情、热情等；相反，则表现为憎恨、厌恶、冷淡等。

（2）六种倾向

修兹区分了人际关系的需求类别，并在此基础上划分出六种基本人际关系倾向（见表9-1）。

表9-1
基本人际关系倾向

主（被）动性需求类别	主动性	被动性
包容	主动与他人来往	期待他人接纳自己
控制	支配他人	期待他人引导自己
感情	对他人表示亲密	期待他人对自己表示亲密

修兹认为一个包容性动机很强的人，一定是个外向、喜欢与他人交往、积极参加各种社会活动的人。如果他的感情动机也很强的话，则不但喜欢与他人相处，同时也关心他人、喜欢他人。这种人左右逢源，受人爱戴。作为旅游企业服务人员应培养自己的包容需求和感情需求，要喜欢他人、关心他人，喜欢和他人打交道。只有这样，才能心情舒畅，自然而然、水到渠成地做好服务工作。

2）美国心理学家纽卡姆的研究

（1）人际关系的变化性

人际关系除了固定性之外还有变化性、流动性，特别对于旅游工作者来说，了解人际关系的流动性有助于我们全面把握人际关系的内涵。

（2）相关研究及结论

美国心理学家纽卡姆对人际关系的变化性做了一些有价值的研究，他用了15周时间观察一群来自不同地方的人组成的一个团体，研究他们从开始到最后的人际关系结构的发展变化。他得出了以下几个结论：

① 在团体中的人际关系不是始终不变的，而是不断地随着情境的变化而发生变化，从头至尾维持良好关系的人们只是少数。

② 在团体形成初期，富有吸引力的成员并不能一直保持其优势到后期，其吸引力将会逐渐减弱，优势将会被其他人取而代之。

③ 这一群人在集合的初期，建立了不少于4人的小群体，等到大群体稳定后则以3人小群体的结合居多。

④ 随着时间的推延，人与人之间的相互了解加深，人际结构变得越来越复杂。最初的结合群可容纳各种特征的人，结合群内的人们的个性呈多样性，最后的结合群往往排除了多样性而呈单一性。

⑤ 群体内有少数孤立者，他们既不主动参加其他结合群，一些结合群也不主动联系和容纳孤立者。

（3）启示性

此项研究富有启示性。人群中的人际关系是流动的，"明星"和"弃儿"都是少数，随着临时团体建立时间的推延，人际关系结构变得越来越复杂。饭店、旅行社等旅游企业接待的团体客人多数属于这种临时团体类型，参照纽卡姆的研究结果，我们在控制和调节这种临时团体的内部人际关系时就具有了主动性和把握感。

9.2　影响人际关系的因素

人际关系状况对增进个人福祉、搞好本职工作、提高企业的生产效率、实现组织目标都起着很重要的作用。在现实生活和工作中，人们常常苦于知道人际关系的重要性，却对自己为何陷于困境，怎样改善和增进人际关系等方面知识知之甚少。下面我们就影响人际关系的因素加以探讨。

9.2.1　人际吸引的假设

关于人际吸引问题，主要有以下两种理论。

1）互利假设

对于人性有一种理性假设，这种观点认为：正常的人都追求和期望以最小的投入和付出，来换取最大的报偿和收益。这是人的行为原则。从这个观点出发看待人际关系，自然就会得出下面的结论：人们之间良好关系和友谊的建立和维持，要看双方认为这个关系对双方是否有益。如果双方认为友谊关系的存在对彼此是有价值的，就是说利大于弊、好处多于坏处，或者说双方感到为此做出的付出是值得的，那么双方就会得到心理满足，从而建立并维持友谊关系；反之，双方如果感到这种关系的存在对彼此没有益处，则会采取行动终止目前的关系，即使只有其中一方感到当前的关系对自己不利，这种业已存在的关系也无法继续维持下去。这就是互利假设。

2）自尊增高假设

良好的人际关系，或者说友谊关系表现为双方的相互选择，即你喜欢我，我也喜欢你，友谊就是你选择了我，我选择了你。和自己喜欢的人在一起心情愉快，这是人之常情。自尊增高假设认为：友谊关系能提高人的自尊感、自我价值感和自信心。通常情况下，朋友会给你更多的理解、支持、赞许和尊重。和朋友在一起，彼此能有自尊抬升感，相互之间的自尊需要能得到较好满足。这些在一般关系的人那里是很难得到的。人们喜欢那些喜欢自己的人，这是人际交往的规律。同样，对于那些经常和自己过不去的人会越来越不喜欢。在我们的文化中有"诤友"一说，即实言相告，敢于相互揭短的朋友。其实这只不过是一种乌托邦式的设想，生活中很少有这种类型的友谊关系存在，友谊关系不具备此项功能。挑剔他人毛病，指出别人缺点是友谊关系所无法承担的责任。

总之，人们喜欢那些喜欢自己的人，他人对自己的评价影响着自己喜欢那人的程度，而争论、批评、贬低则会驱逐朋友、消灭友谊。所以，在与朋友交往过程中以及家庭生活中，最好不要试图把辩论搬进来，经常发生争论会破坏良好的人际关系。

9.2.2　影响人际吸引的因素

怎样使自己成为人际交往中的宠儿？怎样让别人喜欢自己？哪些因素能促进良好人际关系的建立和维持？心理学在这方面有一些很有价值的研究，下面加以介绍。

1）接近且相悦

时空的接近容易建立良好的人际关系，尤其在交往的初级阶段更是如此。彼此在一起相处的时间久，交往的机会多，会最终建立友谊关系。心理学的一些研究证明，人们居住越接近，成为朋友的概率越大。另外，见面的机会越多，彼此越熟悉，越容易导致相互喜欢。不过这种时空上的接近只是友谊建立的必要条件，而彼此的好感（起码无恶感）才是友谊建立的基础。如果一方对另一方印象恶劣，被厌恶者单方面接近，企图建立友谊的努力，不但很难改变前者的态度，甚至可能招致更加强烈的厌恶。所以，与他人建立友谊要全面理解规律，规律的运用受到原有人际关系状况的限制。一般而言，接近且相悦通常适用于陌生人人际关系的建立。熟人之间人际关系的发展变化很复杂，在此无法一一道清。

陌生人最初的交往必须有外在条件，这就是时空的接近，一般情况下它会发展成相互喜欢，结果导致友谊关系建立，这就是接近且相悦。有道是："有缘千里来相会，无缘对面不相逢。"友谊关系的建立和发展既需要时空的接近，也需要彼此的最初好感，这好感就是缘分。第一印象好就是彼此有缘分，不好就是无缘，就会"对面不相逢"。关于第一印象在前面我们介绍了，在此不加赘述。时空因素在友谊关系建立的初始阶段作用很大，而随着时间的推延，它的影响会逐渐变弱。

同步思考9-1

背景资料： 美国心理学家费斯丁格（Festingger，1950）等人，以麻省理工学院已婚学生眷属宿舍的居民为对象，研究他们之间的邻居友谊与空间远近的关系。该宿舍共 17 栋两层楼房，每层 5 户，共计 170 户。在每学年开始搬入时，彼此各不相识。一段时间后，研究者调查每户举出的新结交的 3 位邻居朋友，结果有以下特点：①近邻；②同楼层的人；③信箱临近的人；④走同一楼梯的人。可见，经常见面是友谊形成的一个重要因素。

资料来源　孙喜林. 现代心理学教程［M］. 2版. 大连：东北财经大学出版社，2000.

问题： 怎样解释经常见面是友谊形成的一个重要因素？

理解要点： 经常见面可以使彼此熟悉，这是友谊形成的必要条件。此外，经常见面会对彼此产生一种压力，促使其必须做出选择：好感、继续交往，还是恶感成陌路。好感会带来正向的心理收益，恶感是种痛苦。

2）类似性因素

在个人特性方面，双方若能意识到彼此的相似性，则容易相互吸引，这种相似性越多、越接近，越能产生好感、相互吸引。正所谓"物以类聚，人以群分""惺惺相惜"。相似性主要表现在社会性和心理特性上，如社会地位、种族职业、籍贯、宗教信仰、学历、年龄、性别、兴趣、爱好、态度、容貌等。心理学研究发现：要求指出个人最好的朋友时，被提到的人与指出者在受教育水平、经济条件、社会价值等方面都很相似。

性别是友谊分野的第一条鸿沟。研究表明在异性之间建立起像大多数同性之间的那种友谊关系是很难、很少见的。友谊关系通常建立在同性之间。

为什么类似性、相似性有助于人际交往？从心理学角度可以做出以下解释：

其一，具有相同兴趣、爱好的人趋于参加类似的社会活动。在其共同参加的社会活动中，他们有更多的交往机会，按照前面我们谈到的"接近且相悦"原则，具有相似性的人在时空上更趋接近，因而也就更容易相互吸引变成朋友。比如，甲和乙都喜欢下围棋，他们可能都参加围棋比赛而获得较多的交往机会，最终成为朋友。

其二，在较多的交往机会中，如果发现彼此的价值观、社会态度相似或一致，双方会产生一种社会增强作用，尤其是在大家对某类问题发生争论时，这种社会增强作用愈发明显。在公共场合发生争论时，有人站出来支持你，与你持有一样或类似的观点，你会有"英雄所见略同"的感觉，自己的自尊心因得到支持而受到保护和抬升，由此会产生对对方的感念之情，友谊因而发展起来就不奇怪了。

其三，在性别、年龄、学历、态度、社会地位等方面相似者，在交往时，彼此间的意见容易沟通，较少因意见传达困难而造成误会和冲突。顺畅无误的沟通是正常交往的前提条件。比如，两个受过高等教育的人在一起交谈会很自如，如果其中一个是文盲，这种交谈就会变得异常困难，也会使继续交往的可能性变得渺茫。

其四，在初次见面的陌生人之间，相似性能在很大程度上消除彼此的陌生感，从而减少紧张不安，使交往成为一件轻松愉快的事。

总之，相似性是影响人际关系的重要因素，有助于人们建立起友谊关系。心理学研究发现：在原本陌生的一群人走到一起的初期，时空接近对人们之间的吸引起决定作用，到后期则发生了变化，彼此间态度和价值观越是相似的人，相互吸引力越大。

3）互补因素

互补是指双方在交往过程中获得互相满足的心理状态，主要指心理特性相反者的互补。

例如，有强烈支配性格的人不容易与同样性格的人相处，但是他可能与具有顺从性格的人和睦相处，甚至建立密切的友谊关系。生活中许多自然形成的非正式的小团体都是由这种支配者和顺从者组成的。正如俗语所说的"一山不容二虎"，通常情况下人格特征突出且相同的人难以共处。比如，脾气急躁的人往往喜欢和性情温和的人相处，二者恰好可以相互容纳、相互调剂补充。有的人富有同情心，有着较强的要关心帮助别人的倾向，这类人如果遇到依赖性强的人，双方会一拍即合，容易建立密切关系，从而使双方的需要都得到满足。此类情况在异性朋友之间尤为明显，所谓"刚柔相济"就是此类互补关系。

4）个人特质

在影响人际吸引的各种因素中，个人特质也是一个重要因素。在日常生活中，我们常见到一群人中，有的人受人欢迎，有许多朋友是"明星"型人物；而有的人则遭人厌恶，没有朋友，是"孤儿"型人物。个人特质在造成这种现象的过程中常常扮演着重要角色。

在影响吸引力的个人特质中，生理特征之一——仪表是其中一种。漂亮、标致的人招人喜欢。这一点在前面关于第一印象的阐述中已经交代。仪表通常在交往的初期阶段影响力较大，随着时间的推移和交往的深入，个人内在作用增大。仪表在异性之间的交往中的重要性要远远大于同性之间。

（1）漂亮的人招人喜欢

为什么漂亮的人招人喜欢呢？伯查德和沃尔斯特提出了一些理由，在此提供给大家以供参考：

① 人们从各方面学到，漂亮的人才值得爱。不论是在电影或者电视中，被爱的总是漂亮的人。因此，美貌就起到爱的反应线索的作用。

② 同漂亮的人在一起，在别人面前显得荣耀和光彩。有时只因为有漂亮的女朋友，其人就受到有好感的判断。

③ 传统观念认为漂亮的人还有其他方面的好属性，如性格开朗、心地善良等。

④ 对漂亮的人看着就舒服，使人沉湎于美的满足之中。

漂亮会带来很多好处，但同样也会带来烦恼。特别有吸引力的人可能会遭受令人不快的性骚扰、同性的嫉妒和排斥。他（她）们可能并不确定别人对自己的反应到底是基于自己的能力、内在品质，还是仅仅基于外表，而美貌总是会消失的。更重要的是，如果仅仅依赖自己的外表，往往难以发展其他方面的能力。这可能也是一种公平吧。

什么样的人漂亮、有吸引力？研究发现，当男性评价女性的时候，一致性非常高，而当男性评价男性的时候这种一致性就降低了。另外，什么样的女性面部特征是漂亮的？结论是完美的平均是非常有吸引力的。研究者对大量的面孔进行数字化处理，并用计算机进行平均。结果，与几乎所有的真实面孔相比，人们认为合成的面孔更具吸引力。近年的研究发现，更有吸引力的是对有吸引力的特征进行适度夸大了的面孔。对于女性而言，最漂亮的人都倾向于高度女性化的，拥有比平均面孔稍小的下巴，更丰满的嘴唇和更大的眼睛。

在挑选伴侣的时候，男性希望女性有适度的外表吸引力，而女性则希望男性拥有地位和财富。当然，同样条件下，男人的强壮、高大和英俊也是有吸引力的。而女性显示出健康和生殖力强也是优势。如人们一般认为腰细臀宽的女性有吸引力，腰比臀窄30%最好。而这个特征是与最高的性生育力相关的体形特征。值得庆幸的是，一个人年轻时的生理魅力并不能一直保持下去，它对成年以后吸引力的预测力非常低。而一个相貌平平，却拥有热情、迷人个性的人，成年后会变成一个非常有魅力的人。

另外，人们不仅认为有吸引力的人是讨人喜欢的，而且会认为讨人喜欢的人是有吸引力的。正应了那句广为人知的话："一个人不是因为美丽而可爱，而是因为可爱而美丽。""情人眼里出西施"是有道理的。

还有一点是重要的，人们喜欢那些喜欢自己（主观判断的）的人。一个人喜欢他人的程度，可以反过来预测对方喜欢他的程度。那么要想被人喜欢，最好的办法就是喜欢别人。要想被爱，就去爱别人吧。

期望效应在恋爱和夫妻的良好关系中占有重要作用。研究者对恋爱中的情侣和已婚的夫妻进行研究表明，那些相互理想化的伴侣过得最开心，他们看待伴侣的态度甚至比伴侣看待自己的态度更加积极。而且，那些对婚姻最满意的夫妇，在遇到问题时并不会马上批评和指责对方，也不会马上追究是谁的错。

同步案例 9-1

开会时，你是如何选择座位的

背景与情境：开会时，你害怕坐老板身旁的座位吗？你是否发现很多同事跟你一样，喜欢坐在离老板比较远的座位？职场上，你选择的座位已经暴露出你是哪一种人，显示你以后的职场位置如何。

①新员工 Sophie 选择了后排的座位。Sophie 特意早早地来到会议室，有意选择了后排的座位。她对座位的选择自有一番考虑：作为一名刚进公司不久的职员，最好保持低调，选择的座位应该避开视线焦点，何况，后排的座位便于"察言观色"。

②高调美女 Jenny 选择第一排靠右的座位。Sophie 扫了一眼会场，跟她一起进公司的美女 Jenny 坐在哪个位置呢？她居然坐在第一排靠右的位子上，那正处于老板的对角线，Sophie 想，她也未免太高调了吧？此时，Jenny 正在一张白纸上写着什么。是开会的发言稿吗？Sophie 很好奇，探出身子去看，原来竟在上面画小人！

③外联部万人迷 Steven 选择第一排正中间座位。不久，外联部的 Steven 带着一贯的英俊和优雅，风度翩翩地进来了，他选择了第一排正中间的座位。Sophie 想，那里正对着老板，可是个"雷区"呀！身旁的老员工 Alice 搭话道："Steven 几乎是我们公司所有女性的梦中情人啊！你知道吗，只要有他在，就一定很热闹、很好玩！"

问题：开会时座位的选择有什么意义？

分析提示：越来越多的人与 Sophie 的想法类似，选择靠后的座位，美其名曰"明哲保身"，实则"胸无大志"。这种位置其实很糟糕。Sophie 自认为这个位置很低调、避开了视线焦点，却没想到前面的同事可能成为自己视线的障碍，从而使自己处于被动地位。老板哪有时间来发掘那些自甘隐蔽的人？别让老板觉得你是个可有可无的"隐形人"。低调并非在任何时候都是明哲保身的法则。

选择第一排靠右的座位的人，一般是属于谨慎中庸型的，落脚在老板的对角线，便于观察"形势"。他们一方面善于处理与上司之间的关系，另一方面自身又有理想、有抱负，希望在职场上更上一层楼。这个位置能清楚地听到上司的发言，便于表达自己的观点意见，还可以引起老板的注意，或许还有利于今后的晋升……不过，像 Jenny 这样，准备一本正规的笔记本才好。

选择第一排中间座位的往往是团队中的润滑剂。这个座位可以很好地实现与其他同事的互动，发言的时候也可以看清每个人的表情，这才是真正纵观全局的位置。

资料来源 佚名. 职场族：老板身旁座位你敢坐 [EB/OL]. [2013-05-17]. http: //health. people.com.cn/GB/14740/106977/10578972.html.

（2）美国心理学家安德森的研究

安德森研究了排列在前 30 位的情况，经过分类得出 5 种令人喜欢的性格类型，它们是：诚实而认真、通情达理又聪明、可信亦可靠、直爽而幽默、亲切而体贴。受人厌恶的性格有：讲假话不可信、庸俗而粗鲁、自私而贪婪、邪恶而残暴、盛气凌人、冷漠无情等。

安德森的研究是以美国大学生为样本的，我们在参考使用时需注意两个问题：

① 文化背景差异。此结果是在美国文化背景下得出的，拿到中国来必须考虑到

文化差异，尽管人类文化的共性是主要的，但差异还是存在的。

② 样本普适性问题。来自大学生的结果能否全部应用于普通成人也有待研究。

总之，安德森的研究成果有很大的参考价值，但使用时要谨慎。

美国心理学家 G.奥尔波特研究了一群陌生人首次集会时的人际吸引力，发现个人的内在特质如幽默、涵养、礼貌等因素是主要的吸引力因素；其次是外表的特点如体形、服装等；再次是个人所表现出来的特殊行为，如新奇的令人喜爱的动作等；最后，地位角色也能引起他人的爱慕与尊敬，从而发生吸引力。

在影响人际吸引的个人性格特征中，既有能够增进人际吸引的特征，也有阻碍人际吸引的特征。前边在介绍安德森的研究成果时涉及了他列举的一些令人厌恶的性格特征，下面我们详细介绍社会心理学家对妨碍人际吸引的个人特征研究的结论。

具有下列性格特征的人缺乏吸引力：

① 不尊重他人，对他人缺乏感情，不关心他人的悲欢情绪，甚至把他人当作使唤工具。

② 有着强烈的自我中心主义，只关心自己的兴趣和利益，忽视他人的处境和利益，这种人只能和他人建立一般的人际关系。

③ 对人不真诚，一切为自己着想，不顾他人利益，这样会破坏人际关系。

④ 过分服从并取悦他人，过分惧怕权威而不关心部下，前者不讨人喜欢，后者则招人厌恶。

⑤ 缺乏独立性，过分依赖甚至丧失自尊心，这样的人让人尊重不起来，唯恐避之不及。

⑥ 嫉妒心强的人不招人喜欢。

⑦ 怀有敌对情绪和猜疑性格的人，情绪偏激的人，往往容易使与他人的关系陷入僵局。

⑧ 过分自卑、缺乏自信的人，对人际关系过于敏感的人，对他人尖刻以及过分自夸的人，都缺乏吸引力。

⑨ 孤独、内向、有自闭倾向的人没有吸引力。

⑩ 有偏见、固执，防卫机制过强，报复性强的人缺乏吸引力。

⑪好高骛远、苛求他人的人不招人喜欢。

了解前面介绍的内容对我们搞好人际关系，处理好与同事以及与客人的关系是非常有价值的，而搞好各方面人际关系则是做好自己本职工作的前提条件。

9.2.3　人际交往的技巧

人际交往大体上可分为语言交往和非语言交往。这两种交往都可以各自发挥达意传情的功能。但语言交往通常以达意的功能为主，即主要传递消息性和评价性信息，行为主体通常是自觉的；而非语言交往一般以传情的功能为主，即主要传递情感性信息，行为主体更多的是不自觉的。掌握了这两种基本的交往技巧，并把这两种技巧结合起来，就能更有效地交流思想，表达情感，拉近人际关系。

1）语言交往技巧

（1）说的技巧

与人说话时表情要自然，语言要和气，表达要得体。成功的交谈，不仅内容需要讲究，而且还要注意形式。交谈方式可以是倾泻式，它以对听者最大的信赖为基础，敞开自己的心灵之窗，将自己的喜、怒、哀、乐统统告诉对方，让其帮助评判和选择。交谈方式也可以是评判式，这需要抓住对方谈话时的间隙，恰如其分地插话，以表明自己的看法或表示自己的关切，这有益于促进思想感情的交流。插话不是粗鲁地打断对方的话，不是妄加评论。交谈方式还可以是启发式，即对于那些拙于辞令的人，要循循善诱，多方面进行启发，让其吐露心声。另外，交谈方式还可以是跳跃式，因为日常交往中的交谈，大部分是聊天性的，没有固定的目的和题目，这就要注意适当转换话题，找出那些大家都感兴趣的话题来谈。

在交谈中，有些话题是要小心避免的：对于不知道的事情，不要充当内行；不要向陌生人夸耀自己的成绩和富有；也不要在公共场合去谈论朋友的失败、缺陷和隐私；不要谈容易引起争执的话题；也不要像"祥林嫂"那样逢人就诉苦和"阿Q式"到处发牢骚。总之，不要说不得体的话。比如，某单位元旦举行聚餐，一位刚参加工作不久的青年职工对一位即将退休的老同志说："老王，来，我敬你一杯。您跟我们不一样，我们今后聚餐的机会很多，您老可是吃一顿少一顿。"老王脸色煞是难看，旁边几位同事示意小伙子住口，可他仍未领悟过来，继续说道："我这是真心实意敬您啊。自我进单位以来，您给了我不少帮助。喝一杯，再不喝恐怕就没有机会了。"此时，老王脸色苍白，起身拂袖而去。

（2）说服的技巧

在学习、生活与工作中，人们不可能具有同样的想法。当我们面对与自己意见相左的人时，一种自然的心理反应就是，试图通过争论说服对方，但这并非一个明智的选择，因为争论往往是无结果的，争论的双方并不会因为争吵而改变自己的想法。如果你想让别人同意、赞同你的看法，说服别人才是最好的办法。它不同于争执、争论、争吵，它不会让双方成为对手，成为敌人，而是为了让他们接受那些对他们有益却因为种种原因还没理解的东西。

说服就是让双方的想法达成一致。说服是让所有人都可以赢，如果不是每个人都赢，就没有人赢。说服能否成功主要是看你的技巧，如果你运用的技巧好、恰当，那么你说服对方的目的也就达到了；反之，你就是失败了。

鲁迅先生说："如果有人提议在房子墙壁上开个窗口，势必会遭到众人的反对，窗口肯定开不成。可是如果提议把房顶扒掉，众人则会相应退让，同意开个窗口。"当提议"把房顶扒掉"时，对方心中的"秤砣"就变小了，对于"墙壁上开个窗口"这个劝说目标，就会顺利答应了。冷热水效应可以用来劝说他人，如果你想让对方接受"一盆温水"，为了不使他拒绝，不妨先让他试试"冷水"的滋味，再将"温水"端上，如此他就会欣然接受了。如某化妆品销售公司的严经理，因工作上的需要，打算让家住市区的推销员小王去近郊区的分公司工作。在找小王谈话时，严经理说："公司研究，决定让你去从事新的重要工作。有两个地方，你任选一个。一个是在远郊区的分公司，一个是在近郊区的分公司。"小王虽然不愿离开已经十分熟悉的市区，但也只好在远郊区和近郊区当中选择一个稍好点的——近郊区。

（3）听的技巧

人们常说："善言，能赢得听众；善听，才会赢得朋友。"善于言辞是一门艺术，

善于聆听更能体现一个人的修养。善于聆听的人不仅能得到朋友的信任，而且较易受到领导的器重。人们在沟通时，总是不由自主地用目光表达各种思想和感情。如果听者很认真地看着说话者，这不仅有利于听者集中注意力，而且也表明听者对所讲内容感兴趣，这会引起对方的谈话兴趣。而凝视或斜视往往会使说话者对听话者产生不良印象。另外，聆听时不要中途打断对方，让对方把话说完，不急于做出评价或判断，而且要学会恰当鼓励。

2）非语言交往技巧

在交往过程中，人们常常通过面部表情、手部动作等身体姿态来传达各种情绪或意图，这就是非语言交往。非语言交往是通过某些媒介而非语言或文字来传递信息的。据有关资料显示，在面对面的交往过程中，来自语言文字的沟通不超过35%，而65%是以非语言方式进行沟通的。

非语言交往的方式主要有以下几种：

（1）表情

在非语言沟通中，表情是最常用的一种非语言符号。表情中眼神和微笑又是最常见的交际符号。

①眼神。"一身精神，具乎两目"，眼睛具有反映深层心理的特殊功能。眼神一向被认为是人类最明确的情感表现和交际信号，在面部表情中占据主导地位。因此，眼神与谈话之间有一种同步效应，它忠实地显露出谈话的真正含义。

与人交谈时，要敢于和善于同别人进行目光接触，这既是一种礼貌，又能帮助维持一种联系，使谈话在频频的目光交接中持续不断。更重要的是眼睛能帮你办事。研究表明，人们交谈时目光接触对方脸部的时间宜占全部谈话时间的30%~60%。超过这一限度，可认为对对方本人比对谈话内容更感兴趣；低于这一限度，则表示对谈话内容和对方都不怎么感兴趣。因此，注视的时候要掌握好时间的长短。对于不太熟悉的人，注视时间要短；对于谈得来的人，可适当延长注视时间。交谈中，目光应投放在额头至两眼之间。

②微笑。笑容是一种令人感觉愉快的面部表情，它可以缩短人与人之间的心理距离，为深入沟通与交往创造温馨和谐的氛围。因此，有人把笑容比作人际交往的润滑剂。在笑容中，微笑最自然大方，最真诚友善。世界各民族普遍认同微笑是基本笑容或常规表情。

（2）身体态势

身体态势也是非语言沟通中的一种重要手段，主要包括手势、谈话姿势、站姿、坐姿等。

①手势是人们交往时不可缺少的动作，是最有表现力的一种"体态语言"。俗话说："心有所思，手有所指。"手的魅力并不亚于眼睛，甚至可以说手就是人的第二双眼睛。手势表现的含义非常丰富，表达的感情也非常微妙复杂。手势的含义，或是发出信息，或是表示喜恶。能够恰当地运用手势表情达意，会为交际形象增辉。使用手势应该注意：

一是在交往中，手势不宜过多，动作不宜过大，切忌"指手画脚"和"手舞足蹈"。

二是在任何情况下都不要用大拇指指自己的鼻尖和用手指指点他人。谈到自己时应用手掌轻按自己的左胸，那样会显得端庄、大方、可信。用手指指点他人的手势是不礼貌的。

三是有些手势在使用时应注意区域和各国不同习惯，不可以乱用。因为各地习俗迥异，相同的手势表达的意思不仅有所不同，而且有的大相径庭。如在某些国家认为竖起大拇指、其余四指蜷曲表示称赞夸奖，但在澳大利亚则认为竖起大拇指，尤其是横向伸出大拇指是一种侮辱。

② 谈话姿势。谈话的姿势往往反映出一个人的性格、修养和文明素质。所以，交谈时首先双方要互相正视、互相倾听，不能东张西望、看书看报、面带倦容、哈欠连天；否则，会给人心不在焉、傲慢无礼的印象。

③ 站姿。站立是人最基本的姿势，是一种静态的美。站立时，身体应与地面垂直，重心放在两个前脚掌上，挺胸、收腹、抬头、双肩放松。双臂自然下垂或在体前交叉，眼睛平视，面带笑容。站立时不要歪脖、斜腰、屈腿等，在一些正式场合不宜将手插在裤袋里或交叉在胸前，更不要下意识地做些小动作，那样不但显得拘谨，给人缺乏自信之感，而且也有失仪态的庄重。

坐也是一种静态造型。端庄优美的坐，会给人以文雅、稳重、自然大方的美感。正确的坐姿应该：腰背挺直，肩放松。女性应两膝并拢；男性膝部可分开一些，但不要过大，一般不超过肩宽。双手自然放在膝盖上或椅子扶手上。在正式场合，入座时要轻柔和缓，起座要端庄稳重，不可猛起猛坐，弄得桌椅乱响，造成尴尬气氛。不论何种坐姿，上身都要保持端正，如古人所言的"坐如钟"。

（3）空间距离

空间距离是指人与人之间交际时的空间间距。人与人之间存在着一条看不见但实际存在的界限，这就是个人领域的意识。每个人都需要有属于自己的一定空间，并维护它，使之不受侵犯。在个体空间内，人会产生安全感、舒适感和自由感。当然，个体空间具有伸缩性，不同的人需要的个体空间的范围也不同，这与人们的心理、文化、地位以及人与人之间的关系等因素有关。

一位心理学家做过这样一个实验：在一个刚刚开门的大阅览室里，当里面只有一位读者时，心理学家就进去拿椅子坐在他或她的旁边。试验进行了整整80人次。结果证明，在一个只有两位读者的空旷的阅览室里，没有一个被试者能够忍受一个陌生人紧挨自己坐下。在心理学家坐在他们身边后，被试验者不知道这是在做实验，更多的人很快就默默地远离到别处坐下，有人则干脆明确抗议："你想干什么？"这个实验说明了人与人之间需要保持一定的空间距离。任何一个人都需要在自己的周围有一个自己把握的自我空间，它就像一个无形的确试者能够忍受一个陌生人紧挨自己坐下。在心理学家坐在他们身边后，被试验者不知道这不同的安全，甚至恼怒。

就一般而言，交往双方的人际关系以及所处情境决定着相互间自我空间的范围。美国人类学家爱德华·霍尔博士划分了四种区域或距离，各种距离都与对方的关系相称。

① 亲密距离。这是人际交往中的最小间隔或几无间隔，即我们常说的"亲密无间"，其近范围在6英寸（约15厘米）之内，彼此间可能肌肤相触，耳鬓厮磨，以至

于相互能感受到对方的体温、气味和气息。其远范围是6~18英寸（15~44厘米），身体上的接触可能表现为挽臂执手，或促膝谈心，仍体现出亲密友好的人际关系。

就交往情境而言，亲密距离属于私下情境，只限于在情感上联系高度密切的人之间使用。在社交场合、大庭广众之前，两个人（尤其是异性）如此贴近，就不太雅观。在同性别的人之间，往往只限于贴心朋友，彼此十分熟识而随和，可以不拘小节，无话不谈。在异性之间，只限于夫妻和恋人之间。因此，在人际交往中，一个不属于这个亲密距离圈子内的人随意闯入这一空间，不管他的用心如何，都是不礼貌的，会引起对方的反感，也会自讨没趣。

②个人距离。这是人际间隔上稍有分寸感的距离，已较少有直接的身体接触。个人距离的近范围为1.5~2.5英尺（46~76厘米），正好能相互亲切握手，友好交谈。这是与熟人交往的空间。陌生人进入这个距离会构成对别人的侵犯。个人距离的远范围是2.5~4英尺（76~122厘米）。任何朋友和熟人都可以自由地进入这个空间，不过，在通常情况下，较为融洽的熟人之间交往时保持的距离更靠近远范围的近距离（2.5英尺）一端，而陌生人之间谈话则更靠近远范围的远距离（4英尺）一端。

人际交往中，亲密距离与个人距离通常都是在非正式社交情境中使用，在正式社交场合则使用社交距离。

③社交距离。这已超出了亲密或熟人的人际关系，而是体现出一种社交性或礼节上的较正式关系。其近范围为4~7英尺（1.2~2.1米），一般在工作环境和社交聚会上，人们都保持这种程度的距离。

社交距离的远范围为7~12英尺（2.1~3.7米），表现为一种更加正式的交往关系。公司的经理们常用一个大而宽阔的办公桌，并将来访者的座位放在离桌子一段距离的地方，这样与来访者谈话时就能保持一定的距离。如企业或国家领导人之间的谈判，工作招聘时的面谈，教授和大学生的论文答辩等等，往往都要隔一张桌子或保持一定距离，这样就增加了一种庄重的气氛。

在社交距离范围内，已经没有直接的身体接触，说话时，也要适当提高声音，需要更充分的目光接触。如果谈话者得不到对方目光的支持，他（或她）会有强烈的被忽视、被拒绝的感受。这时，相互间的目光接触已是交谈中不可缺少的感情交流形式了。

④公众距离。这是公开演说时演说者与听众所保持的距离。其近范围为12~25英尺（约3.7~7.6米），远范围在25英尺之外。这是一个几乎能容纳一切人的"门户开放"的空间，人们完全可以对处于空间的其他人"视而不见"，不予交往，因为相互之间未必发生一定联系。因此，这个空间的交往，大多是当众演讲之类，当演讲者试图与一个特定的听众谈话时，他必须走下讲台，使两个人的距离缩短为个人距离或社交距离，才能够实现有效沟通。

显然，相互交往时空间距离的远近，是交往双方之间是否亲近、是否喜欢、是否友好的重要标志。因此，人们在交往时，选择正确的距离是至关重要的。人际交往的空间距离不是固定不变的，它具有一定的伸缩性，这依赖于具体情境、交谈双方的关系、社会地位、文化背景、性格特征、心境等。

了解交往中人们所需的自我空间及适当的交往距离，就能有意识地选择与人交往的最佳距离，而且，通过空间距离的信息，还可以很好地了解一个人实际的社会地位、性格以及人们之间的相互关系，更好地进行人际交往。

（4）服饰

服饰反映了一个人文化素质之高低、审美情趣之雅俗。具体说来，它既要自然得体、协调大方，又要遵守某种约定俗成的规范或原则。服装不但要与自己的具体条件相适应，还必须时刻注意客观环境、场合对人的着装要求，即着装打扮要优先考虑时间、地点和目的三大要素，并努力在穿着打扮的各方面与时间、地点、目的保持协调一致。

①男士着装。在交际活动中，穿出整体性、个性、具和谐感是男士着装的基本原则，合乎场合的穿着，是社交礼仪的重要体现。

整体性原则最重要的一点是整洁的着装，整洁的衣着可表现出积极向上的精神状态。衣着整洁，除了体现对相互交往的重视程度，还显示出交往的文明与修养的水平。

个性原则指根据不同年龄、身份、地位、职业与社会生活环境，来确定服装款式、面料、色彩与装饰物，只有个性化的服装，才能与个性和谐一致，在交际活动中充分展示个人的礼仪风范。着装也是民族和文化的个性反映。

在国际交流中，着装的和谐性是最高原则。着装要与生活环境和谐。在特定的礼节性场合，如正规的会议、礼宾活动、谈判、典礼等，应穿礼服或深色西装。在正式场合穿西装时必须打领带，但外出旅游时不打领带更自然。此外，着装还要与形体和谐，与装饰和谐。

西装是一种国际性服装。一套合体的西装，可以使穿着者显得潇洒、精神、风度翩翩。穿着西装时应注意：面料要根据季节和场合来选择；在正式场合穿西装，最好精心选择衬衫和领带；西装袖子的长度以到手腕为宜，西装衬衫的袖长应比西装袖子长出1~2厘米；袜子一般应穿与裤子、鞋子同类颜色或较深颜色的；穿西装一定要穿皮鞋，一般是黑色或棕色皮鞋，皮鞋要上油擦亮；西装在穿着时可以敞开，也可以扣上第一粒纽扣（亦称"风度扣"），但不能两粒纽扣全扣上，西装的袖口和裤边都不能卷起；西装的衣袋和裤袋里，不宜放太多的东西，显得鼓鼓囊囊，也不宜把两手随意插入衣袋和裤袋里；穿西装不扎领带的时候，衬衫的第一粒纽扣不要扣上。

②女士着装。相对于偏于稳重单调的男士着装，女士们的着装亮丽丰富得多。得体的穿着，不仅可以显得更加美丽，还可以体现出一个现代文明人良好的修养和独到的品位。

首先，女士衣着要与场合协调。与顾客会谈、参加正式会议等，衣着应庄重考究；听音乐会或看芭蕾舞，则应按惯例着正装；出席正式宴会时，则应穿中国的传统旗袍或西方的长裙晚礼服；而在朋友聚会、郊游等场合，着装应轻便舒适。试想一下，如果大家都穿便装，你却穿礼服就有欠轻松；同样，如果以便装出席正式宴会，不但是对宴会主人的不尊重，也会令自己颇觉尴尬。

其次，女士衣着要整洁平整。服装并非一定要高档华贵，但须保持清洁，并熨烫平整，穿起来就能大方得体，显得精神焕发。整洁并不完全为了自己，更是出于尊重他人的需要，这是良好仪态的第一要务。

最后，配套要齐全。除了主体衣服之外，鞋袜手套等的搭配也要多加考究。如袜子以透明近似肤色或与服装颜色协调为好，带有大花纹的袜子不能登大雅之堂。正式、庄重的场合不宜穿凉鞋或靴子，黑色皮鞋是适用最广的，可以和任何服装相配。

9.3　沟通

只要是在社会中生活的人，就必定要跟其他人打交道。爱人、孩子、上司、同事、下属……我们每天都要与这些人相处，交流信息，联络感情。为了达到这些目的，沟通就显得极其重要。所谓人际沟通，就是通过某些方式和载体，使人与人之间达到信息交换，增进彼此理解，强化感情的目的。

9.3.1　人际沟通的重要意义

人际沟通的首要意义显然在于它能够保证我们的生理需求。人除了有自然属性之外，还具有社会属性，而社会属性又是人的本质属性。所以，每个人都有与其他人进行交流，建立人际关系的基本需求。在其中，语言扮演了极其重要的角色。如果我们每天生活在没有语言的世界里会变成什么样？稍微想想就会意识到，这会使我们寸步难行。当前，儿童自闭症越来越引起人们的重视，而所谓自闭症，一般就是指言语发育障碍、人际交往障碍、兴趣狭窄等症状。除了少部分自闭症儿童在某方面有着较好的甚至超常的能力之外，大多数自闭症患者都伴随有精神发育迟滞。所以，交流和沟通是人的基本生理需要，也是正常的人所具备的基本特征。

人际沟通的第二重意义在于它是我们正确认识自己的唯一方法。如果我们不与其他人沟通，我们将永远都不知道自己是谁。试想一下，我们现在对自己一切认识，给自己下的一切定义，都来源于什么？其实都来源于我们从小到大跟其他人进行的比较。只有在跟其他人进行比较的过程中，我们才能够知道自己是谁，自己有什么特点。比如，有一个男生，他的学习成绩很好，长的也很帅，非常受同学和老师的喜欢。而所有他的这些特点，都必须，也只能通过跟其他人的比较才能体现出来——如果这世上没有女生，他怎么会知道自己是一个男生呢？如果这世上没有学习成绩不好的人，他怎么会知道自己学习成绩好呢？如果这世上没有长得不好看的人，他怎么会知道自己长得帅呢？等等。所以，如果我们想对自己有一个清晰的、准确的认识，就离不开与其他人随时随地的沟通和交流。

人际沟通的第三重意义在于它能够满足我们的社交需求。在本书前几章中，我们介绍了马斯洛著名的需要层级理论。在这个理论中，人的高级需要，比如归属、爱、尊重等等，都离不开与人的沟通和交流。在与他人的沟通和交流中，我们可以获得感情、友谊，这些都能让我们自身感到愉悦。心理学中大量的证据都表明，人际沟通的质量同快乐感和幸福感有着极高的相关性，例如，最快乐的人拥有的社交生活也最为丰富，已婚人士也普遍比单身人士能够体验到更多的幸福感。除此之外，更有研究表明，恋人和夫妻是否具有较好的沟通技巧，对他们的幸福感有着直接的影响。这些都证明，人际沟通有助于满足我们的社交需求。

同步思考9-2

背景资料：在电影《侏罗纪世界》中，科学家通过基因技术制造出了一头同时拥有霸王龙和迅猛龙基因的新型恐龙：暴虐霸王龙，并在这头恐龙很小的时候就将它放入围场饲养。随着这头恐龙体型越来越大，智力越来越高，它的攻击性也逐渐暴露出来。侏罗纪世界的老板为了防止意外发生，便让公园负责人克莱尔请来了有多年驯养迅猛龙经验的欧文，想让他对暴虐霸王龙的圈养出主意。欧文来到围场观察了一会以后便问克莱尔，暴虐霸王龙是不是从来没有出过围场，也从未与其他任何恐龙接触过，克莱尔回答说是的。于是欧文说，被隔离圈养的动物在成长的过程中都会出现各种机能障碍。克莱尔不以为然，因为欧文驯养的迅猛龙也是被隔离圈养的，却没有出现什么问题，所以她认为欧文是在小题大做。欧文解释说，被圈养的迅猛龙一共有四头，它们可以在彼此打闹嬉戏的过程中学习社交知识，而暴虐霸王龙却并不具备这个条件。后来的事实证明了欧文的担忧，暴虐霸王龙巧妙地骗开围场大门后便开始了血腥的杀戮，造成了园区的巨大破坏和人员的大量伤亡。侏罗纪世界的老板担心财产损失，不同意实弹击杀这头已经暴走的恐龙。欧文对老板说：这头恐龙从未走出过围场，它甚至都不知道自己是谁，现在它在园区内的大开杀戒并不是在给自己刷存在感，而是在学习自己到底属于食物链的哪个层级，任何人都不会希望它真的搞明白这一点。

问题：在《侏罗纪世界》中，暴虐霸王龙的血腥惨案可以给我们人类带来哪些启示？

理解要点：沟通，是人类的基本需要。与其他人沟通的过程，就是进行社会比较的过程，而只有在这一过程中，个体才能够形成对自己清晰的认识，尤其是对自己社会属性的认识。如果缺少了与其他人的沟通，自己就将产生迷失感，一切社会属性也都将变得毫无意义。

9.3.2 人际沟通的原则

1）沟通可以是有目的或无目的的行为

人与人之间有目的的信息交流算是沟通，这一点是毫无疑问的。但是，人与人之间无目的的信息交流是否算作沟通，这一点尚存争议。我们认为，从广义上说，无目的的信息交流应该也算沟通的一种，只不过形式较为特殊。例如，妻子跟婆婆出现了矛盾，在沙发上气呼呼地坐着，这个时候，妻子表现出的情绪状态不一定是有意识有目的的，但这种表现却完全有可能让有心的丈夫做出这样的解读：老婆很生气，我得赶紧过去哄哄她。在这个情境中，妻子的无目的的行为表现，却向丈夫传递了某种信息，这种信息又引发了丈夫的有目的行为。因此，这种信息交流应该也算是一种沟通。

2）人不可能不沟通

只要我们跟他人相处，就一定会通过各种各样的方式源源不断地向他人传递信息，同样，他人也会以各种各样的方式向我们传递信息，只不过，其中有些信息是明确的，例如领导指导下属的工作、孩子跟爸爸张口要玩具等；而有些信息则是不明确的，例如在聚会时有人不说话而只自顾自地低头看手机、谈话时他人的一声冷笑等。因此从这个意义上说，沟通几乎无时无刻不发生在我们身上。只不过，作为信息接收者，有可能会对信息发出者的意图做出或正确或错误的解读。而当信息的接收者对信息进行错误解读时，人与人之间的误会和冲突就随之出现了。

3）沟通是不可逆的

无论是我们对别人说的话，还是我们的表情、动作，传递给他人的信息都具有不可逆性。也就是说，一旦我们向他人传递出某种信息，这种信息就无法收回，不可更改了。俗话说，说出去的话就像泼出去的水，就是这个意思。当然，我们可以在事后对自己先前传递出的信息进行解释，但这种解释并不是总能奏效，你解释得再多再好，也无法消除先前信息带给他人的心理影响。

4）沟通同时具有"内容"和"关系"两个向度

所有的信息交流都发生在两个层面上。"内容向度"是指双方明确讨论的信息，例如"我不喜欢你的做法""请关闭您的手机"等。除此之外，信息还具有"关系向度"，用来表达你对对方的感受。例如你是否喜欢对方、你对所在的公司是否满意等等。了解沟通中的这两种信息发生的向度非常重要，因为这会让我们清楚地意识到，用不同的方式表达出同样的交流内容，往往会传达出完全不同的信息。

同步思考9-3

背景资料：在几乎人手一部手机的网络时代，短信和微信已经成为人们日常交流的主要方式。而在用文字交流的过程中，由于各种各样的原因，一些特定的语言慢慢被赋予特殊的意义，因此大家在使用它们时更加谨慎。比如，"呵呵"这个词目前就被很多人尤其是年轻人认为不适合出现在文字聊天的场景中。尽管它原本仅仅是一个普通的语气词，但当出现在聊天情境中时，却很可能会被认为是在敷衍甚至嘲笑，从而引起误会。

问题：人们对"呵呵"的态度，反映出人际沟通中的哪个原则？

理解要点：任何沟通都同时具有"内容"和"关系"两个向度。同样的沟通内容，如果用在不同关系的人身上，可能就会产生完全不同的沟通效果。因此，我们在与其他人的沟通过程中，必须要根据不同的对象，灵活采用不同的沟通方式和内容，以免产生误会。

同步链接9-1

二十大报告
摘录之九

9.4　影响旅游服务沟通效果的心理因素

9.4.1　知觉

任何沟通都首先有赖于我们对沟通信息的知觉。我们的知觉特点如何，往往将直接决定我们能够从复杂的世界中选择哪些信息，并将信息做什么样的解读，从而导致我们做出不同的回应。在对沟通信息进行知觉的过程中，生理因素、已有经验，甚至文化特征都能够影响我们的知觉效果。

1）生理因素

由于生理机能存在个体差异，所以对同一种刺激，人与人之间的感受就有可能存在极大的区别。很多人在住集体宿舍时应该都有这样的经历：宿舍的一个舍友晚上睡觉打鼾，有些人会被这种声音干扰得心神不宁、无法入睡，有些人则不为所动，丝毫不影响其睡眠质量。很显然，这种生理层面上的个体差异，就会导致完全不一样的知觉结果：有些人会认为打鼾者"太不讲究"，而有些人则会认为打鼾者没有任何问题。

2）已有经验

我们过去的经验对知觉的影响作用巨大，所谓"一朝被蛇咬，十年怕井绳"，就是这一原理非常通俗的体现。比如，有些人在谈恋爱时被恋人劈腿受到很大伤害后，在下次恋爱时就更可能会对恋人与其他异性相处的表现非常敏感。再比如，有些人从小就受到父母严格的管教，那么他长大后就更可能会对自己孩子的言行举止更为在意；反之，有些人从小就处于父母"放养"的状态中，那么他长大后就可能对自己孩子的行为表现抱有更为宽容的态度。

3）文化特征

我们每个人都身处在特定的文化之中。由于非常特殊的原因，世界各地的文化有着很大的差异，甚至有时候截然相反。于是这就导致不同文化背景之下的个体对同一问题的知觉和看法很可能会产生极大的分歧。例如，当中国人夸奖一个人时，喜欢竖起大拇指，这个动作约定俗成地被认为是对对方的一种赞扬。可是在伊朗，对别人竖起大拇指却几乎跟竖中指是同一个意思。所以，世界各地文化大有不同，很难分清是非对错，我们只能尊重这种固有的差异，并尽量在不违背对方文化规范的前提下进行平等友好的交流。

9.4.2　情绪

情绪在沟通中有着极大的作用。事实上，我们的很多沟通信息都不是通过语言表达出来的，而是通过情绪表达出来的。作为沟通者的情绪状态如何，不仅能决定他向别人传递何种信息，也能决定他能将别人表达出的信息解读成什么样。当我们说出同样一句话时，如果夹带的情绪状态不同，给他人带来的感受也就大有不同，从而会直接导致完全不一样的沟通效果。

能够影响情绪的因素有很多，性别、文化等是其中最重要的几个。

1）性别

有人认为"男人来自火星，女人来自金星"，这种观点失之偏颇。从总体上来说，男性和女性的相同点其实远大于不同点。然而从另一方面看，男性和女性的确在很多方面存在显著的差异。在情绪表达上，性别之间的差异也不小。从总体上说，男性相对于女性更不善于表达自己的情绪，这一特点具有跨文化的一致性。此外心理学家还发现，一般来说，无论是积极情绪还是消极情绪，女性的情绪反应都要比男性更加强烈。这可能是因为在多数社会习俗中，男性约定俗成地要保持冷静和克制，而女性则要表现出丰富的感情。

2）文化

不同的文化背景对个体情绪特征的认可程度有很大不同。例如，东方人普遍比较认可"低强度的正面情绪"，因此这使得东方人在表达自我情绪时通常相对比较内敛；而西方人则普遍认可"高强度的正面情绪"，因此这使得西方人在表达自我情绪时相对更加剧烈。此外，集体主义文化之下的个体更可能隐藏自己的负面情绪，而个人主义文化之下的个体则更可能力图表达自己的负面情绪。

9.4.3 人格

个体的人格对沟通效果的影响非常重要，这一点已经得到了大量心理学研究的证实。例如，神经质的人比性格稳定的人更容易表达出负面的情绪；外向的人比内向的人更容易表达出正面的、积极的情绪。除此之外，我们的自尊、自控等等都会对沟通效果产生显著的作用。

1）自尊

在学术上，所谓自尊就是指你对自我价值的评估。通常情况下，我们可以将自尊粗略地理解为你喜欢自己的程度：越喜欢自己，自尊水平就越高；越不喜欢自己，自尊水平就越低。研究发现，拥有高自尊的人，倾向于认为别人是好的，期望被他们接受；而那些拥有低自尊的人很可能认为别人也不喜欢他们。这一差异对沟通效果的影响是显而易见的。高自尊的人即使遇到了沟通中的挫折和瓶颈，也更可能会乐观看待这一问题，并积极寻找突破方法；低自尊的人如果遇到了沟通中的挫折和瓶颈，则更可能会消极逃避，自暴自弃。

2）自控

在心理学中，自我控制指个体自主调节行为，并使其与个人价值和社会期望相匹配的能力，它可以引发或制止特定的行为，如抑制冲动行为、抵制诱惑、延迟满足、制定和完成行为计划、采取适应社会情境的行为方式。很显然，自控能力在沟通过程中，尤其是在遇到沟通障碍的时候所能起到的作用是巨大的。我们每个人都无法保证自己能够永远进行畅通无阻的沟通，很多时候，我们在沟通遇到障碍时会不得不选择暂时的隐忍，在这种情况下就需要自控能力了。控制不住自己的愤怒和冲动的人，就有可能会在沟通中吃大亏。

同步案例9-2

"Can I go somewhere?"引起的误会

背景与情境： 一名中国女孩为了锻炼自己的英语口语，主动申请带领一支外国旅行团游览八达岭长城。在长城上，外国友人玩得都非常开心，很多人都跟这个女孩亲切地交谈。就在这时，有一名游客走到她身边，压低声音问："Hi, can I go somewhere?"这句话如果直译过来就是"我能去某些地方吗？"但在这个特定的情境下，这句话其实是"我想知道厕所在哪里"的委婉表达。但遗憾的是，这个女孩并没有体会到这层含义，她很纳闷：长城上没有不能去的地方啊！为什么这老外问了这么个问题呢？于是，她没有做太多的思考就微笑着回答道："Yes, you can go anywhere！"这名外国游客听完后就蒙了，以为长城上可以随地大小便。

问题： 这个女孩对外国友人的误会带给我们什么启示？

分析提示： 任何沟通都不能忽略情境性。同样一句话、同样一个手势、同样一个表情，在不同的情境中，不同的文化背景下所代表的意思可能完全不同，甚至截然相反。因此，作为旅游业的从业者，尤其是跨国旅游的从业者，必须要精熟文化差异，否则就容易引起误会，甚至冲突。例如，在中国，向别人竖起大拇指通常是夸赞别人的意思，但是在伊朗，向别人竖起大拇指却代表着明显的侮辱性。诸如此类的问题，旅游业从业者必须有所了解。

9.5　旅游服务沟通的方式和载体

在沟通中，一般认为有两种方式和载体：语言信息和非语言信息。语言就是指我们平时所说的话，它是一种符号化的信息，其存在可以使我们自由沟通关于观念、原因、过去、未来等各种事物。如果没有了符号性的语言，这一切都将成为不可能。非语言信息则泛指除了明确的语言之外的一切能传递出沟通者想表达意义的信息，常见的非语言信息包括表情、动作等等。在沟通中，语言信息和非语言信息通常密切配合，使得我们的沟通层次更加立体而丰富。这同时也意味着，在沟通中，同时对语言信息和非语言信息的准确把握对我们的沟通效果具有非凡的意义。

9.5.1　语言

在西方传说中，古时全世界的人们都使用着同样的语言，他们彼此的交流没有任何障碍。有一天他们决定要建造一座塔，直通天上。耶和华知道这件事以后很担心，认为人们如果继续这样无障碍地交流，就能做成任何事，于是他想办法把人们分散在世界的各个地方，使他们的口音变乱，语言不通，于是这座塔就无法建造了。

这就是西方著名的"巴别塔"故事。这个故事告诉我们，语言到底有多么的重要。事实上，即便现在世界上的人们说着上百种语言，但我们依然无法否认语言的威力，它赋予了我们人类与其他动物完全不一样的沟通方式。从某种意义上说，人类的智慧促成了语言的出现和发展，同时，语言的使用也使得人类变得更加智慧。但是另一方面，语言终究是我们主观上用来描绘世界的产物，所以无论它看起来怎么精确，都不可避免地存在着某种模糊性，这导致我们在运用语言进行沟通时可能会出现各种问题，但同时也为我们进行巧妙的沟通提供了机会。

在使用语言进行沟通和交流时，我们首先需要牢记的一件事就是：我们的语言想表达的意思，与对方所理解的意思很可能并不一样。例如，很多人应该都有这样的经历：你到理发店去理发，跟理发师说，稍微剪一剪就可以，理发师一口答应。结果他大功告成后你才发现，自己的头发被他剪得几乎都快秃了。这就是你的表达和对方的理解并不一致的典型例子。当然，正确诠释话语的责任很大程度上在接收者这一方，但语言的发出者同样有责任有义务敏锐地觉察到自己所说的话是否存在歧义，从而在说话过程中尽量避免这种情况发生，达到语言的精确表述。一般来说，把语言变得更加精确的方式之一是用数字代替文字性的描述。例如，中国的烹饪书上经常出现的文字是"食盐少许""味精适量"，这种表述就很模糊。如果能运用数字进行描述，例如"食盐3克""味精1克"，就不容易引起歧义，但这样说话就会给人感觉有点刻板。

在旅游服务中，语言的恰当运用自然同样重要。作为旅游行业的从业人员，始终需要牢记的一点就是，自己的"良言"在某些特殊的情况下会被理解为"恶语"，导致好心办了坏事。中国人民大学的金正昆教授有一次提到他曾经遇到的尴尬一幕：有一天，他跟爱人在一家比较上档次的饭店里用餐，旁边的服务员一直殷勤服务，他和爱人都非常满意。就在这时，他碗中的饭快吃完了，服务员很有眼力，热情地走了过来，关切地询问了一句：您还要饭吗？金正昆听到服务员的这句话后哭笑不得。原本，服务员可以问"您还添饭吗"之类的，可是"您还要饭吗"这个表述在当时情境下显然并不得体。这都是旅游服务的从业人员应该在日常的工作中需要注意的问题。

同步案例9-3

语言的模糊性：笑话中的启示

背景与情境：一个很小气的财主想聘请一位教书先生，但他又不想给教书先生提供太好的伙食。一天，一位聪明的先生去应聘，对他说自己对伙食的要求不高，并立下了这样的字据：无鸡鸭亦可无鱼肉亦可青菜一碟足矣。财主一看这字据，认为这个先生不要肉菜只要一碟青菜，很划算，于是就聘了他。结果吃饭的时候，先生拿出了字据，只加了几个标点，于是字据就变成：无鸡，鸭亦可；无鱼，肉亦可；青菜一碟，足矣。于是财主傻了眼。

问题：这则笑话带给我们什么启示？

分析提示：语言，看起来能够很精确地描述和表达我们所能感知到的很多事物，但实际上，语言的模糊性远超我们的想象，因此，才产生了"表达歧义"这种问题。那么，如何能够及时准确地觉察沟通中的歧义呢？只能通过大量的知识学习和实践经验才能实现。作为旅游业的从业者，尤其是旅游业的服务人员，在与游客、同行进行沟通时，必须要时刻留意是否可能存在歧义，并及时进行澄清，以免付出不必要的沟通成本。

9.5.2　非语言信息

一般来说，非言语信息就是指通过与语言无关的途径所呈现的信息，包括姿势、动作、表情、外貌、接触、距离等。在日常的交流中，这种除了语言之外的非言语信息对我们的沟通同样会起到重要的作用，甚至有大量研究表明，非言语信息在传达我们的意图时，比言语信息重要得多。拥有良好的非言语沟通技巧者比非言语沟通技巧较差者更具说服力，他们也比较容易在职业生涯等各种情境中获得成功。

非言语沟通在我们努力营造自己形象的过程中扮演了很重要的角色。比如说，如果你准备参加一个宴会，在这个宴会中你可能会遇到一个你很想认识的人，你会做什么呢？显然，你不会将自己的形象用语言表达出来（例如"你好，你看我很迷人，我很友善。"），而只能用你的非言语信息表达出来，例如，你会微笑，保持轻松的姿势，精心打扮自己的衣着，等等。

除了表达自己的形象之外，非言语沟通还可以反映和塑造我们想与别人保持哪种类型的人际关系。比如说，当你想迎接一个人的时候，你会有哪些动作？你可能会用力地挥手、打招呼、点头、给他一个拥抱，还是完全避免这些行为？这些都可以传递出你想与其他人保持哪种人际关系的信号。

表9-2反映了语言和非语言沟通的差异。

表9-2 **语言和非语言沟通的差异**

	语言沟通	非语言沟通
复杂度	一个向度（只有字词）	多元向度（声音，姿态，手势，距离，等等）
流畅性	间歇性的（说话和沉默交替出现）	连续不停（不可能不传达非语言沟通信息）
清晰度	主题较少被误解	模糊难辨
冲击性	当语言和非语言线索不一致时冲击较少	当语言和非语言线索不一致时冲击较大
意图性	经常是审慎深思的	经常是不经意流露的

由于非言语信息在很多时候能够传达出语言信息所无法表达出的意思，所以对非语言信息的识别和判断在沟通当中就显得尤为有用。近些年，对非语言信息进行识别和判断的技术开始被运用在所谓的"测谎术"当中，也就是通过一个人的非言语信息表现，去判断他到底是不是在撒谎。著名的美剧"Lie to me"就教给了人们大量的这种技术。但事实上，很多研究都表明，我们往往会高估自己检测他人谎言的能力。换句话说，我们并没有自己想象得那样善于识别欺骗。而很多影视剧当中所教给大家的所谓"测谎术"，其实多数也都经过了很大的艺术夸张，在实际中并没有什么用。

在旅游服务中，从业人员更应该重视自己的非言语信息以及游客的非言语信息所起到的作用。很多时候，在表达自己的意图方面，游客的非言语信息比言语信息往往更加真实。作为旅游服务的从业人员，就不仅要懂得"察言"，更要懂得"观色"，这样才能够为游客提供更优质的服务，也会让游客更加满意。同时作为从业人员也要时刻管理好自己的非言语信息，尤其要注意自己说话和做事的语气、态度和方式，只有这样才能够尽量避免服务过程中的误会和麻烦。

9.6 旅游服务中的良性沟通与冲突处理

我们了解了旅游服务过程中的沟通的基本原理，接下来就可以据此强化自己在旅游服务中的良性沟通，以及处理各种可能的冲突。

9.6.1 旅游服务中的良性沟通

在旅游服务中，语言信息和非语言信息同等重要，所以我们要同时从这两个方面着手，促进旅游服务当中的良性沟通。

1）仪表整洁

仪表的整洁是旅游服务过程中最基本的要求。尽管我们每个人都知道不能以貌取人，但是任何人给别人的第一印象都非常重要，这也是不争的事实。尤其在关系建立的初级阶段，外貌和仪表给别人的印象往往是第一位的。所以作为旅游服务的从业人员，首先应该注意的就是对自己外形和衣着等方面的修饰。整洁干净、富有亲和力的仪表是在服务过程当中良性沟通的第一步。

2）展现"相似性"

大量心理学研究发现，我们都更喜欢与我们类似的人，这种现象叫作"自我参照效应"。例如在恋爱婚姻当中，伴侣和配偶的人格特质越接近，就越倾向于表达对婚姻的满意度和幸福感。所以对于成年人来说，相似性对于关系满意度和幸福感的作用甚至比沟通的技巧更为重要。在旅游服务的过程当中，从业者应该巧妙而适当的运用这一基本原理，表现出与客人的某种积极的相似性，这样在沟通当中往往会收到意想不到的效果。

3）适度袒露

心理学研究发现，适度地袒露自己的重要信息，有助于建立喜欢的关系。自我袒露能够建立好感，因为这是重视对方的标志。尤其当别人和你分享私人的信息时，就暗示着他们尊重并且相信你。因此在旅游服务过程当中，从业者要能够敏锐地觉察客人的自我袒露程度，并适度地以自己的自我袒露给予积极的回应。当然，令人满意的自我袒露的关键在于"互惠"：你所揭露的信息的量与质跟对方要取得平衡。此外，袒露的时机也很重要，某些人的时机选择错误，往往就会带来错误的结果，而这种错误有可能是很不明智的行为。

4）善意的付出

从某种程度上说，一切关系都建立在一种被称为"社会交换理论"的经济模式基础之上。根据这个模式的暗示，如果与对方相处带给我们的报酬大于或等于我们所需要付出的成本，我们就更愿意建立和维持这种关系。反之，当一方感到"无法获利"的时候，这段关系就会变差。在这里，报酬可以是有形的（比如钱、礼物），也可以是无形的（比如名声、友谊）。这一理论以近乎冷酷的方式显示了人和人之间的精明和算计，但是在某些特殊的关系当中的确是符合常理的。例如，一段良好的商务关系往往建立于双方在多大程度上帮助彼此，甚至包括友谊也不例外。在旅游服务过程当中，这一原理其实也有着充分的体现。只有当客人切身体验到了来自从业者的真心付出，客人才会真正满意，从业者本人也才能够从中获益。

5）营造良性的沟通氛围

什么因素能够引导积极或者消极的沟通氛围呢？大体上来说，一段关系当中的气氛，取决于人们相信自己在其他人心中受重视的程度。研究者发现，在沟通中，一方的很多行为表现都能够极大地挫伤另一方对自己受重视程度的感受，例如无视、随意插嘴、自说自话、转移话题、含糊其辞、表里不一等，这都是旅游服务的从业人员在沟通当中需要刻意回避的。

9.6.2　旅游服务中的冲突处理

1）冲突的概念

一般来说，冲突被定义为"至少两个相互依赖的个体在实现他们目标的过程中，其中一方觉察到了彼此目标的互不相容，并通过斗争的形式表达出来。"尽管大多数人都认为冲突是一件很令人沮丧的事情，但实际上冲突是有意义关系的一个部分，而且我们可以有各种各样的办法能够灵活地处理好它。例如有研究显示，快乐和不快乐的婚姻关系都会存在冲突，但是夫妻之间处理冲突的方式截然不同。一个持续九年的研究发现，不快乐的伴侣的争论方式是破坏性的，他们更关注自我防卫，而不是以问题为导向，他们不能认真地彼此倾听，对伴侣只有一点点，或者完全没有同理心，忽视对方的非言语信息等等。而那些婚姻满意的伴侣在争论的时候，则用不同的方式思考和冲突，他们认为有不同的意见是关系健康正常的标志，并且他们认为需要直面。尽管他们也会发生激烈的争论，但是他们会使用一些技巧，比如积极探察对方在想什么，与此同时他们也会让对方知道他们是从争论的另外一面去理解的。此外他们愿意承认自己的错误，这不仅有助于关系的和谐，也有助于解决眼前的问题。由此可见，冲突在人际关系当中是普遍存在的，但是处理冲突的方式和方法却有着很大的差别。

2）冲突的类型

一般来说，冲突的处理被分为五种基本方式：

（1）逃避

逃避反映出对冲突的悲观态度，抱持着没有好方法可以解决这个问题的信念。有些逃避者会认为把事情暂时搁置会比直接面对并解决更好，也有一些逃避者认为放弃比较好，免得一直要面对无解的困境。而这两种情况都会使逃避导致双输的结果，其中没有人会获得满足。

（2）调适

调适是指你允许别人用其方法胜过坚持你自己的方法，或者"按照你的方法去做"的让步。调适者的动机在这种沟通方式中扮演着重要的影响角色，假如调适是真诚慷慨的行动，就很有可能增进关系。而且，有研究发现，有集体主义背景的人（例如许多亚洲文化），会更倾向于认为逃避和调适是一种保留面子和处理冲突的高尚方法。

（3）竞争

调适的反面就是竞争。这种对冲突的输赢取向只在乎自己而忽略别人。当人们用这种竞争的一输一赢的方法来解决冲突时，通常是因为他们感觉到一种"非此即彼"的情况。在一些特殊的情况之下竞争的确会促进关系，但一般来说，竞争对于解决冲突是弊大于利的。

（4）妥协

妥协至少给予了双方少数他们想要的东西，虽然双方也都牺牲了各自的一部分目标。当事情看起来只能达到部分满足，而且似乎最好也不过是部分满足两人时，人们通常就会选择妥协。

（5）合作

合作是对冲突寻找双赢的解决之道。合作表示同时高度关心自己和别人，而不是用简单的"非此即彼"的方法来解决问题。他们重视的是"我们的方法"，而不是"我的方法"或"你的方法"。最佳的合作状况会带来双赢的结果，大家都会从中得到自己想要的。

3）化解冲突的最佳方式

以上介绍的五种基本冲突处理方式有它们各自适用的情境。旅游行业的服务人员在跟客人发生冲突时，通常都会首先想到"客户是上帝"，于是自觉不自觉地采用妥协甚至调适的方式来化解和回避冲突。但从总体上说，合作通常才是最佳的方式，至少我们不应当主动放弃这一努力。在使用合作这种方式时，要确认你的问题和未满足的需要。产生冲突时，双方由于处在情绪激动的状态之中，因此往往很难冷静而理性地表达出自己的真实诉求，反倒容易口不择言词不达意，导致彼此都无法理解对方的真实意图而使冲突在短时间内不断升级。所以，要想化解冲突，首先要做的就是控制住自己的情绪，并理性地思考和精准地表达出自己的真实诉求到底是什么，这是让对方理解的第一步，也是最重要的一步。在旅游服务过程当中，如果出现了服务人员和客人之间的冲突，那么在客人激动地宣泄自己的情绪时，服务人员有必要，也有责任理智地帮助客人探寻其真实诉求，然后寻求解决之道。一般来说，如果双方都能够冷静下来，理智地商量各种可能的问题解决方案，那么达成双赢的可能性就会大大提高。

学习微平台

延伸阅读9-2

课程思政9-1

"我把客人当上帝，但我也要把自己当人"

背景与情境：小刘是一名酒店的服务人员，专门负责接待在酒店中举办的重要典礼和会议。从业多年来，接触到了形形色色的客户，他都能很好地做好服务工作。有一次，一家人在酒店举办小型宴会，在用餐过程中，女主人觉得自己那一桌的大虾不新鲜，于是把小刘找来理论，并要求退掉这盘虾。小刘仔细闻了闻大虾的味道，并没有觉得有什么异样，于是跟女主人说这大虾应该没问题，并以酒店多年来的品牌信誉保证绝不会给客人用不好的食材。可是女主人越发不依不饶，认定大虾是有问题的，于是小刘温和地请她稍等片刻去做调查。在很短的时间里，小刘调查了后厨的每一个环节，确认无误后再次跟女主人保证这盘虾是没问题的，但女主人的脾气越来越大，甚至开始用各种难听的话辱骂小刘，并说"顾客就是上帝，上帝说虾有问题就是有问题！"这时小刘平静地说："我自始至终忙前忙后，一直是在把您当上帝的。您无论怎么骂我，我都要承受，这就是我的职业要求，但酒店的声誉比我个人更加重要。我已经跟您做了数次保证，这盘虾没有问题。如果您还是觉得不满意，那么我们就把这盘虾包起来，送到质监部门去检测一下，如果确实有问题，那么我会当面给您道歉，并承担您全部的损失，您看如何？"这时女主人才觉得自己理亏，终于坐下来一言不发。

问题：

（1）面对客人提出的服务质疑时，服务人员应该怎么做？

（2）小刘处理问题的方式应该如何评价？

研判提示："顾客就是上帝"，这句话经常被人误解。事实上，将顾客比作上帝，更多的是为了表达在服务层面要对顾客给予无微不至的关怀，但是在人格层面，服务者和顾客却是完全平等的，不存在谁是"上帝"的问题。因此，面对客人的质疑，作为服务者必须首先进行严谨细致的自查，然后及时地给予客人准确的反馈，这种态度正是对顾客的一种尊重。但是，如果顾客明显有意在胡搅蛮缠，那么作为服务者也必须坚决地给予有理、有力、有节的回应，以捍卫自己以及所在行业的尊严。在这个例子中，小刘处理问题的方式是比较恰当的，既体现出了作为从业者应有的职业素养和职业道德，也捍卫了作为一个普通人应有的尊严。

✐ 本章概要

□ 内容提要

本章介绍了在旅游服务过程中沟通的一般原则、影响因素和技巧。能够影响沟通的主要因素包括知觉、情绪和人格；沟通的主要载体包括语言信息和非语言信息，这两者在沟通中几乎都扮演着同样重要的角色；当旅游服务沟通出现冲突时，调适、妥协一般被认为是作为从业人员应该采用的处理方式，但合作共赢依然应该作为努力追求的沟通目标。

□ 主要概念和观念

▲ 主要概念

人际关系　空间距离

▲ 主要观念

良性沟通的一般影响因素

□ 重点实务

如何处理旅游服务过程中的冲突

✐ 基本训练

□ 知识训练

▲ 复习题

（1）沟通的一般影响因素都有哪些？

（2）沟通的载体都有哪些？

（3）良性沟通需要注意什么问题？

▲ 讨论题

当面对客人的无理要求时，你应该怎么做？

□ 能力训练

▲ 理解与评价

"第一条，顾客永远是对的；第二条，如果顾客错了，请参考第一条。"这种观点对吗？为什么？

▲ 案例分析

【训练项目】

案例分析-Ⅸ。

【相关案例】

尊重文化，避免冲突

背景与情境：李明是一名大学教授，学校有一次组织老师到 C 国考察访问。李明考虑到这次出国机会难得，于是便申请自费带儿子一同前往。在进入 C 国国境之前，导游就明确告诉李明一行人，该国文化较为特殊，游客在游览拍照时有诸多限制，同时日常的说话也要讲究分寸，不能出现侮辱该国领导人的言语等。李明等人表示完全听从安排。进入 C 国后，李明的儿子非常调皮，总是趁爸爸不注意到处乱窜，几次想爬到 C 国国家领导人的雕塑上去玩，但都被李明及时制止住了。在最后一天的游览结束后，导游问这次考察访问的感受如何，这时李明的儿子大声说："你们国家怎么这么穷！规矩还这么多！我再也不想来了！"听到这话，李明立刻对儿子说："住口！"并立刻要求儿子给导游鞠躬道歉。孩子看着爸爸威严的表情，很不情愿地照做了。这时李明也站起身来，深深地向导游鞠了个躬，温和地说道："刚才我的孩子口不择言，是我教子无方，非常惭愧，所以我要给您道个歉。在中国有句话，叫做客随主便，我们来到了这里，就一定要遵从这里的社会规则，而这其实正是我们了解贵国的重要方式。经过了这一周的考察，我对C国有了一个全新的认识，没有想到原本这个有点神秘的国度，风物人情竟然如此的可爱，我也深深地感受到了你们国家发展的巨大潜力。回到学校后，我准备向我的学生们推荐贵国作为出国游的目的地。谢谢您！"导游听到这话，也微笑着表示感谢，这次为期一周的旅行，圆满地画上了句号。

问题：

（1）李明在跟导游交流的过程中，有什么值得学习的地方？

（2）从这个案例中，我们能得到什么启示？

【训练要求】

同第1章"基本训练"中本题型的"训练要求"。

▲ 实训操练

【实训项目】

交流中冲突的处理。

【实训要求】

将班级学生分成若干小组，分别就实训项目进行情境设计、角色分工和操作体验，完成各自的实训课业

【实训步骤】

（1）将班级学生分成若干组，每组确定一人负责。

（2）各组学习和讨论重点实务中"如何处理旅游服务过程中的冲突"教学内容，作为本次实训的知识准备。

（3）各组就实训项目进行"情境设计"和"不满意的游客"与"处理不满意游客的旅游企业服务人员"的角色分工，并做好角色模拟的台词与行为准备。

（4）各组以所述实务教学内容为规范，进入角色，体验本项目模拟实训的全过程。

（5）各组学生交换角色分工，再次体验本项目模拟实训的全过程。

（6）各组学生记录本次模拟实训的主要情节，总结实训操练的成功经验、存在的问题及解决的办法，在此基础上撰写实训课业。

（7）在班级讨论交流、相互点评与修订各组的实训课业。

（8）在校园网的本课程平台上展出经过修订并附有教师点评的各组实训课业，供学生相互借鉴。

【实训课业】

《"旅游服务过程中冲突处理"实训报告》。

☐ 课程思政

【训练项目】

课程思政-Ⅸ。

【相关案例】

空姐的"话术"

背景与情境： 在一趟航班上，原本有两种航空餐可以提供给旅客，一种是鳕鱼肉饭，另一种是牛肉饭。但是空姐小郑经过清点发现，飞机上的牛肉饭比鳕鱼肉饭少了很多套。尽管饭食的总量应该可以满足机上全部旅客的需要，但小郑担心，万一旅客普遍都选择牛肉饭，就可能面临鳕鱼肉饭过剩、牛肉饭却供不应求的局面。另一名空姐小陈了解到这个情况后，微笑着对小郑说："不要紧，看我的。"在向旅客发放航空餐时，小陈微笑着对旅客们说："本次航班有两种套餐供您选择，一种是新鲜且营养丰富的阿拉斯加深海鳕鱼肉套餐饭，另一种是普通的牛肉饭套餐，请问您喜欢哪种？"结果不出所料，大部分旅客都选择了鳕鱼肉套餐，小郑担心的问题，就这样被小陈的"话术"轻松化解了。

问题：

(1) 小陈是否有必要对旅客采用这种"话术"？

(2) 从服务行业角度看，小陈的这种"话术"是有悖职业道德的体现吗？

(3) 在你的经验中，还遇到过哪些沟通的"话术"？你又是如何看待的？

【训练要求】

同第1章"基本训练"中本题型的"训练要求"。

主要参考书目

［1］匹赞姆．旅游消费者行为研究［M］．舒伯阳，译．大连：东北财经大学出版社，2005．

［2］谢彦君．旅游体验研究［M］．天津：南开大学出版社，2005．

［3］孙喜林．组织行为学［M］．大连：东北财经大学出版社，2008．

［4］格里格，津巴多．心理学与生活［M］．王垒，王甦，译．北京：人民邮电出版社，2003．

［5］谢斯．消费者行为学［M］．罗立彬，译．北京：机械工业出版社，2004．

［6］任俊．积极心理学［M］．上海：上海教育出版社，2006．

［7］孙喜林，等．旅游心理学［M］．7版．大连：东北财经大学出版社，2013．

［8］孙喜林，荣晓华．心理学教程［M］．4版．大连：东北财经大学出版社，2000．

［9］张春兴．现代心理学［M］．上海：上海人民出版社，1998．

［10］齐藤勇．100种心理欲求［M］．李文庚，译．北京：国际文化出版公司，1999．

［11］谢彦君．基础旅游学［M］．北京：中国旅游出版社，2004．

［12］杨莉萍．社会建构论心理学［M］．上海：上海教育出版社，2006．

［13］孙喜林．营销心理学［M］．大连：东北财经大学出版社，2005．

［14］吴正平．旅游心理学教程［M］．北京：旅游教育出版社，1994．

［15］荣晓华．消费者行为学［M］．大连：东北财经大学出版社，2006．

［16］葛鲁嘉．新心性心理学宣言［M］．北京：人民出版社，2008．

［17］迈尔斯．社会心理学［M］．侯玉波，乐国安，张智勇，译．北京：人民邮电出版社，2006．

［18］汪凤炎，郑红．中国文化心理学［M］．广州：暨南大学出版社，2004．

［19］韦德，塔佛瑞斯．心理学的邀请［M］．白学军，译．北京：北京大学出版社，2006．

［20］梁凝建．当代心理学理论与重要实验研究［M］．上海：华东师范大学出版社，2007．

［21］徐栖玲．酒店服务案例心理分析［M］．广州：广东旅游出版社，2003．

［22］何友晖，彭泗清，赵志裕．世道人心——对中国人心理的探索［M］．北京：北京大学出版社，2007．

［23］罗宾斯．组织行为学［M］．孙健敏，李原，译．12版．北京：中国人民大学出版社，2008．

［24］周晓虹．现代社会心理学［M］．上海：上海人民出版社，1996．

［25］菲茨西蒙斯 J，菲茨西蒙斯 M．服务管理［M］．张金成，范秀成，译．北

京：机械工业出版社，2000.

[26] 李柄全. 文化心理学 [M]. 上海：上海教育出版社，2007.

[27] 孙喜林，赵艳辉. 旅游心理学 [M]. 北京：中国旅游出版社，2016.

[28] 周仁来，原琳，刘睿哲. 心理学研究新进展 [M]. 北京：北京师范大学出版社，2011.

[29] 希雷，利维. 跨文化心理学 [M]. 侯玉波，译. 北京：中国人民大学出版社，2013.

[30] 李青，胡晓勤. 旅游心理学基础 [M]. 北京：科学出版社，2011.

[31] 马中宝，陈德余. 消费心理学 [M]. 北京：机械工业出版社，2011.

[32] 郭永玉，贺金波. 人格心理学 [M]. 北京：高等教育出版社，2011.

[33] 刘庆华. 消费心理学 [M]. 北京：机械工业出版社，2011.

[34] 沙莲香. 社会心理学 [M]. 北京：中国人民大学出版社，2011.

[35] 纳德阿德勒，普罗科特. 沟通的艺术：看入人里，看出人外 [M]. 黄素菲，李恩，译. 14版. 北京：世界图书出版公司，2015.

[36] 海斯蒂，道斯. 不确定世界的理性选择：判断与决策心理学 [M]. 谢晓非，李纾，等译. 2版. 北京：人民邮电出版社，2013.

[37] 孔达. 社会认知：洞悉人心的科学 [M]. 周治金，朱新秤，译. 北京：人民邮电出版社，2013.

[38] 津巴多，利佩. 态度改变与社会影响 [M]. 邓羽，肖莉，唐小艳，译. 北京：人民邮电出版社，2018.

[39] 布朗 J，布朗 M. 自我 [M]. 王伟平，陈浩莺，彭凯平，译. 2版. 北京：人民邮电出版社，2015.

[40] 西奥迪尼. 影响力 [M]. 闾佳，译. 北京：北京联合出版公司，2016.

[41] 赵蕤. 长短经 [M]. 李孝国，注译. 北京：中国书店，2013.

[42] 威尔逊. 知识大融通 [M]. 梁锦鋆，译. 北京：中信出版社，2017.